アダム・グラント 著
シェリル・サンドバーグ 解説
フェイスブックCOO
楠木 建 監訳

ORIGINALS

誰もが「人と違うこと」ができる時代

三笠書房

まえがき

これは一人ひとりの人生を変えてしまう、すごいアイデア

シェリル・サンドバーグ
（フェイスブック最高執行責任者〈COO〉、リーンイン・org創設者）

アダム・グラントは、本書『ORIGINALS 誰もが「人と違うこと」ができる時代』を書くのにぴったりな人物である。なぜなら、彼こそ「オリジナルな人」だからだ。

アダムは優れた研究者である。「いったい何が人の心を動かすのか」を熱心に探求するとともに、これまでいわれてきたさまざまな迷信を打ちくだいて、真実を明らかにしてくれる。

また、情報通の楽観主義者で、家庭や職場、そしてグループの誰もがどうすれば、よりよい世界をつくることができるかを教えてくれる。

そして私のかけがえのない友人だ。私は彼のおかげで自信がもてるようになり、自分の考えを的確に伝えるにはどうすればよいかを学んだ。

アダムは、私の人生に大きな影響をおよぼした人物の一人だが、素晴らしい本書をとおして、読者のみなさんもまた、教えられ、励まされ、支えられることだろう。

◈神話を打ちくだく者

生まれつき独創的な人もいるが、ほとんどの人は自分のオリジナリティ（独創性）に自信がないというのが世間一般でいわれていることであろう。また、リーダーになる素質をもって生まれる人もある程度はいるが、残りはリーダーにしたがう人たちである。さらには、他者に対して大きな影響力をもつ人もいるが、大多数の人はそうではない。

アダムは本著で、このような思い込みを一つ残らずつぶしていくとともに、誰もが創造力を高めることができるのだということを示してくれる。

また、本当に斬新なアイデアを見分ける方法や、そのうちのどのアイデアが大きく実を結ぶのかを予想する方法についても。

自分の直感を信じたほうがいいのか、または、ほかの人に頼って意見を聞いたほうがいいのか。それは、どういうときか。

子どもの個性を育んであげることで、私たちもいかによりよい親になれるのか。

「いうことを聞かせる子育て」ではなく「思考の多様化を図る子育て」をすることで、大人たちは職場においても、いかによりよい上司になれるのか。

本書によると、偉大なクリエーターには専門的ノウハウが必ずしも必要というわけではなく、むしろ、幅広い視野が必要であるのだそうだ。

また、成功とは多くの場合、ほかの人たちを出し抜くことで得られるものではなく、行動を起こす絶好のタイミングを待つことでこそ得られるものであることも学んだ。

本文に「ものごとは先延ばしにすることがよい場合もある」と書かれているが、これには本当に驚いた。

じつのところ、私と仕事をしたことのある人なら、いかに私がものごとを先延ばしにしておくことを毛嫌いしているか、今できることなら今すぐにやるべきだとつねづね思っているタイプの人間だということを、嫌というほどわかっている。

しかし、「何事も早め早めに終わらせなくては」という容赦《ようしゃ》ないプレッシャーを手放すことができたら、マーク・ザッカーバーグ（フェイスブック創業者＆ＣＥＯ）をはじめ、多くの人たちが喜ぶに違いない。

しかもアダムが指摘するように、私のみでなくチーム全体の業績が向上するかもしれないのだ。

◎情報通の楽観主義者

人は毎日、愛するものや変えなくてはならないものと出会う。

愛するものは喜びを与えてくれる。変えなくてはならないものは、世界を変えようという思い――できることなら最初に見つけたときの状態よりも、よくしようという思いをいっそう強くさせる。

しかし、しっかりと根づいた考え方や行動を変えようとするのは、ことのほかむずかしい。根底からの変化を起こすことは不可能に思えて、つい現状に甘んじてしまう。

しかし、それでもなお、私たちはあえて尋ねるのだ。

「たった一人の人間でも変化を起こせるだろうか?」と。そして勇気を出してこういうのだ。

「その一人の人間に、私がなれないだろうか?」と。

アダムは、はっきりと「イエス」と答えるだろう。

自分のまわりの世界をよりよくするアイデアを、形にしていくことは誰にでもできる。

それは、この本が証明している。

◇彼は「真の友情の人」である

アダムと出会ったのは彼の第一作目である『GIVE&TAKE「与える人」こそ成功する時代』（三笠書房）がシリコンバレーで話題を呼んでいたころのこと。

私は読み終えるとすぐに、聞いてくれる人になら誰にでも本の内容を吹聴《ふいちょう》しはじめた。アダムは才能のある研究者だということはもちろん、生まれながらの教師でありコミュニケーションの達人でもある。むずかしい問題であっても、彼のアイデアを借りれば簡単にわかりやすく説明することができたのだ。

時を同じくして、私の夫がアダムに講演を依頼し、さらに夕食にも招いたことがあった。実際に会う彼は、文章から読みとれるその人柄同様、何もかもがふつうの人とは違っていた。まるで百科事典のように幅広い知識をたくわえ、彼のエネルギーにつられてこちらまで元気になってしまう。

私はアダムと、彼の研究がジェンダーに関する議論を変えるきっかけになるという話をし、一緒に活動しようということになった。以来私たちはずっと、ともに研究を行ない、女性と仕事に関する一連の論説を書いてきた。そして、私がはじめた「リーンイン・ｏｒｇ」（全世界の女性のさらなる活躍をめざす組織）は、彼の緻密な分析能力や平等への熱意から大きな恩恵を受けてきたのである。

フェイスブックでは年に一度、世界中のチームを一堂に集めているのだが、二〇一五年には基調講演をしてもらおうとアダムを招いた。

誰もがその博識ぶりや、ユーモアに富んだ人柄に感銘を受けたようだ。

数カ月が経ったあとでも、チームのメンバーはアダムに教わったアイデアについて話題にしたり、彼からのアドバイスを行動に移したりしていた。

このような交流をするうちに、私とアダムは友だちになった。

私が突然夫を亡くすという悲劇に見舞われると、真の友だけがそうするように、彼は率先して救いの手を差し伸べてくれた。

人生最悪のときでも、さまざまな出来事と同じように、心理学の手法と類《たぐい》まれなやさしさを組み合わせたアプローチで対処してくれた。

もう一生気分が晴れることはないと思えるときでも、彼は飛行機で大陸を横切ってくると、立ち直る方法を教えてくれた。

悲嘆で胃が締めつけられ、「答えなど、どこにもない」とあきらめていたとき、一緒に答えを探す手助けをしてくれた。

泣きたい気分のときに、彼はいつもそばにいてくれたのだ。

本当の意味での友とは、自分自身がわかっているよりも多くの可能性を見いだしてくれる人のことをいう。「最高の自分」になれるよう手助けをしてくれるのだ。

これはまるで魔法のような本だ。この本を手にとるみなさんの親友に、アダムがなってくれるのだから。

疑いや恐れをどう乗り越えればいいか。

発言やプレゼンテーションは、どううまくやればよいか。

思いがけない場面で味方を見つけるにはどうしたらよいか。

こういった疑問に、きっと多くのアドバイスをくれるだろう。

さらに、不安をコントロールする方法や、自分の怒りをもっと別のエネルギーに変える方法、弱点のなかに強みを見つける方法、立ちはだかる障害を乗り越える方法、まわりの人に希望を広げていく方法といった、じつに実践的なガイドラインが満載である。

＊　＊　＊

『ＯＲＩＧＩＮＡＬＳ 誰もが「人と違うこと」ができる時代』は私が今までに読んだ本のなかでも、最高にワクワクする本だ。

パワフルでびっくりするようなアイデアであふれている。

世界の見方だけでなく、生き方さえも変わってしまうかもしれない。

さらには、この世界を変えていこうと決意するきっかけになるかもしれないのだから。

CONTENTS

PART 1

変化を生み出す「創造的破壊」

「最初の一歩」をどう考えるか

PART 2

大胆に発想し、緻密に進める

キラリと光るアイデアとは

PART 3

〝無関心〟を〝情熱〟へ変える法

まわりを巻き込むタフな説得力

PART 4

賢者は時を待ち、愚者は先を急ぐ

チャンスを最大化するタイミング

PART 5

「誰と組むか」が勝敗を決める

パワフルな結束をつくる人の見分け方

PART 6

「はみ出す人」こそ時代をつくる

どこに可能性が隠されているか

PART 7

ダメになる組織、飛躍する組織

風通しよく、進化を遂げるしくみづくり

PART 8

どんな「荒波」も、しなやかに乗りこなせ

あらゆるものをエネルギーにする方法

監訳者のことば
「いわれてみれば当たり前」の妙味

編集協力　石井綾子

独創《オリジナル》へのステップ

PART 1

変化を生み出す「創造的破壊」

「最初の一歩」をどう考えるか

「理性的な人は、自分を世界に適応させる。
非理性的な人は、世界を何とか自分に適応させようとする。
ゆえに、あらゆる進歩は非理性的な人のおかげである」

ジョージ・バーナード・ショー
（劇作家、評論家）

変わりようがない業界に激震をもたらした4人

二〇〇八年のひんやりとした秋の晩のこと。四人の学生がある業界に革命を起こそうとしていた。

多額の学生ローンを抱えていた四人は、なくしたり壊れたりしたメガネを買い替えようにもその法外な価格に手が出せず、憤懣《ふんまん》やるかたない思いでいた。

うち一人は、壊れたままのメガネを五年も使っていた——クリップでフレームをかろうじてつなぎ留めて。目が悪くなって、度数が合わなくなる一方だったが、高価なレンズを新たに買う気にはどうしてもなれなかった。

メガネ業界では、最大手メーカーの「ルクソティィカ」社が市場の八割を占有しており、メガネを手軽に買い求められるようにするには、このマンモス企業をどうにかせねばならない。

近年、「ザッポス」社がオンラインで靴の販売をはじめて靴業界に大きな変革をもたらしたことから、メガネでも同じことができないだろうか、と四人は考えた。

このアイデアをどう思うかと友人らに聞いてみると、さんざんにこきおろされてしまった。

「ネットでメガネを買う人なんかいるわけがない」と誰もが口をそろえていうのだ。

「メガネはまず試着がいるだろう。そりゃあ、ザッポスの靴はうまくいったけれども、メガネで実現していないのにはそれなりの理由があるはずだ」と。それに、「そんなにいいアイデアなら、もう誰かがやっているはずだ」。

四人のうち、オンラインビジネスや技術の専門的な知識や経験がある人は誰もいない。小売やファッションやアパレルとなれば、なおのこと縁遠かった。とんでもないアイデアだといわれつつも、四人は高収入の就職口を蹴って会社を起《た》ち上げた。

通常の小売店において五〇〇ドル（約五万円）程度で売られているメガネを、オンラインで九五ドル（約九五〇〇円）で販売し、一本売れるごとに発展途上国の誰かに一本を寄付するという計画だった。

このビジネスを展開するには、使い勝手のよいウェブサイトが不可欠だ。それがないことには、商品を見たり買ったりしてもらえない。四人はウェブサイト設立に奮闘し、二〇一〇年の二月、販売開始直前の午前四時にようやくウェブサイトを完成させた。

社名は「ワービー・パーカー」。

作家ジャック・ケルアックの作品に出てくる二人の人物の名前を組み合わせたものだ。社会の圧力に縛られることなく自由に冒険に乗り出すにあたって、ケルアックの作品が刺激をくれた。四人はその反骨精神に感銘を受け、自分たちのやり方にとり入れた。そしてそれは素晴らしい効果を生んだ。

当初は一日一〜二本の売上げを予測していた。だが、男性向けファッション誌『GQ』がワービー・パーカーを「メガネ業界のネットフリックス」と呼ぶや、一カ月もしないうちに年間目標を達成してしまった。商品は飛ぶように売れ、二万人ものウェイティング・リストができた。すべての客に商品を引き渡すのに九カ月も要したほどだ。

時間を二〇一五年に早送りする。

ビジネス誌の『ファスト・カンパニー』が、世界でもっとも革新的な企業のランキングを発表した。ワービー・パーカーはランキング入りを果たし——それどころか、一位に選ばれてしまった。過去三年に一位になったのは、独創的なマンモス企業の「グーグル」社に「ナイキ」社に「アップル」社。いずれも五万人以上の従業員を擁している。

かたや強気のスタートアップ企業のワービー・パーカーはほんの新顔にすぎず、当時の従業員はやっと五〇〇人だった。創業後五年のうちに、この四人組は世界屈指のファッション・ブランドを確立し、恵まれない人たちに一〇〇万本以上のメガネを寄付したのだ。同社は年商一億ドル（約一〇〇億円）を達成し、企業価値は一〇億ドル（約一〇〇〇億円）以上と評価された。

さかのぼること二〇〇九年、ワービー・パーカーの創業者の一人が、著者の私のもとを訪れたことがあった。彼は投資をもちかけるべく、会社の売り込みにやってきたのだ。

だが、私は断った。

私は、金銭上これほど最悪な決断をしたことはいまだかつてない。いったい何を見誤ったのか、明らかにしなければ納得がいかなかった——。

ここで、本書のテーマについてご説明しておこう。

＊orig・i・nal（形容詞）何かが生じたり、進展したり、派生したりする、発端や源になる性質。
＊orig・i・nal（名詞）唯一無二または独特な性質をもつもの。魅力的または興味深い形で、ほかとは違う人。奇抜な行動を起こす人、あるいは発明の才がある人。

ずいぶん昔になるが、心理学者の研究により、業績の達成には「コンフォーミティ」（同調性）と「オリジナリティ」（独自性・独創性）という二種類の方法があることがわかっている。

コンフォーミティとは、多数派にならって従来の方法を踏襲《とうしゅう》し、現状を維持することだ。

他方で、オリジナリティとは、未開発の方法をとり、流れに逆らう新しいアイデアを推し進めつつ、最終的によりよい状況を生み出すことだ。

もちろん、完全にオリジナルなものなど存在しない。ある意味、どんなアイデアも、私たちをとり巻く世界で学習したことが何らかの影響を与えているものだ。

意図的か気づかぬうちにか、つねに誰かの考えを拝借してしまっている。誰もがうっかり「無意識のドロボウ」になりかねない——はからずも、他者のアイデアをみずからが考えついたものと勘違いしてしまうのだ。

私のいう「オリジナリティ」とは、ある特定の分野において、その分野の改善に役立つアイデアを導入し、発展させることを意味する。

オリジナリティそのものは、創造性（クリエイティビティ）に端を発する。まず何より、斬新で実用的なコンセプトを考え出すことだ。だがそれだけでは終わらない。

オリジナルな人とは「みずからのビジョンを率先して実現させていく人」である。

ワービー・パーカーを創業した四人は、オンラインでメガネを売るという、従来とは一線を画した方法を考えつく「オリジナリティ」をもっていたが、どうして「オリジナルな人」になれたかといえば、消費者がメガネを手軽に買い求められるようにするための行動を起こしたからだ。

本書では、誰もが「オリジナル」になれるのだということを立証していく。

あなたが「今、使っているネットブラウザ」からわかること

つい先ごろ、経済学者のマイケル・ハウスマンは、顧客サービス係の勤務が長く続く人とそうでない人がいるのはなぜかを解明するプロジェクトを指揮していた。

銀行や航空会社、携帯電話会社で、顧客に電話応対をする三万人以上の従業員のデータを入手したハウスマンは、彼らの雇用履歴を見れば、仕事へのとり組み方がわかるのではないかと考えた。

今まで職を転々としてきた人はすぐにやめてしまうのではないかと思ったのだが、実際はそうではなかった。過去五年に五つの職についた従業員と、同じ職を五年間続けている従業員とを比較しても、離職率に差は見られなかったのだ。

ハウスマンは、ほかに何らかのヒントがないかと探すうち、従業員が職に応募するときにどのブラウザでログインしたかという情報を入手していたことに気づいた。ふと思いついて、ブラウザの選択が離職に関係しているかどうかを分析してみた。どのブラウザを使うかは好みの問題だろうから、関連性を見いだせるとは思ってもみなかったのだが、得られた結果に驚いた。ファイアフォックスまたはクロームを使っていた従業員は、インターネットエクスプローラーまたはサファリを使っていた従業員よりも一五パーセント長く勤務していたのだ。

これは偶然だろうと思い、ハウスマンは同じ方法で欠勤率を分析してみた。するとここでも同様のパターンが見られた。ファイアフォックスまたはクロームを使っていた従業員は、インターネットエクスプローラーまたはサファリを使っていた従業員よりも一九パーセント欠勤率が低かったのだ。

次は職務の業績を見てみた。研究チームは、売上げ、顧客満足度、平均通話時間に関して三〇〇万件近いデータを収集していた。分析してみると、ファイアフォックスまたはクロームのユーザーは売上げが高く、通話時間が短かった。また、顧客満足度も高かった。

そして職についてから九〇日のうちに、インターネットエクスプローラーまたはサファリのユーザーが一二〇日かかった顧客満足度に到達していた。

顧客サービス係が職に定着し、欠勤が少なく業績も高かったのは、ブラウザそのものが原因ではない。ブラウザの好みからうかがい知れる、彼らの習慣が要因なのだろう。

ファイアフォックスまたはクロームのユーザーが、仕事に対して熱心にとり組み、どの評価基準で見ても優れていたのはなぜなのだろうか？

明らかにいえることは、ファイアフォックスやクロームのユーザーはよりテクノロジーに詳しいということだ。そこで私はハウスマンに、その点を掘り下げて調べてはどうかといった。従業員はいずれもコンピュータの適性テストを受けており、キーボードのショートカットの知識やソフトウェア・ハードウェアの知識を試されたほか、入力速度の計測も行なわれていた。しかし、ファイアフォックスとクロームのユーザーのコンピュータ知識が目立って高いということはなく、入力の速度も精度もより優れているわけではなかった。

こういったテストの結果を踏まえてみても「ブラウザ効果」は残ったままだ。つまり、技術的な知識やスキルゆえに有利であったわけではない。

じつは重要なのは、ブラウザを「どのように」入手したかということだった。

パソコンの場合、ウィンドウズにはインターネットエクスプローラーがあらかじめインストールされている。マックならばサファリがインストールされている。顧客サービス係のおよそ三分の二があらかじめ組み込まれたブラウザを使っており、もっとよいものがあるかどうかという疑問をもたなかったのだ。

ファイアフォックスまたはクロームを入手するには、少しばかり頭を使って別のブラウザをダウンロードしなければならない。**「今あるもの」をそのまま使うのではなく、みずから行動を起こして、よりよい選択肢がないかを探し求める**わけだ。そしてこの自発的な行動が、どれほど小さいとしても、職場での行動を決定づけるヒントになる。

インターネットエクスプローラーやサファリという「ありもの（標準仕様）」を、そのまま使った顧客サービス係は、仕事に対しても同じ方法をとっていた。

つまり、営業の電話ではマニュアルどおりに会話を進め、苦情に対しても決まった手順で対応していた。会社側から提示された業務内容を固定したものととらえるため、仕事に不満を感じると欠勤するようになり、ついには離職する。

自発的にファイアフォックスまたはクロームにブラウザを変更した従業員は、仕事に対するアプローチが異なっていた。商品を売ったり顧客の疑問点に対応したりする新しい方法をつねに探し、気に入らない状況があればそれを修正していた。

自発的に環境を改善していくのだから、離職する理由などないに等しい。自分の好みの職をつくり出せるのだから。けれども、こういう人たちは例外である。

私たちは、インターネットエクスプローラーの世界に暮らしている。顧客サービス係のほぼ三分の二が標準仕様のブラウザを使っていたのと同様に、われわれの多くは自分の人生のなかで「ありもの」を受け入れている。

政治心理学者のジョン・ジョスト率いるチームは、物議を醸しかねないような研究を行ない、望ましくない現状に対して人々がどのように反応するかを探った。

アフリカ系アメリカ人は、ヨーロッパ系アメリカ人と比べ、経済状況への満足度が低かったが、「経済の格差は正当で当然なもの」と認識していた。最低所得者層では、経済格差は必要であると考える人が最高所得者層よりも一七パーセント多かった。

また、国に生じている問題を解決するために、市民やメディアが政府を批判する権利を制限する法律が必要な場合、そういった法律を支持するかという質問に対し、最低所得者層では「表現の自由の権利を捨てることをいとわない」とする人が最高所得者層よりも二倍多く見られた。

つまり、**最低所得者層は一貫して、最高所得者層よりも「現状を支持する傾向がある」**ことがわかり、ジョストらはこう結論づけた。

「現状による害をこうむっている人ほど、逆説的ながら、その状況に疑問をもったり異議を唱えたり、はねつけたり変えたりしようとしないものである」

この不可解な現象を説明しようと、ジョストの研究チームは、システム正当化の理論を立てた。人は、たとえ現状が自分の利益に直接的に反するものであっても、現状が正当であると合理化したがるもの、という考えだ。

ジョストの研究チームは、二〇〇〇年のアメリカ大統領選の前、民主党派の有権者と共和党派の有権者の追跡調査を行なった。

共和党のジョージ・W・ブッシュが世論調査でリードを示したとき、共和党派はブッシュを好意的に評価していたが、民主党派も彼を好意的に評価していたのだ。予測される状況をすでに合理化しはじめていたというわけである。

民主党から立候補したアル・ゴアの勝算が高くなったときにも同じことが起こった。共和党派と民主党派の両方がアル・ゴアを好意的に評価したのだ。

政治的イデオロギーにかかわらず、ある候補者に勝算がありそうと見るや、その人を好むようになっていた。そして勝算が低くなると、その人に対する好感度は下がる。

既存のシステムを正当化すると、心が落ち着くという効果がある。「感情の鎮静剤」なのだ。それが世界の「あるべき姿」であるなら、不満で心が乱されることがない――という思考回路だ。

しかし、不本意ながらも何かにしたがっていると、不正に対抗しようという正当な怒りの感情と、世界のよりよい姿を考える前向きな意志が奪われていくことになる。

＊＊＊

オリジナリティの最たるポイントは、「既存のもの」を疑い、よりよい選択肢を探すことだ。一〇年以上にわたって研究を続けてきたところ、これは思ったよりもずっと簡単だということがわかった。

まず必要なのは好奇心だ――そもそもなぜ既存のものが存在するのかということをじっくり考えてみる。「デ・ジャ・ブ」ならぬ**「ブ・ジャ・デ」**を体験すると、今当たり前に存在するものが疑問に思えてしかたなくなる。「デ・ジャ・ブ」とは、はじめて見たはずなのに前にも見たことがあるような感覚だ。「ブ・ジャ・デ」とはその反対で、**既知のものを目の前にしな**

がら、新たな視点でそれを見つめ、古い問題から新たな洞察を得ることだ。

「ブ・ジャ・デ」の体験なしに、ワービー・パーカーの起業はなかっただろう。

四人の創業者たちはある晩、コンピュータ室でいすに座って会社の構想を立てていたが、そのとき四人合わせて六〇年のメガネ使用歴があった。メガネはそれまで理不尽なほど高価だったが、四人はその瞬間まで「メガネは高いもの」という現状を当たり前のこととして受け入れており、もとの価格に疑問をもつことをしなかった。

「値段に疑問をもつなんて、それまで思いもよりませんでした」と、創業者の一人であるデイブ・ギルボアはいっている。「薬を買うようなものと思っていたんです。医者が買えというのなら、それなりの理由でその値段なのだろうと、当たり前のように思い込んでいました」

デイブはその少し前、iPhoneを購入していた。そのせいもあり、気づけばメガネとiPhoneを比べて考えていた。メガネは一〇〇〇年近くも生活必需品として使われてきたもので、形状は祖父の代からほとんど変わっていないではないか。そう考えてみてはじめて、なぜメガネはあんなに高いのだろうという疑問が浮かんだ。

「あんなにも単純なしくみの製品がなぜ、精緻なスマートフォンよりも高いのか?」

こうした疑問を抱き、ワービー・パーカーの四人組と同じ答えに到達することは、彼らでなくてもできたことだろう。メガネがなぜあそこまで高価なのかという好奇心をもった四人は、業界の調査に乗り出した。すると、前年の売上げが七〇億ドル（約七〇〇〇億円）以上にも上るヨーロッパのルクソティカが圧倒的に世界の市場を支配していることがわかった。

「大手小売チェーン、それにレイバンやオークリーといったブランドもルクソティカの傘下にあって、シャネルやプラダの度つきメガネと、それにサングラスのライセンスまでも、すべてルクソティカがもっている――メガネがどうしてあんなに高いのか、合点《がてん》がいきました」とデイブはいう。「製造原価からすると、あの価格はまったく説明がつかないんです」

ルクソティカは市場を独占しているのをいいことに、原価の二〇倍もの値段をつけていたのだ。この値段は元来正当なものではなかった――一企業の一部の人たちがつけた数字にすぎなかったのだ。つまり、別のグループが別の選択をすることも可能だということだ。

「僕たちは違うやり方でやってやろうと思いました。自分たちの運命をコントロールできるんだ、自分たちの価格をコントロールできるんだ、とわかったんです」

納得できない既存のシステムに好奇心をもってみると、大部分のことは社会的な要因に端を発しているということがわかってくる――ルールとシステムは人間がつくっているのだ。このことを認識すると、現状をいかに変えられるかを考える勇気が生まれる。

アメリカで女性に参政権がなかったころ、多くの人は「参政権がないという状態をただ当たり前のこととしか考えていなかった」のだと、歴史家のジーン・ベイカーは述べている。

婦人参政権運動が盛んになると、「慣習や宗教の教え、法律は人間によってつくられたものであって、それゆえに変えることができるのだということを、より多くの女性が理解するようになっていった」のだ。

〝神童〟が行き着いた先

「現状は受け入れておけ」というプレッシャーは、自覚していないが、ずっと幼いころからはじまっている。大人になって（スティーブ・ジョブズがいうところの）「宇宙をへこませる」ような人がどういう人かを考えてみると、まず頭に思い浮かぶのは〝神童〟だろう。

二歳で字が読めるようになり、四歳でバッハを弾き、六歳で微積分をゆうにこなし、八歳までに七カ国語を流暢《りゅうちょう》に話せるようになっているような天才児たちだ。クラスメートは羨望《せんぼう》のまなざしで彼らを見る。けれどもT・S・エリオットの詩の言葉を借りると、天才児のキャリアは「地軸くずれるとどろきもなく　ただひそやかに」（井上勇訳）終わる傾向にあるのだ。

じつのところ、神童と呼ばれた人が大人になって世界を変えることはまれだ。心理学者の研究によると、歴史上もっとも優れ、多大な影響をおよぼしている人たちは、子ども時代にはさして才能に恵まれていたわけではない。天才児を大勢集めてその一生を追跡してみたとしたら、同等の家庭環境に育つふつうの子どもたちよりも、とくに優れているわけではない。

これは直感的に理解できることだ。才能に恵まれた子どもたちは、学問的な知識は優れているけれども、社会でうまく生きていくための知識に欠けていると、みな思うだろう。知的な能力があっても、社会的、感情的、実践的なスキルに欠けているのでは？

だが研究の結果を見てみると、この説明では不十分なのだ――才能に恵まれた子どもたちのうち、社会的問題や感情的問題に苦しんでいるのは、四分の一に満たないのである。大部分はうまく社会に適応しており、社交の場であるパーティーでも国語検定大会と同じように楽しく過ごしている。

ではなぜ、天才児は才能にも野心にもあふれているのに、世界を進歩させるようなことを成し遂げられないのかというと、「オリジナルであること」、つまり独自のことや独創的なことを率先して行なう術《すべ》を学んでいないからだ。

カーネギー・ホールで演奏したり、サイエンス・オリンピックで優勝したり、チェスのチャンピオンになったりするうちに、悲しい結末が待ち受けている。訓練で技術は完璧になるが、新しいものを生み出すことができなくなるのだ。

才能ある子どもたちは、高尚なモーツァルトのメロディーや美しいベートーベンの交響曲を奏でるようになっても、自分では作曲をすることはない。既存の科学的知識を吸収することには労力を注ぐが、新しい知識を提供することはない。独自のルールやゲームを考え出すのではなく、既存のゲームで体系化されたルールにしたがっている。そしてその全過程において、両親からの承認や教師の称賛を懸命に得ようとしている。

研究によると、創造性のもっとも高い子どもたちはむしろ、教師に好まれないことがわかっている。

ある研究では小学校の教師に、お気に入りの児童と気に入らない児童をあげてもらい、リストに示されている特徴に照らして、両グループの児童を評価してもらった。その結果、もっとも気に入らないと評価された児童は、まわりに同調せずに自分独自のルールをつくる子たちであった。

教師は創造性の高い児童を冷遇し、問題児としてあつかう傾向がある。そのため、多くの児童はルールにしたがうことを素早く学び、自分だけのユニークな考えを胸にしまっておくようになる。作家のウィリアム・デレシーウィックツの言葉を借りると、「このうえなく従順な羊」へと変貌《へんぼう》を遂げる。

天才児の多くは、大人になると得意分野の専門家になったり、組織のリーダーになったりして活躍する。だが、「大人になって革命的な創造をするようになるのは、才能ある子どもたちのほんのひと握りでしかない」と、心理学者のエレン・ウィナーは残念そうに述べる。そうなるには、「苦もなく素早く学ぶことができる」子どもから、「既存の世界を、よりよくつくり変える」大人へと、「苦しい変化」を遂げなくてはならないという。

ほとんどの天才児は、その茨《いばら》の道を行くことがない。せっかくの非凡な能力を並の方法で使い、現状に疑問をもつこともなく、みずからの仕事を完璧にマスターするからだ。

どの分野に進んでも、型にはまった成功への道をたどりながら、安全に行動する。

たとえば、患者の治療をする医者にはなるが、そもそも医療を受ける経済的余裕のない患者を生んでいる医療システムの不備を正すべく戦うことはしない。

時代遅れの法律に違反したクライアントを弁護する弁護士にはなるが、法律そのものを変えようとはしない。

生徒が関心をもつような代数の授業ができる教師にはなるが、「生徒が学ぶべきなのは代数なのか？」という疑問をもつことをしない。

このような人たちがいるからこそ世界が円滑に回っているのは確かだが、こんな状況では、私たちは社会が敷いたレールの上を走らされているだけではないだろうか。

天才児にとっては「よい成績をとろう」という意欲が足かせになっている。

さらに大人になってから優れた業績をあげようという断固とした意志があると、より一生懸命働くエネルギーがわいてくる。しかし、さまざまな文化のなかで数多くの成果が出れば出るほど、オリジナリティはいよいよ、ほんのひと握りの人たちのものに限定されてしまうのだ。

業績をあげることへの意欲があまりにも高いと、オリジナリティが二の次になる可能性がある。成功を重視すればするほど、失敗を恐れるようになる。つまり、必ず手に入る成功に向かってしか、努力しなくなるからだ。

心理学者のトッド・ルバートとロバート・スターンバーグは、「成果をあげたいという欲求が中程度を超えると、創造性が低下するということが実証されている」と述べている。

歴史を振り返ってみても、成功への意欲とそれに伴う失敗への恐れゆえに、優れた創造力をもつ人や変革をもたらすことのできる人たちの行動が妨げられてきた。安定を維持し、型にはまった業績をあげることにばかり注意が向き、オリジナリティを追求しようという気が起こらなかったのだ。

じつは、そういった人たちは、確信をもって全力で前に進んでいたのではなく、ある立場をとるよう丸め込まれたり、説得されたり、あるいは強要されたりしていた。一見、リーダー気質を備えた人物に見えるかもしれないが、たとえていうと――あるいは文字どおり――**〝支持者や仲間にもち上げられて〟行動した**のだ。

オリジナルな行動をとるように、周囲からうまく説得されたひと握りの人たちがいなければ、アメリカは存在していなかったかもしれないし、公民権運動も夢のまた夢だったかもしれないし、バチカン宮殿のシスティーナ礼拝堂には何の装飾もなかったかもしれないし、人々はいまだに太陽が地球のまわりを回っていると信じていたかもしれないし、パソコンは普及していなかったかもしれない。

現在の私たちからすると、アメリカ独立宣言は起こるべくして起こったものに見えるが、当時の代表的な革命指導者たちはそれほど積極的ではなく、一歩間違えば実現しなかった可能性もあったのだ。

「アメリカ革命で指導的な役割を果たした人物らは、革命派と呼ぶにはほど遠かった」と、ピューリッツァー賞受賞者の歴史学者ジャック・ラコーブは述べている。

「自分の意志に反して革命家になった」ということだ。

独立戦争の指導者のジョン・アダムズはイギリスの報復を恐れており、また、芽を出しかけていた弁護士としてのキャリアをすんなりと捨てる気にもなれなかった。革命活動に関与するようになったのは、第一次大陸会議で代議員に選ばれてからのことだ。

アメリカ合衆国初代大統領ジョージ・ワシントンは小麦と製粉の事業、漁業の運営、そして馬の生産に専念しており、革命活動に乗り出したのはアダムズの任命で植民地軍総司令官になってからだ。「私は、もてる権限のかぎりをつくし、何としてでもこの任務を避けようとした」とワシントンは書き記している。

それから二世紀近く経過したころ、キング牧師は公民権運動を主導することに不安を抱いていた。彼の夢は、牧師になり大学の学長になることだった。

一九五五年、アラバマ州モンゴメリー市のローザ・パークスという女性が、バスで白人優先席を譲らなかったことから裁判にかけられると、公民権運動の活動家が集まって対応を協議し、モンゴメリー市の改善をめざす協会を結成。市バスの乗車ボイコット運動を開始した。そして、会議の参加者の一人がキング牧師を協会長に指名した。

キング牧師はのちにこう思い起こしている。「事態があまりにも早く進み、じっくりと考える時間がなかった。その時間があったなら、指名を断った可能性があっただろう」

そのわずか三週間前に、キング牧師と妻は仕事について話し合っていたところだったのだ。「(妻とは)これ以上、コミュニティの重大な責務を引き受けるべきでないということで合意していた。私はそのとき論文を書き終えたばかりで、教会の活動にもっと身を入れる必要があったのだ」

キング牧師は満場一致でボイコット運動のリーダーに選ばれた。その晩、集まった人たちの前で演説をしなければならなくなり、「恐怖にとりつかれていた」という。だが、キング牧師はやがてその恐怖を乗り越え、一九六三年、あの朗々たる声で感動的な自由のビジョンを描き、国を一つにした。しかしかの演説も、キング牧師がワシントン大行進で最終演説をすべきだと仲間が提案し、彼を推《お》したからこそ実現したのだ。

かのミケランジェロは、システィーナ礼拝堂の天井のフレスコ画を描くようローマ法王に依頼されたものの、その仕事にまったく興味がわかなかった。自分は画家ではなく彫刻家だと認識しており、どうしようもなく苦痛でフィレンツェへと逃亡したほどだ。ローマ法王に強く要求されてようやくフレスコ画に着手したころには、すでに二年が経過していた。

また、ニコラウス・コペルニクスは、地球が太陽を回っているという独自の発見を発表しようとしなかったため、天文学は何十年ものあいだ停滞する結果となった。彼は自分の発見が笑いものになるのを恐れ、二二年ものあいだ沈黙を貫き、友人にしか話さなかった。

やがてある枢機卿《すうききょう》がコペルニクスの研究のことを知り、発表を働きかける手紙を書き送った。それでもコペルニクスはそこから四年間も行動を起こさずにいた。彼の最高傑作が日の目を見たのは、ある若き数学者がみずから本にまとめて出版してからだ。

それからおよそ五〇〇年が経った一九七七年、ある投資家が、「アップルコンピュータ」社創業の資金として、スティーブ・ジョブズとスティーブ・ウォズニアックに二五万ドル（約二五〇〇〇万円）の融資をもちかけた。しかしそれには「最後通告」が伴っていた——ウォズニアックが常勤エンジニアとして働いていた「ヒューレット・パッカード」社をやめること。

ウォズニアックはこれに抵抗した。「ヒューレット・パッカードでの仕事はずっと続けるつもりだった」とウォズニアックは回想している。「私を心理的に阻《はば》んでいたものは、じつのところ、起業などしたくないという気持ちだった。怖かったのだ」と、彼は認めている。ジョブズや複数の友人、そして両親らに背中を押されて、ようやく考えを改めるにいたった。

スポットライトの下に無理やり引っ張り出されなかったために、ユニークな夢を追求したり、公《おおやけ》にしたり、宣伝したりしなかった、ウォズニアックやミケランジェロ、キング牧師のような有能な人たちがどれほどいることだろう。

起業したい、傑作を生み出したい、西洋思想を変えたい、公民権運動を主導したいと誰もが思っているわけではないだろうが、職場や学校やコミュニティを改善できるようなアイデアは誰でも抱いているものだ。

残念なことに、私たちの多くはそういったことを前面に出すことをためらってしまう。

経済学者のヨーゼフ・シュンペーターの言葉で知られているように、オリジナリティとは「創造的破壊」をすることだ。新しいしくみを提唱するには古いやり方をとり払わねばならないことが多いため、波風を立ててしまうのではないかという恐れから行動を控えてしまう。

アメリカ食品医薬品局（ＦＤＡ）の一〇〇〇人近い科学者を対象とした調査では、その四〇パーセント以上の人が、安全性への不安を公にしたら報復があるのではないかと恐れていた。あるテクノロジー企業では、四〇〇〇人以上の従業員の半数が、職場で異議を唱えると、自分の立場が危うくなると感じていた。コンサルティングサービスや金融サービス、メディア、医薬品会社、広告会社の従業員との面談では、八五パーセントの人が、重要な懸念事項について上司に意見せず黙っていたことがあると認めた。

前回、何か自分独自のアイデアを思いついたときに、どうしたかを思い起こしてほしい。

アメリカは個人主義的で、ユニークな自己表現が受け入れられる土地柄でありながら、優れた成果を求めすぎるきらいがあり、失敗を恐れるあまりに、目立つよりもまわりに合わせることを選ぶ人が多い。

第三代アメリカ合衆国大統領であったトーマス・ジェファーソンが、こんな言葉を残している。「信念に関しては、岩のように動じるな。そのほかに関しては、流れに任せてしまえ」と。

目標を達成しなければというプレッシャーがあると、逆の道を行ってしまう。うわべだけオリジナルに見せようとするのだ——蝶ネクタイをつけたり、真っ赤な靴をはいてみたり——そして、真の意味で「オリジナルな人」になるリスクを冒そうとはしない。

説得力のあるアイデアや、自分がこれだと思う価値観が頭のなかにあっても、なかなか表に出そうとしない。企業の役員として活躍してきたメロディ・ホブソンは、「オリジナルな人間はほとんど存在していない」と述べている。みな**「発言して目立つ」ことを恐れている**のだ。

「オリジナルな人」とは

オリジナルな人間になるには、極端なリスクを冒さねばならないという認識は、文化的にあまりにも深く根づいていて、多くの人は疑問をもつことすらしない。

人は、ニール・アームストロングやサリー・ライドなどの宇宙飛行士を見て、この惑星を離れ、大胆にも宇宙への冒険に挑む果敢さに感心する。

マハトマ・ガンジーやキング牧師のような公民権運動の英雄を、正義を追求して命の危険を冒すほどの信念をもっているとして称賛する。

スティーブ・ジョブズやビル・ゲイツのようなカリスマを、大胆にも大学を中退し、一か八かの賭けに出て、ガレージでコツコツ作業をしながらビジョンを実現させようとした人だと崇《あが》める。

私たちは、創造性を発揮して世界を変えようとするオリジナルな人たちを見て感心しつつも、彼らは私たちとは異なる才能をもった人たちなのだろうと考えるものだ。遺伝的にがんや肥満、HIVになりにくい幸運な人たちがいるように、創造性に優れた人たちは生まれながらにリスクに対する免疫が備わっているのだと思っている。

不安に強く、社会に受け入れられなくても平気な性質なのだ、と思っている。因習を打破し、反抗し、我が道を行き、人とは反対のことをするように自然と運命づけられていて、恐怖心や拒絶や嘲笑に惑わされないのだと思っている。

「起業家」を意味する「アントレプレナー（Entrepreneur）」という言葉は、経済思想家のリチャード・カンティロンによる造語だが、原義は「リスクを負う人」だ。

ワービー・パーカーの飛躍がその最たる例だろう。あの四人組は、何とかなると信じて思い切った行動に出る気概があったからこそ、世界を変えることができたのだ。つまるところ、外野フェンスをめざしてバットを振り切らないことには、ホームランを放つことはできない。
そうではないだろうか？

＊　＊　＊

ワービー・パーカーが営業を開始する半年前のこと、私が教鞭をとるウォートン校（ペンシルバニア大学のビジネススクール）の授業に創業者の一人が座っていた。長身で人懐《ひとなつ》こく、落ち着いた雰囲気のニール・ブルーメンタルは、非営利組織で働いた経験があり、世界をよりよくしたいと心から望んでいた。彼が私にワービー・パーカーを売り込んできたとき、私もほかの多数の懐疑派と同じく、「アイデアとしてはおもしろいが、メガネをオンラインで注文する客がいるとは思えない」と断った。

顧客の存在が不明であることから、会社を軌道に乗せるにはとてつもない努力が必要になるだろうとわかっていた。そして、ニールとほかの三人が営業開始に向けてどのように時間を費やしているかを知ると、この事業は失敗に終わるだろうという悪い予感がした。

私がまずニールへ突きつけた一本目のストライクは、四人とも学生だということだ。ワービー・パーカーを本気で成功させたいならば、学校をやめ、生活のすべての時間を投入してとり組むべきだ。

それに対してニールは、「リスクを分散したいんです」という。「これがいいアイデアなのかどうか確証はないし、成功するかどうかまったくわかりません。だから、学校に通いながら空いた時間を使って準備をしてきたんです。とはいってもこの夏、ジェフは助成金をもらって、このビジネスに専念していましたが」

ジェフ以外の三人の状況を尋ねると、「みんなインターンシップ（学生が企業に体験入社すること）に参加しました」とニールは認めた。「私はコンサルティング、アンディはベンチャーキャピタル（ベンチャー企業に対して資金を提供する会社）、デイブはヘルスケア分野でした」

時間がほとんどないうえに、四人の焦点がかみ合っていないため、ウェブサイトもまだ準備できていなかった。四人が納得する社名をつけるだけでも六カ月かかったということだ。ここで二本目のストライク。

しかし私は、ここで四人を完全に見捨てはしなかった。考えてみれば、四人ともその学年末には卒業するため、その後は全時間を投入して会社に専念できるようになるだろう。

「いえ、そういうわけでもないんです」と、ニールは否定した。「分散投資しておきたくて。うまくいかなかった場合を考えて、卒業後の就職先の内定をもらっています。ジェフもそうです。デイブも選択肢を残しておくために、夏のあいだ二つのインターンシップに参加しましたし、以前の会社にまた雇ってもらう話をしています」

三本目のストライク。バッターアウトだ――そして私も手を引いた。

私がワービー・パーカーへの投資を断ったのは、彼ら四人があまりにも私自身に似ていたからだ。私が大学教授の職についたのは、次世代の学生を育てたいという情熱にあふれていたからではある。

しかし胸に手を当てて考えてみると、終身在職権《テニュア》が魅力的だったことも確かだ。二十代で起業する自信はとうていなかった。

ワービー・パーカーの四人が選んだやり方と、起業を成功させるために私が必要だと考えている選択は異なっていた。ニールたち四人は、ありったけの力を注いでことに当たろうと腹をくくってはいなかった。だから私は四人の信念に疑問を抱いたのだ。

真剣さがなく、入れ込みようが足りないんじゃないか？

全力投球せずに無難なところを狙いすぎて、失敗する運命にあるのでは？

だが実際は、そういう姿勢で臨んだからこそ成功したのだ。

私は本書で、**オリジナリティには徹底的にリスクを冒すことが必要だという通説をくつがえし、オリジナルな人たちは私たちが思うよりもずっとふつうの人たちなのだ、ということを示していきたい**と思う。

分野を問わず、ユニークなアイデアで世界を前進させる人たちが、信念とやる気にあふれていることはまれである。

現状を打開しようとするような人たちは、外見的には大胆で自信満々に見える。だが、その表面をはがしてみると、彼らも恐れやためらいや自己不信と戦っているのだ。

自発的に行動する人であるように思われるが、彼らの行動は他者にうながされていることが多く、強制されているときすらある。「リスク大歓迎」のように見えても、できればリスクは避けたいというのが本心なのだ。

＊＊＊

経営管理学研究者のジョセフ・ラフィーとジー・フェンは、ある興味深い研究を行なっている。「起業をする際には、本業を続けるのとやめるのではどちらがいいと思うか?」という単純な質問をするのだ。

二人は一九九四〜二〇〇八年のあいだ、起業をした二十〜五十代の五〇〇〇人以上のアメリカ人を追跡調査した。起業をした人たちが本業を続けたかやめたかは、本人が置かれている経済的状況とは関係がなかった――家庭の収入や給与の高い人が本業をやめて起業に徹する可能性は、高くも低くもなかったのだ。

調査をまとめると、起業に専念することを選んだ人は、自信に満ちたリスク・テイカーだった。

一方、本業を続けたまま起業した人は、リスクをなんとか避けたがっており、自信の程度も低かった。

たいていの人は、リスク・テイカーのほうが明らかに有利だと予測するだろう。だが研究の結果はその逆だった。本業を続けた起業家は、やめた起業家よりも失敗の確率が三三パーセント低かったのだ。

リスクを嫌い、アイデアの実現可能性に疑問をもっている人が起こした会社のほうが、存続する可能性が高い。そして、大胆なギャンブラーが起こした会社のほうがずっともろいのである。

ワービー・パーカーの四人もそうだが、近年『ファスト・カンパニー』誌で「もっとも革新的な企業」の上位にあげられた企業の創業者の大部分が、起業後も本業を続けていた。

当時陸上選手だったフィル・ナイト（ナイキ創業者）は一九六四年、車のトランクにランニングシューズを乗せて販売をはじめたが、一九六九年までは会計士としての仕事を続けていた。スティーブ・ウォズニアックらは初代アップルコンピュータを発明したのち、一九七六年にスティーブ・ジョブズと共同でアップルコンピュータを設立したが、一九七七年までヒューレット・パッカードでエンジニアを続けていた。

また、グーグルの創業者ラリー・ペイジとセルゲイ・ブリンは、一九九六年にネット検索の性能を劇的に向上させる方法を見いだしたが、一九九八年までスタンフォード大学大学院での学業を継続していた。「グーグルはもう少しで創業されないところだった」とペイジは語っている。「博士号課程をやめることが不安だった」からだ。

一九九七年、検索エンジンの開発が学業を妨げていることを心配し、二人はグーグルを現金と株式で二〇〇〇万ドル(約二億円)以下の価格で売却しようとした。だが幸運なことに、購入を検討していた先がそのオファーを断ったのだ。

本業を続けるという傾向は、優れた起業家にかぎったことではない。才能を発揮して名を成している著名人のなかにも、代表作で収入を得るようになってからも常勤の職や学業を続けていた人が多い。

映画『グローリー――明日への行進』の監督を務めたエバ・デュバーネイは、本業である広報の仕事を続けるかたわら、最初の三つの作品を制作した。映画制作に専念にするようになったのは、四年間制作にたずさわって複数の賞を受賞してからだ。

ブライアン・メイは、天体物理学の博士号課程のなかば、新しいバンドでギターを弾きはじめたが、学業を中断してそのロックバンド「クイーン」に全身全霊を傾けたのは、それから何年も経ってからのことだ。そしてその直後に、代表作『ウィ・ウィル・ロック・ユー』を作曲している。

グラミー賞受賞者のジョン・レジェンドは、二〇〇〇年に一枚目のアルバムをリリースしているが、二〇〇二年まで経営コンサルタントの仕事を続け、夜に音楽活動をするという生活だった。

ホラー小説の巨匠スティーブン・キングは、第一作目を執筆後も七年のあいだ、教師やガソリンスタンドの店員などをしており、日中の仕事をやめたのは『キャリー』で小説家デビューした一年後だ。

漫画『ディルバート』の作者スコット・アダムスは、自作の四コマ漫画がはじめて新聞に掲載されてからも、IT企業での仕事を七年間続けていた。

こういった人々はなぜ、安全に戦う道を選んでいるのだろうか?

本当のリスクは何なのか

半世紀前、ミシガン大学の心理学者クライド・クームスは、リスクに関する革新的な理論を編み出した。リスクの高い株式投資をしようとする人は、その他の投資では安全策を選んで身を守ろうとする、というものだ。

日常生活においても、成功を収めている人はこれと同じようにリスクに対処し、ポートフォリオ(金融資産の組み合わせ)のなかでバランスをとっているという説を、クームスは提唱した。

ある分野で危険な行動をとろうとするのなら、別の分野では慎重に行動することによって全体的なリスクのレベルを弱めようとするのだ。

リスクのポートフォリオという概念を考えると、人生のある部分でオリジナルな行動をとりながら、その他の部分では標準的な域を出ない人が多いというのも納得できる。

T・S・エリオットの代表作である『荒地』は、二〇世紀を代表する詩作として称賛されてきた。だが、エリオットは一九二二年に『荒地』を発表したのちも、一九二五年までロンドンの銀行での仕事を続け、詩人としてすべてを投げ打つリスクを冒そうとはしなかった。

作家のオルダス・ハクスリーはエリオットの職場を訪ねたのちに、「(エリオットは)いちばん銀行員らしい銀行員だった」といっている。エリオットは銀行をやめてからも独立はしなかった。その後の四〇年間、出版社に勤務して家計の安定をはかりつつ、そのかたわら詩を書いた。「ポラロイド」社の創業者であるエドウィン・ランドがいうように、「ある一つの分野でオリジナリティを発揮したいのであれば、その一つの分野以外のあらゆる分野で確実な行動をとって、感情の安定と社会的な安定を得ないことには、けっしてできない」のだ。

しかし、日中の仕事が妨げになってやりたい仕事ができない、ということはないのだろうか? 常識的に考えれば、時間と労力を十分に注がなければいい仕事ができないだろうし、集中的にとり組まなくては会社が成長しないだろう。

だがそう仮定するのは、バランスのとれたリスク・ポートフォリオの最たる利点を見逃している。つまり、**ある分野において安心感があると、別の分野でオリジナリティを発揮する自由が生まれるというメリット**を見逃しているのだ。

経済的な基盤を確保しておけば、まだ中途半端な段階で書籍を出版したり、事業を開始するなどのプレッシャーから逃れられる。

ピエール・オミダイアがインターネット・オークションを展開する「イーベイ」社を創業したのは、趣味の範囲だった。オミダイアはその後九カ月にわたってプログラマーの仕事を続けており、辞職したのは、イーベイでの収入がプログラマーの仕事よりも多くなってからだ。

「エンデバー」社の共同創設者で最高経営責任者（ＣＥＯ）のリンダ・ロッテンバーグは、何十年にもわたって世界の数多くの優れた起業家を育成してきた経験からこう述べている。

「もっとも優れた起業家は、あらゆるリスクを冒そうという人ではありません。リスクテーキングからリスクをとり除こうとする人です」

「リスク・ポートフォリオのバランスをとる」というのは、つねに中程度のリスクを冒して中間に留まるということではない。

成功を収めるオリジナルな人は、ある部分で大きなリスクを冒しつつ、別の部分ではことさら慎重になることでバランスをとっているのだ。

サラ・ブレイクリーは二七歳のとき、足首から先をおおわないストッキングをつくるという斬新なアイデアを思いつき、貯金五〇〇〇ドル（約五〇万円）を費やすという大きなリスクを冒した。そしてリスク・ポートフォリオのバランスをとるために、ファックス機を販売する常勤の仕事を二年間続けながら、夜と週末の時間を利用して試作品を製作した。

また、弁護士を雇わずにみずから特許申請書を作成して倹約した。そしてついに「スパンクス」社を創業し、腕一本で億万長者になった世界でもっとも若い人物となったのだ。

その一〇〇年ほど前、ヘンリー・フォードはトーマス・エジソンの下でチーフ・エンジニアを務めるかたわら、自動車帝国を築きはじめた。エンジニアの職のおかげで生活の安定を維持することができ、斬新な発明を試すことができた。フォードはキャブレターの製造に成功してから二年間、その特許を取得してから一年間、エジソンの下で引き続き働いていた。
「マイクロソフト」社創業のためにハーバード大学をやめたことが知られているビル・ゲイツはどうだろう。大学二年生のときに新しいソフトウェアを販売していたが、それからまるまる一年間、学業を継続しているのだ。

学業をやめたときも、退学はせずに休学届を出し——大学には正式に休学を認められた——両親に資金を出してもらっている。彼もまた、リスク・ポートフォリオのバランスをとっていたのだ。

「彼は世界最高のリスク・テイカーとはほど遠い」と、起業家のリック・スミスは述べている。「ビル・ゲイツは、〝リスクを軽減させることにおいてワールドクラスの達人〟であると考えるほうが正確かもしれない」

ワービー・パーカーの躍進は、このようなリスク軽減の賜物《たまもの》だ。四人の創業者のうち、ニールとデイブの二人が共同CEOに就任した。単独のリーダーを据《す》える一般的なやり方のほうがいいという忠告を聞き入れずに、舵《かじ》とりのためには二人いたほうが安全だと考えたのだ。実際、複数のCEOを擁したほうが市場の反応は好意的で、会社の評価が向上することが証明されている。彼らは当初からリスク軽減を最優先事項としていた。

彼らは同社を創業後も、商業化できそうなものがないかと大学内の科学分野で材料を求め、別のビジネスチャンスを引き続き探していた。つねに代替案を頭に入れておいたおかげで、四人は新しい事業を展開する勇気をもてた。単に不確実さを受け入れるというのではなく、積極的に行動することによって、その不確実さを軽減させたのである。

「リスクを減らそうと、何度も話し合いを重ねました。起業にいたるまでの過程では、ゴーサインを出すべきかどうかの決定を幾度となくくり返し、その過程の一つひとつで、チェックをしてバランスをとりました」とニールは語っている。

四人は、リスクから身を守る方法の一つとして、起業に関する授業を一緒に受け、何カ月もかけてビジネスプランに磨きをかけた。

ネットでメガネを注文するという、奇抜な発想を顧客が受け入れやすくするように、無料で返品できるようにした。だが聞きとり調査を重ねていくと、顧客は返品が無料であっても、ネットでのメガネの購入には二の足を踏むらしかった。

「どうしても無理という人が大勢いることがわかったんです。その結果を踏まえると、このビジネスの前提に疑問を抱かざるをえませんでした」とニールは思い起こす。「すっかり自信をなくした瞬間でしたね。それで私たちは、振り出しに戻って考えることにしたんです」

協議に協議を重ねたのち、四人はある解決策にたどりついた――無料で試着してもらうシステムだ。顧客は購入の義務を負うことなくフレームのみを注文することができ、かけ心地や見た目が気に入らなければ送り返してもらえるようにする。

これは実際、返品無料にするよりもコストが低い。顧客がレンズ入りのフレームを購入したあとに返品した場合は、会社に大きな損失が出る。レンズはそれぞれの顧客に合わせたものだからだ。だが顧客がフレームだけを試着して返却すれば、会社はふたたびそれを利用できる。

このころになると、デイブは自信をもちはじめ、事業に専念するようになっていた。「今後の展開が見えはじめ、ビジネスに全時間を費やすかどうかの判断をしなければならない時期に来てみると、これが危険な賭けとは思えなくなっていました。もはや一か八かで飛び込むという感覚ではなかったんです」

無料で試着できるシステムに顧客は飛びついた。おかげで営業開始後四八時間も経たないうちに、一時的に販売を停止しなければならないほどだった。

起業家は一般の人たちよりもリスクを好んでいるわけではないという研究結果が、相次いで出てきている。そしてこれは、多くの経済学者や社会学者、心理学者の意見が合致したまれなケースだ。

八〇〇人以上のアメリカ人を調査したある有名な研究では、起業家と働く成人を対象に、次の三つのうち、どのベンチャー事業をやってみてもいいと思うかを選んでもらった。

(A) 成功の確率が二〇パーセントで、五〇〇万ドル(約五億円)の利益をもたらす事業
(B) 成功の確率が五〇パーセントで、二〇〇万ドル(約二億円)の利益をもたらす事業
(C) 成功の確率が八〇パーセントで、一二五万ドル(約一億二五〇〇万円)の利益をもたらす事業

起業家は、もっとも安全な（C）を選ぶ確率が一般の人よりも明らかに高かった。これは収入や財産、年齢、性別、起業の経験、配偶者の有無、教育レベル、家庭の人数、ほかの事業への期待度にかかわらず、同じだった。「起業家は一般の人たちと比べて、かなりリスク回避型であることがわかった」と、研究者らは結論づけている。

これはアンケート調査での選択にすぎないが、起業家の実世界での行動を追跡してみると、彼らが明らかに大きなリスクを回避していることが見てとれる。

経済学者らの研究によると、優れた起業家は、十代のころに規則を破り違法な行為をする確率がそのほかの人たちよりも三倍近くも高いことがわかっている。しかしながら、その具体的な行動をよく見ると、その後成功を収めた企業を起こした人は、計算づくのリスクのみをとっていることがわかるのだ。心理学者らもアメリカ人の双子とスウェーデンの市民を対象に研究を行なったが、どちらにおいても結果は同じだった。

いずれの研究結果においても、成功を収めている起業家は、十代には両親に反抗し、門限を過ぎても帰宅せず、学校をさぼり、万引きをし、ギャンブルや飲酒をし、マリファナを吸っていた確率が高かった（訳注：アメリカではマリファナが合法とされている州もある）。ただし、飲酒運転や違法ドラッグの購入、高級品の盗難など、ひどく危険な行動に関与する可能性は高くなかった。これは、親の社会的地位や家庭の収入にかかわらず同じだった。

それでも、オリジナルな人たちのリスクに対する態度はまちまちだ。なかには、危険な賭けに出るようなギャンブラーもいれば、けちけちした倹約型の人もいる。

オリジナルな行動をとるには新しいことを試さなくてはならないが、それはつまり、ある程度のリスクを受け入れるということだ。

だが、もっとも成功を収めている人は、向こう見ずに飛び込むような人ではない。崖の縁までおっかなびっくり歩いていき、降下の速度を計算し、パラシュートは点検に点検を重ね、念のために安全網を設置しておくような人だ。

作家のマルコム・グラッドウェルが『ザ・ニューヨーカー』誌上で述べていたが、「多くの起業家はリスクをたっぷり冒している——だがそういった起業家は失敗していることが多く、サクセスストーリーにはなっていない」のだ。

また、社会的承認に無関心であることも、独自の道を行く人の特徴ではない。

一万五〇〇〇人以上の起業家を対象にした六〇の研究を総合的に分析したところ、他者を喜ばせることに無関心な人のほうが起業する可能性が高いという傾向は見受けられず、また、そういった人が起こした会社のほうが業績が高いわけでもなかった。

政治の世界でも同様のパターンがうかがえる。何百人もの歴史学者、心理学者、政治学者たちがアメリカの歴代大統領を評価したところ、国民の意志や過去の前例にしたがった大統領は、リーダーとしてもっとも優れた人物ではないという結論にいたった。もっとも優れた大統領は、現状に異議を呈し、変革をもたらした人物だった。

しかしこういった行動は、国民による承認と社会の調和を深く気にかけていたかどうかにはまったく関連がなかった。

エイブラハム・リンカーンは、一般に「もっとも偉大な大統領」とされている。専門家が歴代大統領の「他者を喜ばせ、対立を回避する」傾向を評価したところ、リンカーンのスコアは全大統領のなかで最高だった。

リンカーンは市民と対話する時間を一日に四時間設け、南北戦争中の脱走兵を赦免《しゃめん》している。奴隷解放宣言に署名する前には、奴隷を解放すべきかどうかで六カ月ものあいだ悩み抜き、憲法上、自分にその権限があるのかどうか疑問を抱いていた。解放の決定によって連合国の境界州の支持を失うかもしれず、戦争に降参し、国が崩壊しかねないと心配したのだ。

オリジナリティは不変の性質ではない。自由に選択できるものだ。 リンカーンは生まれつき強気な性格だったのではない。

対立をものともしない剛胆な性質がDNAに組み込まれていたわけではなく、意識的に論争を受けて立つ意志を身につけたのだ。思想家W・E・B・デュボイスが述べたように、リンカーンは「みなと何ら変わらない人だったが、エイブラハム・リンカーンになった」のだ。

ただし、仕事や人生においてはそういったコントロールの余地がないことがあまりにも多い。何年か前、グーグルはイェール大学の教授エイミー・レゼスニエウスキーに、営業部門と管理職の職務を改良するための支援を求めた。

営業部門と管理職の人々は、社内のエンジニアのような自由もなければ、地位への自覚も一大プロジェクトにかかわっている意識もなかった。私はレゼスニエウスキーともう一人の協力者ジャスティン・バーグとともに、解決策を求めてグーグルを訪ねた。

結果、グーグルの多くの従業員は会社に対する愛着が非常に強く、自分の職務を「不動のもの」として受け入れていることがわかった。彼らは顧客への対応などは、既存のやり方を変えられないものととらえていた。

この凝《こ》り固まった考えを解きほぐすために、私たちはグーグルの人材分析の立役者である二人の社員と手を結んだ。そして何百人もの従業員を対象にワークショップを開き、**仕事は静的な彫刻ではなく、形状を変えられる積み木のようなもの**だと伝えた。

ワークショップでは、自分自身で仕事を設計し、みずからの関心やスキル、価値観に即して課題や人間関係をつくり出している人たちの例を紹介した。

たとえば、新しいロゴの制作をみずから申し出た営業部員、メールではなくビデオチャットを使ってクライアントとコミュニケーションをとる財務アナリストなどだ。

そのうえで、自分たちのふだんの仕事を新しい角度で見てもらった――「ブ・ジャ・デ」体験である。こうして彼らは、理想主義的ながらも、新しいビジョンをみずから探し出すようになった。

ワークショップを受けた従業員の上司と同僚に、ワークショップの前、ワークショップの数週間後、および数カ月後にそれぞれ、その従業員の幸福度と仕事の成果に変化が見られたかを聞いた。ワークショップの所要時間はわずか九〇分だったから、変化がもたらされるのかどうかは定かではなかった。

だが、無作為にワークショップ参加者に選ばれ、「仕事は自分でつくることができる」と指導された従業員は、六週間後の幸福度と成果が大きく上昇していた。自分の仕事をどのように変えられるかを考えたことで、実際に行動を起こしていたのだ。

ワークショップに参加しなかった対照グループの従業員は、幸福度にも成果にもまったく変化が見られなかった。

みずからのスキルと職務は柔軟なものなのだととらえるようすすめるだけで、幸福度と成果の上昇は少なくとも六カ月継続していた。

既存の能力だけを使うのではなく、みずから率先して新たな能力を開発し、自分だけの仕事を形成することができたのだ。その結果、こういった従業員は他者と比べ、昇進や希望の役職への異動を果たした確率が七〇パーセント高かった。

「自分の限界は、自分で設定していたにすぎない」ということに気がついたのだ。

＊　＊　＊

パート1ではオリジナリティを発揮して成功する人は、まず「既存のもの」に疑問をもち、リスクのバランスをとっていることを見てきた。パート2以降は、アイデアをいかに行動へと結びつけていくかを解説していく。

組織心理学者である私は、これまで一〇年以上にわたってさまざまな企業における幅広いケースに見られる「オリジナリティの研究」を行なってきた。また、才能を発揮して活躍する著名人たちからも話を聞いた。

パート2とパート3では、オリジナルなアイデアを生み出して、それを的確に発言していく方法に焦点をあてる。話を聞いてもらい、さらに非難を受けないようにするにはどうすればよいか、そのベストなやり方をいくつかご紹介していく。

パート4とパート5では、成功の可能性を最大限に高めるために考えておくべき「選択肢」について検証する。まずはタイミングの問題がある――じつは、真っ先に行動を起こすのには注意が必要なのだ。あとから行動するよりも、先陣を切るほうがリスクは高いことが多いためである。

また、先延ばしにしたほうが、起業家は会社を存続させる確率が高まり、リーダーたちはチャレンジがしやすくなり、イノベーターたちは創造性を保ちやすくなる。

それに、仲間づくりのむずかしさについても忘れてはならない。自分のアイデアに対する支持をいかに増やし、いかに却下されるリスクを減らすか――ということだ。

パート6とパート7では、家族や環境が、われわれがオリジナリティを獲得するうえで、どのような影響をもたらすかを見ていく。子どもはいかに反抗し、その経験をやがて自分自身の個性につなげていくのだろうか。

最後のパート8で、オリジナリティの邪魔をする感情についても検証しておかねばならない。恐怖心や他者の無関心をはねのけるにはどうすればよいのか。

じつは、不安に対処するには心を落ち着かせることが最善の方法ではなく、ポジティブ思考よりもネガティブ思考のほうがエネルギーになる場合がある――などという新事実が明らかになる。

くり返しになるが、オリジナルなことを実現して成功している人たちの中身は、私たちとさほど変わるものではない。彼らも、みなと同じような恐怖や不安を感じている。

しかし、何が違うかといえば、「それでも行動を起こす」ということだ。

「失敗することよりも、やってみないことのほうが後悔する」

彼らはそのことを、身をもってわかっている人たちなのである。

独創《オリジナル》へのステップ

PART 2

大胆に発想し、緻密に進める

キラリと光るアイデアとは

「創造性とは、自分自身に失敗を許すことだ。
技術《アート》とは、どの創造物を維持するかを知っていることだ」

スコット・アダムス
（漫画家）

名だたる起業家でも見抜けなかった「歴史的失敗」

二一世紀に入ったばかりのころ、ある発明がシリコンバレーに旋風を巻き起こした。スティーブ・ジョブズはその発明を、パソコン以来のもっとも驚異的な技術製品だと呼んだ。試作品に惚れ込んだジョブズは、発明者の会社の一〇パーセントの株式を六三〇万ドル（約六億三〇〇〇万円）で買収したいと申し出た。発明者が断ると、ジョブズはおよそ彼らしくない行動をとった。以後六カ月、発明者の顧問になることを申し出たのだ——無報酬で、である。「アマゾン」社の創業者ジェフ・ベゾスは、その製品をいったん見るや、すぐさま関与をはじめ、発明者に「革命的な製品だ。恐ろしく売れるよ」と太鼓判を押した。

グーグルやその他多くの優れたベンチャー企業への投資で成功を収めた伝説の投資家、ジョン・ドーアは、この事業に八〇〇〇万ドル（約八〇億円）を投入した。史上最短期間で一〇億ドル（約一〇〇〇億円）の売上げを達成する企業になるだろうという予測のもと、「インターネットよりも重要なものとなる」未来が拓《ひら》けているという。

発明者本人は、現代のトーマス・エジソンと評されており、すでにいくつもの画期的な発明品を成功させていた。

彼が以前発明した携帯型透析装置は、「その年最高の医療製品」に選ばれていた。患者が通院する回数を減らす携帯型薬液注入ポンプも、彼の発明だ。また、彼の発明品の血管ステント

（血管を広げる金属製の筒）は、ディック・チェイニー元副大統領の心臓につながれている。この発明者は何百もの特許を取得しており、アメリカで発明家に授与される最高の栄誉である「アメリカ国家技術賞」を当時のビル・クリントン大統領から授与されている。

当人は、この新製品は一年以内に週一万点は売れるようになると予測した。ところが、六年が経過したときの売上総数はわずか三万点程度だった。一〇年以上を経てからも会社はまだ黒字を計上せず、人々の生活を大きく変えるはずだったこの製品は、現在ではニッチ市場で利用されるのみになっている。

その製品とは、電動立ち乗り二輪車の「セグウェイ」だ。

ニュース雑誌『タイム』はセグウェイを「この一〇年でトップテンに入るテクノロジーの大失敗」と呼んだ。二〇一三年、ドーアは「投資としてのセグウェイは失敗だったことに疑いの余地はない。かなり大胆な予測をしたが、間違いだった」と認めている。

ビジネスに精通したこのような大物たちが、なぜそろいもそろって評価を誤ったのだろうか？

それより何年か前のこと、二人のお笑い芸人が共同で九〇分の特別テレビ番組をつくっていた。二人ともテレビ向けのシナリオ制作の経験がなく、すぐにネタがつきてしまったため、毎週三〇分の番組用にシナリオを書き替えた。

台本を提出したところ、ほとんどのテレビ局の重役たちは、そのおもしろさを理解できなかった。

ようやくパイロット版（試写版）の撮影にこぎつけて、視聴者にプレビューを行なってもらったが、番組のいいところと悪いところを話し合うためにロサンゼルスに集められた一〇〇人の視聴者にも、とんでもない失敗作だとして酷評された。ある人などはピシャリといった。

「（これを書いたコメディアンは）負け犬だ。こんな男の番組なんか誰が見たいもんか」

このパイロット版をさらに四つの都市で約六〇〇人に視聴してもらったあとの報告書には、「この番組をもう一度観たいと思っている視聴者層は存在しない」とまとめられている。それほどまでに評価はお粗末だった。

それでもこのパイロット版は何とか放映にこぎつけたが、誰もが予想したとおり、鳴かず飛ばず。テスト段階での視聴者の評判も悪かったのだから、当然、万事休すである。

だが、一人の重役があと四回分のエピソードの制作を強行した。新たに制作されたエピソードはパイロット版から一年近く経ってようやく放映されたが、またしても人気を得ることはなかった。

進展がないなか、キャンセルになった別番組の代替として、テレビ局はシーズンの半分にあたるエピソードの制作を芸人たちに注文した。だがそのころには、台本を書いている二人のうち一人はすでにあきらめかけていた。それ以上アイデアがなかったのだ。

しかし、そこであきらめなかったのは正解である。

以後一〇年というもの、その番組は視聴率調査でつねに上位を独占し、一〇億ドル（約一〇〇〇億円）の収益を上げるまでに成長した。そしてアメリカでもっとも人気の番組となり、『TVガイド』誌も「史上最高のテレビ番組」と評する大ヒットへと躍進を遂げたのだ。

テレビ局の重役たちはなぜあれほどまでに、この番組――『となりのサインフェルド』――を過小評価したのだろうか？

私たちは世界にオリジナリティが欠けていることを憂《うれ》い、それは人々に創造性が欠けているからだという。新しいアイデアを出すことさえできれば万事うまくいくと思っているのだ。だが実際は、**オリジナリティを阻《はば》む最大の障害はアイデアの「創出」ではない――アイデアの「選定」なのだ。**

ある分析調査で、二〇〇人以上の被験者が一〇〇〇件以上の新しい企画や製品のアイデアを考えたところ、うち八七パーセントはほかに類を見ない独特なものだった。

だから必ずしも、企業やコミュニティやさまざまな国で斬新なアイデアが不足しているというわけではない。

むしろ、**斬新なアイデアのなかから、適切なものをうまく選び出せる人がいないことが問題なのだ。**

セグウェイは、ヒットが予測されたものが失敗に終わったというケースであり、いわば「偽陽性のアイデア」だった。一方、『となりのサインフェルド』は「偽陰性のアイデア」、つまり失敗すると思われたものが最終的に成功したケースだ。

私は「偽陽性」と「偽陰性」のしくみを解明すべく、この二つを見分ける術《すべ》を習得した「予測のプロ」を探しあてた。

本パートでは、セグウェイの失敗を予測していた二人の投資家を紹介する。

またもう一人、テレビ放送局「ＮＢＣ」社の重役についても忘れてはならない。彼はお笑い分野の担当ではないにもかかわらず『となりのサインフェルド』のパイロット版に情熱を燃やし、資金確保のために危険を冒して奔走した。

このようなケースで彼らがとった方法を見ると、アイデアを評価する際に直感と分析をどのくらい重視すべきか、そして発案者の情熱をどれだけ汲《く》むべきか……といった考え方に、さまざまな疑問が生じる。

自身過剰のベートーベン

セグウェイを発明したのは、テクノロジーの達人であるディーン・ケーメンだ。

ケーメンは一六歳のとき、美術館の照明システムを変えたいと思って設計した――そして、完成してからようやく館長に導入の許可を求めた。

一九七〇年代には携帯型薬液注入ポンプを発明している。それがかなりの利益となり、ケーメンは自家用ジェット機とヘリコプターを購入し、ニューハンプシャーに豪邸を建てた。工作室に電子研究室、さらには野球場までついた家だ。

そして、一九八〇年代には携帯型透析装置で大きな成功を収めた。

一九九〇年には、階段を上ることのできる車いす「iBOT」を設計した。ケーメンはこのテクノロジーには汎用性があると考え、セグウェイの製作チームを結成。彼の目標は、環境にやさしく、混雑する街中をスムーズに移動できる安全で燃費のよい乗り物をつくることだった。セグウェイは小型で軽量なうえ、本体がバランスをとりながら走るので、郵便配達員や警官、ゴルファーなどの移動手段として適していると見込まれたが、人々のふだんの移動手段を根本から変えてしまう可能性も秘めていた。

セグウェイはケーメンの発明のなかでもっとも素晴らしいテクノロジー製品であり、彼自身も「車が、馬や馬車にとって代わったのと同じようなことが起こる」と予測していた。


しかし、発案者が自分自身のアイデアを客観的に評価することなど可能なのだろうか？

私の元教え子で、現在スタンフォード大学で教鞭をとるジャスティン・バーグ准教授は、この疑問を解明するために何年もかけて調査を行なった。彼の専門は「クリエイティブ・フォーキャスティング（創造的未来予測）」、つまり「斬新なアイデアが成功する可能性を予測する」分野だ。

ある研究では、異なるサーカス団の人たちにサーカスのパフォーマンスの映像を視聴してもらう実験を行なった。シルク・ドゥ・ソレイユやそのほかのサーカス団の団員たちは、自分たちの映像がどれほど人気になるかを予想し、結果を提出した。また、サーカス団のマネージャーたちにも映像を観てもらい、予想を記録してもらった。

その後、予測の精度を確かめるために、一般の視聴者が映像をどの程度気に入り、シェアし、ボーナス（投げ銭）を出したかを追跡調査することによって、各パフォーマンスの実際の成功度を測定した。バーグは一万三〇〇〇人以上に映像の評価を依頼した。

視聴者が気に入れば、フェイスブック、ツイッター、グーグルプラス、メールで映像をシェアしてもらい、また、映像に出てきたサーカス団員に一〇セント（約一〇円）のボーナスを寄付してもよいことになっていた。

結果、団員たちは自分のパフォーマンスが、観客にどの程度気に入ってもらえるかを、正確に判断できていないことがわかった。

ほかの九人のサーカス団員のパフォーマンスと、自分のパフォーマンスを比較して評価してもらった場合、平均して自分のパフォーマンスに二段階も高い評価をつけていた。

一方で、マネージャーたちはより現実的だった。パフォーマンスをある程度客観的に観察しており、より中立的な立場をとっていた。

自分自身を評価するときには、えてして自信過剰になりがちだということは、社会科学者の研究によってずいぶん前から知られている。たとえば……。

▼高校最上級生の七〇パーセントは、自分に「平均以上」のリーダーシップ能力があるとし、

「平均以下」とするのは二パーセントだった。他者とうまくやっていく能力は、二五パーセントが自分は上位一パーセントに入るとし、六〇パーセントが上位一〇パーセントに入るとしていた。

- 大学教授の九四パーセントが、自分は平均以上の働きをしていると評価した。
- 二つの企業のエンジニアを調査したところ、それぞれ三二パーセント、四二パーセントが、自分のパフォーマンスは上位五パーセントに入ると評価した。
- 小企業の三〇〇〇人の起業家が、さまざまな企業が成功する可能性を評価したところ、平均して、自社の成功の見込みを一〇点中八・一と評価していた。一方、同業他社に対しての評価は一〇点中五・九にすぎなかった。

＊＊＊

「自信過剰」という傾向は、とくに乗り越えるのがむずかしいようだ。

新しい案はユニークであるがゆえに、以前に受けたまわりからの反応をすべて無視してしまう。以前のアイデアが失敗に終わっていたとしても、今回は違う、と考えがちだ。

何らかのいいアイデアを思いついたときに、そのアイデアが自分の好みにピッタリと合いすぎて——そして受け手の好みとはかけ離れすぎて——正しく評価することがむずかしくなる。

アイデアが浮かんだときの「これだ！」という興奮や、達成感で舞い上がってしまう。

テレビ局のNBCで長期にわたり社長を務めたブランドン・タルティコフは、プロデューサーたちに対して「自分のアイデアが悪いアイデアだと思ってもち込んでくる人間は一人もいない、ということを忘れるな」とつねに念を押していた。

起業家や発案者は、自分の成功について、ある程度は自信過剰でないといけない。そうでなければ、成功を追い求めるエネルギーもやる気もわかない。

しかし、受け手の好みを知ったあとでさえ、心理学でいわれるところの「確証バイアス」――自分のアイデアの長所ばかりに目を向けすぎて、限界や欠点に関しては無視したり過小評価したりしてしまう――に陥りやすい。

ディーン・サイモントンは、心理学者として「創造性」を研究してきた結果、天才ですら自分の作品を正しく認識できていない場合があることを突き止めた。

音楽の分野でいうと、ベートーベンは自己批判的な見方ができる人物として知られていたが、それでもサイモントンの観察によると「ベートーベンが自身の交響曲、ソナタ、四重奏曲のなかでもっとも気に入っていた作品は、後世に頻繁《ひんぱん》に演奏や録音がなされたものとは違う」ということだ。

心理学者のアーロン・コーズベルトはある研究のなかで、ベートーベンがみずからの七〇の作品の評価を記した文書を精査し、それを音楽専門家の評価と比較検証した。

すると、対象の七〇作品のうち、ベートーベンは一五作品について「偽陽性」判定を下していた。つまり、後世にマイナーな作品とされるものを、自分では「人気を博する作品」と予測していたのだ。

そして、「偽陰性」判定はわずか八作品のみで、自分が批判していた作品が後世において高い評価を受ける結果になっていた。

ベートーベンの自己評価は、聴衆からの評価が得られたのちに下されたものが大部分であるにもかかわらず、三三パーセントものエラー率が生じていたのだ。

何かを創作する人が、はじめから「これは傑作になる」とわかっていたら、試行錯誤してアイデアを生み出す努力をやめてしまうだろう。

むしろ、クリエーターは来た道を引き返し、以前に不十分だとして却下したものに回帰することを、サイモントンは自身の研究のなかで幾度となく見てきた。

ベートーベンは、最高傑作とされる『交響曲第五番「運命」』を作曲したとき、第一楽章の最終部分が短すぎると感じて却下した。そしてあとになってまた、以前のバージョンに戻ってきている。

ベートーベンが凡作と傑作を見分けることができていたなら、『交響曲第五番「運命」』をすぐさま傑作として認識し、それほど悩むこともなかっただろう。

また、ピカソはファシズムに抗議してかの有名な『ゲルニカ』を描いたが、それに際して七九もの習作を描いている。『ゲルニカ』に描かれているイメージの多くは、初期のデッサンにもとづいていた。

「ピカソは間違った道を進んでいると気づかずにデッサンを重ねていったが、結局、後期のデッサンは〝行き詰まり作品〟であることに気づいた」とサイモントンは解説する。

もしもピカソが制作の過程で自身の作品を適切に評価できていたなら、デッサンを重ねるごとに正しい方向に近づいていき、ムダに時間を使うことはなかっただろう。

だが実際、そうはならなかった。

成功したいなら、カエルにキスをしろ

では、創作者がみずからのアイデアを適切に評価できないとすれば、傑作を生み出す可能性はどうすれば高められるのだろうか？

その方法とはズバリ、**「多くのアイデアを生み出すこと」**だ。

サイモントンの研究によると、**ある分野における天才的な創作者は、同じ分野にとり組む他の人たちよりも、とくに創作の質が優れているわけではない**、という。

ただ、大量に創作すると、多様な作品が生まれ、オリジナリティの高いものができる確率が高くなるのだ。

サイモントンは「影響力のあるアイデアや成功するアイデアを生み出す可能性は、創出されるアイデアの総数が多いことがプラスに働く」と述べている。

シェイクスピアを考えてみよう。

彼の作品のうち、私たちが慣れ親しんでいるのはほんの少数で、じつは二〇年間に三七の戯曲と一五四の短い詩を書いているという事実はあまり知られていない。サイモントンはシェイクスピアの戯曲のうち、現在、どの作品がどのくらいの頻度で上演されているか、そしてどの作品が専門家や批評家に幅広く称賛を受けているかを評価し、作品の人気度を検証した。

シェイクスピアは、もっとも人気の高い五つの戯曲のうちの三つ――『マクベス』『リア王』『オセロ』――を描いた五年のうちに、比較的平凡な作品『アテネのタイモン』と『終わりよければすべてよし』も書いている。

この二作品はいずれもシェイクスピアの戯曲のなかでは最低ランクとされており、できがよくない散文体、不完全なプロット、おもしろみのない登場人物などが批判されてきた。

分野にかかわらず、もっとも優れた創作者であっても、専門家や受け手には〝平凡だ〟と見なされる作品を大量に生み出しているのだ。

ロンドン・フィルハーモニー管弦楽団による「最高のクラシック名曲五〇選」のリストには、モーツァルトが六曲、ベートーベンが五曲、バッハが三曲あげられていた。ひと握りの傑作を生み出すために、モーツァルトは三五歳で死去するまでに六〇〇曲、ベートーベンは生涯で六五〇曲、バッハは一〇〇〇曲以上を作曲している。

一万五〇〇〇曲以上のクラシック楽曲を対象にした研究では、作曲家がある五年間で作曲した数が多いほど、ヒット作が生まれる可能性が高くなっていた。

ピカソの全作品には、一八〇〇以上の絵画に、一二〇〇以上の彫刻、二八〇〇以上の陶芸、一万二〇〇〇以上のデッサンのほか、版画、ラグ、タペストリー作品までが含まれているが、高く評価されたのはそのうちのほんのわずかだ。

詩の世界もしかり。

アメリカの詩人マヤ・アンジェロウが、彼女の代表作『それでも私は立ち上がる（Still I Rise）』以外にも、一六五の詩を書いたということは忘れられがちである。そして、彼女の自伝『歌え、翔べない鳥たちよ』（立風書房）はよく知られていても、その他の六つの自伝は、さほど注目されない。

科学の分野では、アインシュタインが物理学に変革をもたらした「一般相対性理論」と「特殊相対性理論」についての論文を書いたが、彼の発表した二四八の出版物の多くは、ごく小さな影響力しかおよぼさなかった。

オリジナリティを発揮したいのであれば、「もっとも重要なことは、とにかくたくさんつくること。大量に創作することしかありません」と、人気ラジオ番組のプロデューサーであるアイラ・グラスは述べている。

前述の心理学者サイモントンによると、分野を問わず、もっとも多作な人たちは独自性に秀でているだけではなく、もっとも多く作品を生み出す期間内に、もっともクリエイティブな作品を生み出してもいる。(1)

エジソンは三〇～三五歳のあいだに、電球、蓄音機、炭素送話機を発明した。

しかもその同じ期間内に、一〇〇を越える発明の特許を出願している。ステンシル・ペンからフルーツの保存技術、鉄鉱石の採掘のための磁石利用法——そして奇妙な〝おしゃべり人形〟にいたるまで、じつに多様だ。

「マイナーな製品がもっとも多く創作された期間は、メジャーな作品がもっとも多く創作された期間と同時期であることが多い」とサイモントンは述べている。

エジソンの場合、「一〇九三の特許を保有しているにもかかわらず、最高傑作といえるものの数は、おそらく片ほうの手の指に収まるくらいだろう」ということだ。

一般に、質と量は両立できないもの、つまり、よりよい仕事をしたければ、よりシンプルに、最小限の仕事しかしてはいけないものと考えられがちだが、これはどうやら間違っていたようだ。

それどころか、アイデアの創出に関していえば、大量生産が質を高めるためのもっとも確実な道なのである。

スタンフォード大学教授のロバート・サットンはこう述べている。

「独創的な考え方をする人は、奇妙なアイデアや、満足のいかないアイデア、とんでもない失敗となるアイデアをたくさん出すが、それらはムダにはならない。アイデアが大量に蓄積されるからだ——とくに斬新なアイデアが」

多くの人が斬新なものに到達できないのは、アイデアをちょっとしか出しておらず、その少数のアイデアを完璧に磨き上げることにとらわれているからだ。

ネット上のおもしろいコンテンツを集めたウェブサイト『アップワーシー』では、猿がご褒美にキュウリを与えられる場合とブドウを与えられる場合の反応を収めた動画をアップする際、二人のスタッフが異なるキャプションをつけた。

「『猿の惑星』を覚えてる？　けっこうリアルかも」というキャプションがつけられたものは八〇〇〇人の視聴者を獲得した。

ところが別のキャプションでは視聴者はその五九倍となり、五〇万近くもの人が同じ映像に引きつけられたのだ——「二頭の猿がもらった不公平な給料。さて、どうする」。

アップワーシーでは、ヒットを生むためには、最低でも二五のキャプションのアイデアを出すという決まりを設けている。

これまでのさまざまな研究によると、ごく一部の「アイデアの宝庫」のような人は、創造過程の初期段階において斬新なアイデアを出すことがあるが、ほとんどの人は、初期のアイデアはありふれたものであることが多い。

つまり、「どこかで見たようなもの」とほとんど同じだったのだ。**ありがちなものを除外してようやく、ありえないほど自由な可能性を考慮する余地が生まれる。**

アップワーシーのチームはこう書き記している。

「せっぱ詰まってくると、既成概念にとらわれずに考えるようになる。二四番目のアイデアはダメでも、二五番目にキャプションの神さまが降りてきて、奇跡が起きるのです」

セグウェイを開発していたケーメンは、創造の過程ではありとあらゆるバリエーションが生じることを認識していた。四四〇以上の特許を取得している彼には、ヒット作と同じく多くの失敗作もあった。

「王子さまを探し当てるまでには、たくさんのカエルにキスをしなくちゃいけないよ」と、ケーメンはつねづねチームメンバーたちにいっていた。実際、「カエルにキスをする」というのはケーメンの持論の一つだ。

エンジニアたちには、多くのバリエーションを試して正しいものに突き当たるチャンスを高めるようながしていた。しかしケーメンは、交通の問題などを十分に考慮することなく、セグウェイの構想を固めてしまった。

自分の発明がカエルなのか王子さまなのかを最終的に判断するには、当然ながら大きな労力を伴うものだということを見失っていたのだ。

自分のアイデアを適切に評価できるようになるには、何より他者からの評価を収集することだ。とにかくたくさんのアイデアを提示し、どれがいちばんウケるのかを見てみる。

風刺ニュース番組『ザ・デイリー・ショー』の共同制作者リズ・ウィンステッドは、何十年もコメディを制作してきたが、何が視聴者に気に入られるのか、いまだにわからないそうだ。過去を思い起こし、「とにかく必死でジョークを考え出そうとして、書き出してみたり、ステージで試してみたりした」と述べている。

じわじわと出てきたジョークもあれば、パッと思いついたものもある。

現在は、ソーシャルメディアのおかけで素早く視聴者の反応がわかる。ジョークを思いついたらツイッターでつぶやいてみる。長めのジョークを考えついたらフェイスブックに載せてみる。一分以内に最低二五件のリツイートがあるか、あるいはフェイスブックでのシェア件数が多ければ、そのアイデアをとっておく。

一日の終わりには、観衆にいちばんウケたジョークのネタを練り上げる。「ツイッターとフェイスブックは、みんなが何に関心があるのかを見極めるのに、ものすごく役に立っている」とウィンステッドはいう。

ケーメンはセグウェイの開発時、他人の意見を聞こうとはしなかった。アイデアが盗まれることを恐れ、また、コンセプトを公《おおやけ》にするのは時期尚早であるとして、秘密を守り続けた。

ケーメンの下で働く従業員の多くは開発現場に近づいてはならず、セグウェイを試す機会を与えられたのは、有力な投資家たちだけだった。製作チームは多岐にわたるアイデアを出したものの、結局、顧客からのアドバイスを十分に受けられなかったため、最終的な製品の仕様を正しく選択できなかった。

セグウェイは顧客に公表されるまでに三〜四つのバージョンを経ていたが、[2] みずからのアイデアを過信するのが危険なのは、「偽陽性」の判定をしやすくなるからだけではなく、さまざまなアイデアのなかから、ベストのものを見極める作業をしなくなるからである。

しかし、セグウェイを買いかぶりすぎたのはケーメンと製作チームだけではない。

投資のプロであるスティーブ・ジョブズやジェフ・ベゾス、ジョン・ドーアは、いったいどこでセグウェイに関する判断を誤ったのだろうか？

それを突き止めるヒントは、テレビドラマ『となりのサインフェルド』にある。

なぜ「有望な企画」は却下されがちなのか

はじめて『となりのサインフェルド』の脚本が提出されたとき、テレビ局の重役たちは途方に暮れてしまった。NBCの幹部であるウォーレン・リトルフィールドは、「これまでのテレビ番組とはまったく違う趣向だった。過去に前例がなかった」といっている。

サーカスのパフォーマンスに関するバーグの研究では、管理職の人は団員たちよりも正確な予測をしていたが、それでも精度はけっして高くなく、斬新なパフォーマンスの場合はとくに不正確だった。

管理職は、一般にリスクを回避しようとしすぎる傾向にある。**新しいアイデアを実行して得られる利益ではなく、悪いアイデアに投資して失敗するほうに目を向けがちだ**。そのため、多数の「偽陰性」判定を出してしまう。

『となりのサインフェルド』パイロット版の初期報告書を書いた人は、「あまりよくない」と「ふつう」の中間の作品だと感じていた。やや「ふつう」に寄ってはいたが、上司のダメ出しで「あまりよくない」の評価に下がった。

このような「偽陰性」判定は、エンターテインメント業界ではよくある話だ。映画制作会社の重役たちは、あろうことか『スター・ウォーズ』や『E．T．』、『パルプ・フィクション』のようなヒット作品を、当初は見送っていた。

出版業界では、『ナルニア国物語』『アンネの日記』『風と共に去りぬ』『蝿の王』『ハリー・ポッター』シリーズなどの作品が上層部に却下されていた――二〇一五年の時点で、J・K・ローリングの『ハリー・ポッター』シリーズだけでも二五〇億ドル（約二兆五千億円）以上を売り上げ、シリーズ本としては史上最高の売上部数を達成するにいたったにもかかわらずである。

また、企業の革新の歴史を見ると、上司が部下にストップをかけたプロジェクトが、のちに大ヒットしたというエピソードが山ほどある。

「日亜化学工業」の発光ダイオードしかり、「ポンティアック」社のフィエロしかり、「ヒューレット・パッカード」社の静電ディスプレイしかり、枚挙にいとまがない。

マイクロソフトでは「Ｘｂｏｘ」がもう少しでボツになるところだった。「ゼロックス」社ではレーザー・プリンターが高価で実用的でないとしてとりやめになるところだった。

不確実なものに出くわすと、人間の本能的な反応として、新しいものを却下し、失敗するかもしれない理由を見つけようとする。経営陣は新しいアイデアを吟味する際、批判的な目で見る。リスクを避けたいがために、過去に成功した定番のアイデアと比べようとするのだ。

出版社の上層部が『ハリー・ポッター』シリーズを見送ったとき、子ども向けの本としては長すぎるという理由をつけた。

『となりのサインフェルド』のパイロット版を観たテレビ局社長は、「ユダヤっぽすぎ」て「ニューヨークっぽすぎ」るため、視聴者の幅を狭めると感じた。

ライス大学教授のエリック・デインは、**専門知識と経験が深まるほど、世界の見方がある一定の状態に固定されてしまう**としている。

たとえば、ブリッジ（トランプのゲーム）のプロは、ルール変更があると初心者よりも適応に苦労するという研究結果や、ベテラン会計士は経験の少ない会計士よりも新しい税法をスムーズに適用できないという研究結果などがある。

ある分野の知識を得れば得るほど、その典型に縛られてしまうのだ。

たいていは、経営陣よりも、一般人のほうが目新しさには寛容だ。専門知識が下手に邪魔をすることがないし、まったく新しい形を考慮したり、変わったアイデアに入れ込んだりしても、失うものがほとんどないからだ。

しかし、先述のバーグによると、だからといって番組の評価をする試写に動員された視聴者たちが、経営陣と比べて新しいアイデアが成功するかどうかを予想することに優れていたわけではなかったそうだ。

彼らも、経営陣と同じ過ちを犯してしまう。

自宅のリビングでテレビ番組を観るときは、内容に引き込まれるものだ。最初から最後まで笑いっぱなしなら「おもしろい」番組だと表現するだろう。

けれどもテレビ局の用意した実験室で観るとなると、自宅と同じようにはのめり込めない。番組を批評するためにそこにいるのだという意識があり、はなから批判的な目で見ているからだ。

「一般の視聴者に、はたして人気が出るだろうか?」「このような番組はウケるだろうか?」という既成概念に自然ととらわれてしまう。とくに明確なテーマがない番組は、欠点があまりにも目につきやすい。

「実際、大部分のパイロット版は試験段階ではいい結果が出ないものです」と、NBC幹部のリトルフィールドは述べている。なぜかというと、「視聴者は新しいものや変わったものにはよい反応を示さないものだから」だ。

視聴者は、編集室のゴミ箱行きになった斬新なアイデアを目にした経験もない。

「『となりのサインフェルド』の成り行きを見れば、テストが必要かどうかの議論はいっさい無用だってことがわかるはず。まさか僕の番組がシャーマン・オークス(訳注:ロサンゼルスの一区域。アメリカの映像業界の重要拠点である)の二〇人の評価で決まるなんていわないでほしい」と、コメディアンのポール・ライザーはいう。

「僕はテストでいい点なんてとった試しがないからね」

つまり、テストのために呼ばれた視聴者も会社の経営陣も、クリエイティブなアイデアを判断する人としては適任ではないのだ。両者とも、あまりに「偽陰性」判定を下しやすい。アイデアを却下するべき理由に目を向けすぎて、既存のものに固執しすぎる。
そしてくり返しになるが、クリエーター自身も自己評価には苦労する。自分のアイデアを買いかぶりすぎるからだ。

しかし、もっとも適切に予測できる人たちがいる。別のクリエーターたちだ。
サーカスのパフォーマンスに関するバーグの研究では、ある映像がどの程度気に入られ、シェアされ、ボーナスを獲得するかがもっとも正確に予測されたのは、別のパフォーマーが評価した場合だった。

別のパフォーマーたちは、管理職たちや一般の視聴者たちと比べ、映像がシェアされる頻度を約二倍も正確に予測していた。

管理職とテストに参加した視聴者は、ほかのパフォーマーたちよりもそれぞれ五六パーセント、五五パーセントの確率でより多くの「偽陰性」判定をしていた。

また、視聴した一〇のパフォーマンスのなかの斬新で優れたパフォーマンスを、五ランク以下も低く見積もっていた。

「三人寄れば文殊《もんじゅ》の知恵」とはいうが、その三人がどのような人たちかに留意する必要がある。

平均して、サーカスの計一二〇人の管理職による予測は、典型的な一人のパフォーマーの予測よりも正確ではなかった。管理職とテストに参加した視聴者は、自分が好むある特定のパフォーマンスの範囲に固執し、そのほかのものは却下する傾向があった。

一方、パフォーマーたちは、さまざまな種類のパフォーマンスに幅広く目を向けていた——

空中や地上でのアクロバットだけではなく、高い技術のジャグリングやパントマイムにも可能性を見ていた(3)。

このことから、**オリジナリティを正確に評価するには、自分自身で判断しようとしたり、上司に意見を求めたりするのではなく、同じ分野の仲間の意見をもっと求めていくべき**だとわかる。

同じ分野の仲間は、上司や試写に呼ばれた視聴者のようなリスク回避をしようとしない。斬新なもの、変わったものに可能性を見いだそうという前向きな視点をもっており、とかく後ろ向きな「偽陰性」判定を回避できる。

また、こちらのアイデアに関して特別な思い入れがないため、客観的に正直な評価をしてくれるから、盲目的な「偽陽性」判定も避けることができる。

これを考えると、多くのパフォーマーにとって、同業者からの称賛が何よりも重要という理由が説明できる。

お笑い芸人はよく、同業の芸人を笑わせることが最高の栄誉だという。マジシャンは観客をだますのが仕事だが、同業のマジシャンをあっといわせることは生き甲斐のようなものだ。

こういった傾向は一般に、ステータス獲得のためだと思うだろう。みな、同業者や自分と同種の人たちに何とかして認められたいと思っている。

しかし、先のバーグのサーカスの調査からは、**同業者の評価に関心を抱くのは、同業者の判**

断が、いちばん信ぴょう性が高いからでもあることが示唆《しさ》されている。

バーグはある実験で、一〇〇〇人以上の大人たちに、奇抜な新製品が市場で成功する可能性を予測してもらった。

3D画像のプロジェクター、自然の地面によく似たフローリング、自動でベッドメーキングをする機械など、実用的なものもあったが、一方で、ピクニック中にアリの侵入を防ぐ電気テーブルクロスなど、さほど実用性はないと考えられるものもあった。

そのほかは、携帯しやすい電子レンジ用蒸し器や、手を使わずにもち運べるタオルなど、実用性の度合いがまちまちの平凡なアイデアだった。

バーグは、被験者たちが凡庸なアイデアに傾くのではなく、奇抜で実用的なアイデアを評価できる確率を上げるにはどうすればいいかを探った。

そこで被験者の半数を無作為に選び、管理職の視点で評価してもらった。

まず六分間を与え、新製品が成功する可能性を判断する三つの評価基準をあげてもらった。その後、このグループは、奇抜で実用的なアイデアを五一パーセントの確率で正しく判別することができた。

しかしその一方、別のグループはずっと正確な予測をし、もっとも有望で斬新なアイデアを七七パーセント以上の確率で選ぶことができたのである。

このグループには、最初の六分間に少し違うことをしてもらった——管理職の視点で評価するのではなく、みずから新しいアイデアを出すことで「現場の感覚」を体験してもらったのである。

たった六分間を独自のアイデアを考えることに費やしただけで、奇抜さに対する寛容度が高まり、ふつうとは異なるものに可能性を見いだせるようになったのだ。

なるほど、この結果を見ると、管理職に現場のクリエーターの経験をさせることで、アイデアを正しく評価できるようになるのでは？

だが、バーグのサーカスの研究データでは、**元パフォーマーの管理職が、パフォーマーとしての現場経験のない管理職と比べて、評価の精度がとくにいいわけではなかった。**

予測の精度がもっとも高かったのは、やっぱりパフォーマーたちだった。

いったん管理職の役割につくと、批判的な視点を差しはさまないというのはむずかしく、「偽陰性」判定につながってしまうのだ。バーグはこれをある実験で立証している。

その実験では、被験者に製品のアイデアを出してもらって「創作者の視点」から決めてもらい、そのうえで実際の利用者に受け入れられるかどうかを評価するよう指示した。

その結果はというと、予測の精度は四一パーセントにまで低下してしまった。

一方で、バーグは手順を逆にした実験も行なった。被験者に、まず「マネージャーの視点」で評価基準を決めてもらい、そのあとで「創作者の視点」からアイデアを出してもらったところ、判別の精度は六五パーセントに上昇したのだ。

つまり、もっとも優れたアイデアを見つけだす率を高めたいのなら、他者のさまざまな案をふるいにかける直前に、自分でアイデアを出してみるのがよいということだ。

経験は裏目に出ることがある

試写に呼ばれた視聴者が『となりのサインフェルド』のパイロット版を酷評したときのことを振り返り、テレビ局NBCの重役であるリトルフィールドは「心臓をグサリと刺されるようなショックでした」と述べている。

しかし最終的に、この番組を実現させた同じNBCのリック・ルドヴィンは、理想的な人物だった。

ルドヴィンは、苦境に立たされたコメディアンを擁護して戦ったり、当初は十分な視聴率を得られなかった番組を継続させるために奔走したりと、のちに名を成す人物である。しかし、彼のテレビ界への最大の貢献は、『となりのサインフェルド』のパイロット版の制作を依頼したことだ。

ルドヴィンは、この時点ではコメディ部門の担当者ではなかったが、バラエティや特番にたずさわっていた。『となりのサインフェルド』のパイロット版は人気が上がらなかったが、ルドウィンはもう一度挑戦してみようと考えた。

ルドウィンが担当していた放送スケジュール内で、まだ割りあての決まっていない空白を見つけ、それを三〇分枠に割り、特番の予算から資金を削って『となりのサインフェルド』の新エピソードの費用にあてた。「われわれの知るかぎり、テレビ番組のエピソードとしては最小単位の発注でした」とルドヴィンはいう。

主演コメディアンで脚本家のジェリー・サインフェルドは、エピソードの執筆を六つ注文されるのは「顔に平手打ちを食らうような侮辱」だというが、NBCからの注文は六つどころか、たった四つだけだった。

過去、かのスティーブ・ジョブズは「革新的なつながりを見つけるためには、ほかの誰とも違う経験の組み合わせをもつべきだ」といっていたが、シチュエーション・コメディ（訳注：通称シットコム。特定の舞台や設定で展開されるコメディ仕立てのドラマ）以外の部門にたずさわったことがあるという経験は、ルドヴィンの最大の武器になったのかもしれない。

「主演の二人はシットコムの脚本を書いたことがなく、私の部門はシットコムをつくったことがありませんでした」と、ルドヴィンは振り返る。

「いいトリオでしたね。何がダメなのか、何がルールなのかも知らなかったから」

部外者だったからこそ、形式にとらわれることなく、斬新な考え方ができたのだ。

『となりのサインフェルド』の変則的な構成には、シットコムの世界しか知らない人物は顔をしかめてしまうが、特番ごとにさまざまな構成を使い分けていたルドヴィンのような人物にとっては、当たり前のことだった。

それにルドヴィンには、コメディ番組制作の経験もあった。ルドウィンはこう回想している。

「コメディ作家の近くにいるのは、野球のファンタジーキャンプ（プロ野球チーム主催のアマチュア向けキャンプ）に参加するようなものですよ。自分ではそこそこイケると思っていたのに、いざバッターボックスに立ってみると、バットがボールに当たらないどころか、ボールが目にも止まらない。彼らとはレベルが違うのはわかっていましたけどね。しかし、少なくとも〝笑い〟という共通の言語で話していたのに……」

斬新なアイデアにもっともオープンになれるのは、その特定の分野において「中程度」の専門性がある人だ。

ルドヴィンはコメディ分野の経験がそれなりにあったため、専門知識を身につけていた。それに加えてシットコム以外でも幅広い経験があったため、ほかの表現方法もあることを見失うことがなかった。

次の大ヒット作がどこからやってくるのかはわかりません。思いがけないところから出てくるかもしれない。「うまくいきっこないよ。プロデューサーは経験が浅いし、あんなのがうまくいった試しはない」――もし、頭のなかでこんな考えが邪魔をしていたら、何かを見逃してしまいます。

私にとってラッキーだったのは、ゴールデンタイムのシットコムをつくった経験はなかったものの、型破りなアイデアに慣れていたということ。何がうまくいき、何がうまくいかないのかが、見えていたんです。バラエティ番組『サタデー・ナイト・ライブ』の原稿を読んだ経験があったおかげで、『となりのサインフェルド』の風変わりなエピソードの流れも、さほど抵抗なく受け入れられたのですよ。

「幅広い経験」と「深い経験」が独特に組み合わさることで、創造性は発揮される。

最近のある研究では、一九〇一～二〇〇五年までにノーベル賞を受賞したすべての科学者と、同時期の一般的な科学者とを比較している。

両グループの科学者が、その分野において深い専門性を有していた。

しかしノーベル賞受賞者は、一般的な科学者よりも芸術にたずさわる割合が、並外れて高かった。

この研究を行なったミシガン州立大学の一五人のチームは、ノーベル賞受賞者の芸術への関与を、一般的な科学者と比較して図にまとめている（左ページ参照）。

何千人ものアメリカ人を対象にした研究でも、起業家と発明家について似たような結果が得られている。

会社を起こした人や、特許の申請に貢献した人は、その他一般の人たちと比較してスケッチや絵画、建築、彫刻、文学などを趣味にしている確率が高かった。

起業家や発明家、著名な科学者たちが芸術に関心をもっているということは、彼らが好奇心と高い能力を有していることの表われだ。

また、科学やビジネスを新たな視点で見ることができる人は、イメージや音、文字を通じて

芸術は「創造性」のヒントになっているか？

芸術関連の趣味	一般的な科学者と比較した場合のノーベル賞受賞確率
音楽 （楽器演奏、作曲、指揮）	2倍
美術 （素描、絵画、版画、彫刻）	7倍
工芸 （木工、機械、電子機器、ガラス吹き）	7.5倍
文筆 （詩、戯曲、小説、短編、エッセイ、一般書）	12倍
舞台芸術 （アマチュア演劇、ダンス、マジック）	22倍

表現されるアイデアや感情に引きつけられる傾向があるということもわかる[4]。

だが、ある種の独創的な人だけが芸術との接点を求めるのではない。逆に、芸術が創造性のヒントの源になっているともいえる。

ガリレオは月に山があるという驚異的な発見をしたが、ガリレオの使っていた望遠鏡にはその発見ができるような拡大率は備わっていなかった。拡大することで発見したのではなく、月の明るい部分と暗い部分を分けているジグザグの模様があることに気づいたのだ。

ほかの天文学者も似たような望遠鏡を使っていたが、ガリレオだけが「暗い部分と明るい部分があるということの意味を、鋭く察することができた」のだと、心理学者のディーン・サイモントンは述べている。

ガリレオは物理学と天文学の豊かな知見があったが、絵画と素描にも造詣が深かった。光と影の表現に重点を置いた〝明暗法〟という技法を学んでいたおかげで、ガリレオはほかの天文学者には見えていなかった「月の山」を見つけることができた。


ことほど左様に多くの科学者や起業家、発明家たちが、芸術にまで教養の幅を広げることで斬新なアイデアを見いだしているように、文化的なレパートリーを広げることで誰もが見識の引き出しをたくさんもつことができる。

創造性の高い成人を対象にした研究によると、彼ら彼女らは子ども時代に、よその土地での生活を経験した頻度が、一般的な人たちよりもかなり高いことがわかった。

異なる文化や価値観に触れたために、柔軟性や順応性が高まったのだろう。

戦略を専門とするフレデリック・ゴダート教授が率いるチームは、海外で過ごした経験が創造性に影響をおよぼしているかどうかを調べている。

ファッション業界に焦点をあて、二一シーズンにわたって何百ものメーカーがプロデュースしたコレクションに対する、バイヤーとファッション評論家の評価を追った。

各コレクションのクリエイティブ・ディレクターの経歴を調べ、ジョルジオ・アルマーニやダナ・キャラン、カール・ラガーフェルド、ドナテラ・ヴェルサーチ、ヴェラ・ウォンといった、業界の一流デザイナーの海外経験をたどった。

その結果、**もっとも創造的なコレクションは、ディレクターの海外経験がもっとも豊富なブランドのもの**であったが、とくに興味深い点が二つある。

一つ目は、海外に「住んだ」時間は関係なく、海外で活動的にデザインにたずさわり「仕事をした」経験が、新しいコレクションがヒットするかどうかの指標となったという点だ。オリジナリティのもっとも高いコレクションは、二カ国または三カ国で仕事をした経験のあるディレクターのものだった。

二つ目は、接した外国の文化が自国のものとかけ離れているほど、その経験がディレクターの創造性に与える影響が大きかったという点だ。アメリカ人が韓国や日本での経験から得られたオリジナリティと比較すると、アメリカ人がカナダで働いた経験で得たものは少なかった。

しかし、単に文化の異なる複数の国で働くというだけでは十分ではなかった。

三つ目の点にしてもっとも重要だったのは、「経験の深度」であった。つまり、どのぐらい長く海外で仕事をしたかが重要だったのだ。

短いあいだ仕事をしただけでは、得るものはほとんどなかった。外国の文化から得た新しい概念を自分のものとしてとり入れ、古い考えと組み合わせるには時間が足りないからである。

もっともオリジナリティが高いとされたコレクションは、海外勤務経験が三五年あるディレクターのものだった。

『となりのサインフェルド』を実現させたルドヴィンの経験も、これにぴったりと当てはまる。ルドヴィンはゆうに一〇年以上もさまざまなショート・コメディにたずさわり、「深い経験」を有していた。そして、バラエティや特番、昼間や深夜のトークショーといった、いわばテレビ界の「文化のまったく異なる何カ国」かに住んだことがあり、「幅広い経験」もあった。

テレビ界の複数の「言語」に流暢《りゅうちょう》だったことから、多くの人が懐疑的なものにも可能性を見いだしていた。

『となりのサインフェルド』の制作が許可されてからも、全シリーズを通じてマネジメントを続け、自分と同じく「よそ者マインド」をもつ脚本家たちに賭けた。

脚本家たちはほぼ全員が深夜番組の出身で、『となりのサインフェルド』がはじめて担当するシットコムだという人がほとんどだった。つまり「変てこなアイデアについて、まったく問題は生じなかった」のだ。(5)

自分の〝勘〟は、いつあてになるか

はじめてセグウェイに乗ったスティーブ・ジョブズは、夢中になってなかなか降りようとしなかった。

ケーメンが別の投資家に順番を譲ると、ジョブズはしぶしぶセグウェイを手渡したが、またすぐに割り込んできた。さらにジョブズはケーメンを夕食に招いた。

ジャーナリストのスティーブ・ケンパーによると、ジョブズは「セグウェイはパソコンと同じくらいユニークな製品であり、人をとりこにするものだと考え、このプロジェクトに何としてでも関わりたいと感じていた」とのことだ。

ジョブズは、体系的な分析ではなく直感を根拠に大きな賭けに出ることで知られていた人物だ。ソフトウェアやハードウェアの分野ではかなりの確率で正しい賭けに出ていたのに、なぜ今回は誤ったのだろうか?

ジョブズがセグウェイの可能性を買いかぶりすぎたのには、三つの大きな要因がある。それは、**「分野における経験不足」「思い上がり」**、そして**「熱意」**だ。

まず、「経験」である。

NBCの重役の多くは、典型的なシットコムの経験が豊富すぎて、『となりのサインフェルド』の価値を見抜くことができなかったが、セグウェイの初期の投資家たちの問題は、それとは逆だった――移動手段に関する十分な知識がなさすぎた。

ジョブズはＩＴ業界の専門家であるし、ジェフ・ベゾスはネット販売の王者、そしてジョン・ドーアは「サン・マイクロシステムズ」社、「ネットスケープ」社、アマゾン、グーグルなどのソフトウェア企業やインターネット企業に投資して財を成した人物だ。

いずれもその専門分野においては右に出る者のない人物だったが、**ある特定の分野において経験がある先駆者であっても、他分野での予測にも長けているかというと必ずしもそうではない**。

斬新なアイデアが成功する可能性を正確に予測するには、評価する分野において経験を積んだ人物であることがベストだ。

その理由は、エリック・デイン率いるチームの新しい研究から示されている。

直感は、自分の経験が豊富にある分野においてのみ正しいのだ。

デインの研究チームは、被験者に有名ブランドのハンドバッグを一〇個見せ、本物か偽物かを判断させるという実験をした。

被験者の半数は五秒間しか考える時間を与えられず、勘に頼るしかなかった。残りの半数には三〇秒が与えられ、じっくり観察して特徴を分析できた。

研究チームは、被験者のブランドバッグの所有歴も調査した――コーチやルイ・ヴィトンなどのハンドバッグを三つ以上もっている人もいれば、ブランドもののハンドバッグを触ったことのない人もいた。

おもしろいことに、有名ブランドのハンドバッグの所有者ならば、与えられる時間が短ければ短いほど、正確な判断ができるということがわかった。いくつも所有したことのある人は、バッグを見る時間が五秒のみのときの判断は、なんと三〇秒のときの判断よりも二二パーセントも精度が高かった。

類似のものを何年もじっくりと見ていると、直感が分析に勝ることがあるのだ。**無意識のパターン認識が優れている**ためである。むしろ時間をかければかけるほど、木を見て森が見えなくなってしまいがちだ。

一方、有名ブランドのハンドバッグについての知識がまったくなければ、直感は助けにならない。見慣れない品物を判断する際には、一歩引いて客観的に評価する必要がある。

つまり、**知識がない場合は、じっくりと分析したときのほうがより確実な判断ができる**ということだ。

ジョブズは、実用性を慎重に調べることなく、セグウェイの抗《あらが》うことのできない斬新さ、という直感にとらわれてしまった。

ハーバード大学の心理学者であるテレサ・アマビールによると、「オリジナリティを高めて成功するためには、発明品は目新しいものでなくてはならないが、同時に実用的でなくてはならない」という。

目に見えない概念を中心としたデジタル世界にいるジョブズは、次なる画期的なイノベーシヨンは、移動手段にあるかもしれないという可能性に心を奪われた。

それにセグウェイは、エンジニアリング分野の傑作であり、とにかくワクワクさせる。

「まるで魔法のじゅうたんのようだったよ。きっと何かが変わると思ったね」と、ハーバード大学教授のビル・サールマンは述べている。

「だが、製品は価値を生み出さない。価値を生み出すのは顧客だ」

移動手段の分野での経験がない人たちは、セグウェイが本当に実用的かどうかを見極めるには、もっと調査を重ねる必要があった。

この点で懸念を示した数少ない投資家にアイリーン・リーがいる。リーは当時、投資ファンドの「クライナー・パーキンス」社で、ドーアの部下として働いていた。

リーは取締役会議で、セグウェイがどのように使われるのかを質問した。どうやってロックをかけるのか。買い物で買ったものをどこに入れるのか。

それに、もう一つ大きな懸念があった——価格だ。「五〇〇〇ドル（約五〇万円）、八〇〇〇ドル（約八〇万円）という価格は、一般の人には高額」だからだ。

リーは当時を振り返り、「もっと強く〝これではダメです〟というべきでした」と述べている。

初期段階でセグウェイに懐疑的だった人物には、ランディ・コミサーもいる。

コミサーは起業家であり、アップルの顧問弁護士や、「ルーカスアーツ・エンターテインメント」社のCEOを務めた経験があり、「ティーボ」社の創立時の役員でもあった。

「自分がジョブズたちより頭がいいとは思いませんが、私は彼らとは違った視点で見ていたのでしょう。彼らは、素晴らしいテクノロジーがものすごく斬新な形で応用されているところに目を奪われたようですね。自動的にバランスをとってあちこち動く二輪車に試乗するのは、魔法のような体験でした」とコミサーは思い起こす。

「まず『うわあ、すごい』と思いましたが、どうも納得できなかったのはなぜなんでしょう?」

コミサーが綿密に市場を調査してみると、セグウェイは自動車にとって代わる見込みは低いものの、徒歩や自転車の代わりにはなるかもしれないと感じた。

だがコミサーには、セグウェイが一般消費者向けの製品とは思えなかった。

もしも歩道での利用が（当時はまだ認可されるか定かではなかったが）認可されて、そのうえ求めやすい価格になったとしても、一般の人が使うようになるには何年もかかるだろう。

コミサーは、代わりにゴルフコースや郵便配達、警察、ディズニーのテーマパークなどでの実用性に目を向けてはどうかと提案した。

しかしそれでも、コミサーはどうしても気が進まなかった。

郵便配達の生産性が向上するかどうかは定かではありませんし、そもそも郵便局が生産性の向上をめざしているかも、はなはだ疑問です。郵便業務は労働組合契約でほぼ全面的に決まっているのですし。ゴルフコースではもっぱら電動カートが一日中使われています。代わりにセグウェイを使う理由があるのでしょうか?

他方のジョブズは、自身の直感を信じた。

「大勢の人がセグウェイを目にしたら、きっとセグウェイに合わせて都市計画をするようになる。みんな頭がいいのだから、絶対にそうするはずだ」

ノーベル賞受賞者である心理学者ダニエル・カーネマンと、意思決定の研究を専門とするゲーリー・クラインが解説しているように、**「直感が頼りになるのは、予測可能な環境で判断を下す経験を積んだときだけ」**だ。

医者が患者の症状を判断するときや、消防士が燃えさかる建物のなかに入るときなどには、これまでの経験のおかげで直感が冴える。以前に見たことのあるパターンと今日遭遇するものとのあいだには、不変的で確かな関係性があるのだ。

しかし、株式の仲買や政局の予測を行なう場合、過去の出来事には予測の手がかりになるものがない。

カーネマンとクラインは、物理学者や会計士、保険アナリスト、チェスの名人などの場合には、経験が頼りになるという証拠を出している――いずれも、因果関係がかなり一貫している分野だからだ。

しかし、入学事務局の責任者や裁判官、情報アナリスト、精神科医、株式仲買人などの場合は、経験からさほど大きな利益が得られていなかった。変化の目まぐるしい世界では、経験から得られた教訓が、その人を間違った方向に導くこともありうる。

そして変化のスピードはますます加速しているため、私たちの環境はよりいっそう予測不能になっている。**今や直感は、新しいものごとに対処するヒントとして頼れなくなっており、だからこそ「分析」がより重要になってきている。**

移動手段に関連する経験をたくわえてこなかったのに、なぜジョブズはあれほどまでに自分の直感を信じたのだろうか？　ここでジョブズを誤りに導いた二番目の要因を考えよう。

「成功すると、調子に乗ってしまうものですよ」と、コミサーは説明する。コミサーの主張は、交通業界や航空業界の調査からも裏づけられている。**過去に成功を収めている人ほど、新しい環境に入ると業績が振るわない**のだ。

自信過剰になっており、事情がまるきり異なっているのにもかかわらず、批判的な意見をなかなか受け入れようとしない。ジョブズもそのような成功者のワナにかかってしまった。

過去の輝かしい業績と、これまで反対派の鼻を明かしてきた経歴があだになって、ある一定の分野に精通する人の意見を、十分に聞いて確認することをおこたった。

さらにケーメンの情熱的なプレゼンテーションに押され、ジョブズの直感はさらに鈍ってしまう。

こうして人は「見せかけの熱意」にだまされる

セグウェイのプレゼンテーションのなかで、ケーメンは中国やインドなどの開発途上国の都市が年々、ニューヨークと同じくらいの規模にふくれ上がりつつあることを情熱的に語った。これらの国々の都心部では車があふれかえり、環境が脅かされている——だがセグウェイがあれば、この問題はたちまち解決できる。

「ケーメンはとにかく並はずれたパワーの持ち主ですね」と、先述のリーは思い返す。「技術知識があり、経験があり、こういった問題に対する情熱にあふれている。だから、人を引きつけるんです」

ノースイースタン大学教授、シェリル・ミットネスの率いる研究では、六〇人以上のエンジェル投資家（訳注：最初期の起業家へ投資する裕福な個人投資家のこと）が起業家のプレゼンテーションの評価を計三五〇〇件以上行ない、融資するかどうかの判断をした。

被験者の投資家には、自分のスタイルが「直感的」か「分析的」か、というアンケートに答えてもらい、各起業家の熱意を評価したうえで、ベンチャー企業への融資の可能性を判断してもらった。

その結果、直感的な投資家ほど、起業家の情熱に左右される可能性が高いことがわかった。

ダニエル・カーネマンが著書『ファスト&スロー　あなたの意思はどのように決まるか？』

（ハヤカワ・ノンフィクション文庫）で説明しているが、直感は「速い思考」で、燃え上がった感情にもとづいているのに対し、論理は「遅い思考」で、より冷静なプロセスだ。

直感的な投資家は、起業家の熱意に影響されやすい。分析的な投資家は事実に焦点をあて、ビジネス実現の可能性について感情を交えずに判断することが多い。

ジョブズは直感を重視するスタイルゆえに、ケーメンの情熱とそのテクノロジーの斬新さに流されやすい状態にあった。さらに成功者としてのうぬぼれと、移動手段についての経験のなさが加わり、間違った道を信じ込みやすい状況にあった。

アイデアの見込みを判断する際、かかわっている人たちの熱意に流されてしまうのはいともたやすい。しかし、グーグルの重役であるエリック・シュミットとジョナサン・ローゼンバーグの言葉を借りると、「情熱的な人は、その情熱を袖に引っさげてはいない。心の底に抱いているのだ」。

真の熱意は、外側に表われる感情からはわからない。言葉や声のトーン、ボディランゲージによって表に出るものは、心の内に抱いている真意を見定める手がかりにはならず、単にプレゼンテーション・スキルと性格によるものである。

たとえば、外交的な人は内向的な人よりも表現が豊かであることが研究からわかっている。情熱がより強く外に表われるということだ。しかし、**起業家として成功するかどうか、その要因の本質に、外交的か内向的かは何らかかかわりがない。**どんなに真剣にとり組み、成功へと導く強い決意をもっていても、その熱意を控えめに表わす人もいるのだ。

ただし、起業家の成功に情熱は関係ないという意味ではない。熱意ある起業家は、より短い期間でベンチャーを成長させ、より多くの成功を収めることができるという証拠が豊富にある。ケーメンの場合、アイデアを単なる発明から実用的な製品へと成長させるという点での情熱に欠けていた。初期の投資家は、ケーメンのセグウェイ製作への情熱にそそのかされるのではなく、会社を育て、実際に製品を市場に投入する熱意があるかどうかに注目して判断すべきだったのだ。そのためには、ケーメンの「発言した」ことだけではなく、彼が過去に何を「した」かにも注意を払うべきだったのだ。

ケーメンのこれまでの業績を調べたコミサーは、ケーメンは起業家というよりも発明家として優れているのだと結論づけた。

過去のケーメンの発明でもっとも成功を収めたのは、顧客が解決を求めてもち込んできた問題に対応した製品だった。

一九七〇年代、ケーメンは携帯型薬液注入ポンプを考案したが、それは医師である兄の言葉がきっかけだった。看護師らは自動化できるはずの薬液投与をいつも手作業で行なっており、自宅での投薬が可能なはずの多くの患者が、病院に留まらねばならない状況だと、兄は嘆いていたのだ。

一九八〇年代には「バクスター・ヘルスケア」社が、糖尿病患者の腎臓透析器を改良するためケーメンの会社を起用し、ケーメンは携帯型透析装置を開発した。

ケーメンはよそから依頼された問題の解決策を編み出すことには長けていたが、自分から解決すべき問題を見つけて実行に移すのには長けていなかった。

セグウェイの場合、ケーメンはまず解決策からはじめ、問題を探しにかかった。市場の要望に応えるのではなく、技術ありきで考えるという間違いを犯したのだ。

可能性のあるアイデアを選べるようになりたいのなら、**相手がそれまでに「成功してきたかどうか」を見るべきではない。「どのように成功してきたのか」をたどってみる必要がある。**

「ケーメンのことを調べてみると、優れた医療装置をいくつか発明したことがある信頼できる創業者であり、過去、彼と一緒に製品をつくった人たちは今も彼とともに仕事をしていることがわかりました」と、リーは語る。

「けれども、実際に製品を一からつくるとなると、日常的な業務運営や、製品の費用対効果を高めることが重要だったのです」

だが、ケーメンにはその経験がなかったのだ。ハーバード大学教授のサールマンもこうつけ加えている。「どんな場合も、問題はアイデアそのものではありません。実行にかかっているんです」

アイデアの成功を予測するには、クリエーターの見かけ上の熱意に惑わされることなく、その人の行動ににじみ出る熱意に目を向けねばならない。

『となりのサインフェルド』を成功させたルドヴィンが、二人のコメディ脚本家ジェリーとラリーに賭けたのは、原稿を売り込みにきたときの彼らの様子や言葉に感銘を受けたからではない。

また、番組のアイデアに心からワクワクしていたからでもない。ルドヴィンが二人にチャンスを与えたのは、アイデアを見直して、適切に実現させていく能力を買ったからだ。

「二人は、真夜中に書斎にこもり、第二幕をどう直そうかと、とことん考えるタイプのヤッらでした。とくにジェリーは自分の仕事に細部にまでこだわっていた。そういう情熱こそ探し求めるべきなんですよ」

天才の打率でも「たった3割」

ネットでのメガネ販売を手がけるワービー・パーカーに投資しなかったことは、私の冒した大きな「偽陰性」判定だったが、その後、さまざまな研究結果を読んで、みずからの限界の一つがわかった。

私に本当に欠けていたものは「幅広い経験」だったのである。

私は以前、眼の健康にかかわる製品をつくる、ある企業の研究とコンサルティングに二年間たずさわっていた。その会社の主な収益源は、検眼医の処方に見合うメガネを顧客に試着してもらい、小売販売することだった。

この経験から、私はメガネが通常どのように購入され、販売されるのかという「既成概念」

にとらわれていた。ワービー・パーカーの売り込みを受ける前に、自分でもちょっとアイデア出しをしてみたら、あるいは衣類やアクセサリー製品がインターネットでいかに売られているかを調べていたなら、ワービー・パーカーへの出資を断らなかったかもしれない。

四人の創業者は私とは違い、既定のやり方を知らなかった。四人は「深い経験」と「幅広い経験」を適度に備えていた。四人のうち三人はメガネをかけており、生物工学、ヘルスケア、コンサルティング、銀行という分野の経験をとり合わせていた。

創業者の一人であるデイブは、電話をもたずに何カ月か海外を旅していたときに、メガネをなくすという経験をしている。アメリカに帰国した際、携帯電話とメガネを同時に買わなければならなかった痛手が、起業のきっかけになった。

ニールはメガネをかけていなかったが、過去五年間、アジアやアフリカ、ラテン・アメリカで起業する女性のトレーニングを行なう非営利団体で働いていた。そこで女性に販売の指導をした製品はメガネだった。

おかげでメガネ業界の深い知識を身につけられた――メガネはより低いコストでデザイン、製造、販売ができるとわかっていたのだ。標準的なメガネ業界とは異なる場所で、時間を過ごした経験があったため、目新しいアプローチを採用するオープンさがあった。

「内部からオリジナリティが生まれるのは、まれなこと」とニールはいう。「とくに、メガネ業界のように定着していて安定している場合はそうですね」

ワービー・パーカーの四人には多様な経験が組み合わさっていたため、既定のやり方に妨げられることも、批判的な視点にとらわれることもなかった。

ケーメンのように、アイデアがうまくいくものと仮定してやみくもに突き進むことはせず、四人はまず同種のクリエーターと潜在顧客に幅広く評価を求めた。

その結果、小売の中間業者を省けば、通常五〇〇ドル（約五万円）するメガネを四五ドル（約四五〇〇円）で販売することができると判断した。

マーケティングの専門家には、いずれコストが上昇すること、そして「安かろう悪かろう」と見なされる可能性を指摘されたため、四人は仮の商品ウェブサイトを作成して、異なる価格を顧客に無作為に割りあててみるという調査を行なった。

その結果、一〇〇ドル（約一万円）くらいまでの価格では購入の可能性が上昇し、それ以降はいったん横ばいになり、より高い価格帯になると低下していくことがわかった。

また、何種類ものウェブサイトのデザインを友人らに見てもらい、どういうサイトならよりクリックしてもらえるのか、また、もっとも信頼されやすいのはどれか、慎重に協議した。

ネットでのメガネ販売はほかの企業にも真似される可能性がある。そのため創業者の四人は、ブランディングが重要だと考えた。社名を決めるために六カ月間にわたってアイデアを出し、二〇〇〇以上の社名候補をリストアップした。そのなかから四人が気に入った社名を抜き出し、アンケート調査とグループ・インタビューで意見を出してもらったところ、作家のケルアックに影響を受けた「ワービー・パーカー」という名前が洗練されていて、かつユニークであり、ネガティブなイメージもないという結論にいたった。

そして四人はその情熱を実現させることに、心血を注いだ。

近ごろのワービー・パーカーの成功の要因は、さまざまなアイデアの評価に、従業員たちを巻き込んだことだ。二〇一四年、同社は「ワーブルズ」（小鳥のさえずりを意味する）というプログラムを導入し、社内の誰もがいつでも新しい機能に関し、提案や要望を出せるようにしている。

「ワーブルズ」の導入以前は、一期あたりに出されたアイデアは一〇～二〇件だった。プログラムの導入以降、提案の件数は四〇〇近くにまで増加した。アイデアの選定プロセスが能力主義にもとづいているということが、従業員たちのあいだにも浸透したからだ。

なかでも一つの提案がきっかけとなり、同社の小売販売の方法が総合的に見直された。また別の提案によって、予約システムが新しくなった。

「ニールとデイブはものすごく優秀な人物ですよ」と、ワービー・パーカーの最高技術責任者（CTO）であるロン・バインダーはいう。

「けれども、二〇〇人を合わせた能力には勝てるわけがないですよね」

ワービー・パーカーでは、アイデアの閲覧を制限して、採用と実行の判断を管理職に任せることはしない。グーグル・ドキュメントを使って提案を全社に開示している。

会社の誰もがドキュメントを閲覧でき、オンラインでコメントし、二週間に一度のミーティングで話し合うことができる。

同社の技術チームは、従業員からの提案を選《え》り分け、自分たちが興味のあるアイデアに自由にとりかかってよいことになっている。これは一見、民主主義的だが、ある工夫がされている。どの案が会社の優先順位に即しているかを従業員に示すために、管理職が有望そうなアイデアを可決し、見込みのないものを否決している。

ただし、「偽陽性」判定や「偽陰性」判定を避けるために、管理職の決定には拘束力がない。技術チームは、多くの票が得られなかったアイデアであっても、いいと思ったら実行し、その価値を証明することによって、管理職が下した判断をくつがえしてもよいしくみだ。

「技術チームが何かをつくりはじめるのに、上からの許可を待ったりはしませんね」と、ワービー・パーカーでの研究にたずさわった応用心理学の専門家レブ・レベールはいう。

「しかし、顧客に本格的に公開する前に、社内の意見を集めます。スピーディにはじめるけれど、そのあとは慎重に進むということですね」

セグウェイのアイデアが「ワーブルズ」に提出されていたとしたら、批判的な意見が多数押し寄せて、製作にはいたらなかったかもしれない。

あるいは、より実用的なデザインへと向上させることのできる誰かと、技術面で提携していたかもしれない。

セグウェイは失敗に終わったが、ケーメンが素晴らしい発明家であり、ベゾスが先見の明のある起業家であり、ドーアがやり手の投資家であることに変わりはない。

新しいアイデアを生み出す人は「野球のバッター」のようなものだと思えばいい。コミサーの言葉を借りると、「三割の打率があれば天才だ。未来は予測できないものなのだから。早いうちに学べば学ぶほど、早く上達することができる」のである。

そうそう、セグウェイ以降のケーメンにも触れておきたい。

彼は、もともと名を馳《は》せたヘルスケア分野で新しい発明を次々と発表している。

その一つには、戦傷を負った軍人や体の一部を失った患者でも、ブドウの粒をつまんだりハンドドリルを使ったりできる、高度なロボット工学を活用した義手がある。

これには、『スター・ウォーズ』でルーク・スカイウォーカーがサイボーグの腕をつけたことにちなんで「ルーク・アーム」というあだ名がつけられている。

もう一つは新しいスターリングエンジンだ。静かで燃費がよく、発電して水を温めることができるこの装置によって、浄水器「スリングショット」に電力を供給する。この浄水器はどこからとった水でも飲用に蒸留することができ、フィルターが不要で、牛のフンを燃料にすることも可能だ。

ケーメンはふたたび、この「スリングショット」をランディ・コミサーに売り込んだ。そして今回もまた、コミサーは懐疑的だ。

開発途上の国々をバックパック一つで放浪した経験のあるコミサーには、この装置はしくみが複雑すぎるように思える。故障したらゴミと化すだけだろう。

これが当たるか、外れるかは、みなさんにもいずれわかるに違いない。

独創《オリジナル》へのステップ

PART 3

〝無関心〟を〝情熱〟へ変える法

まわりを巻き込むタフな説得力

「偉大な人間は、つねに凡人たちからの反発に遭遇してきている」
アルベルト・アインシュタイン
（理論物理学者）

時代はこうして追いついてくる

一九九〇年代初頭、優秀なアメリカ中央情報局（ＣＩＡ）分析官、カーメン・メディナは、三年の任務遂行のため西ヨーロッパへ旅立った。

アメリカへ戻ってくると、自国を離れたことでキャリアに遅れをとってしまったことに気がついた。彼女は自分の能力や希望にそぐわない仕事を次々と任されたのちに、何か別の形で貢献できないだろうかと考えはじめ、やがて「諜報の未来に関する検討部会」に参加するようになった。

ＣＩＡでのキャリアを進めるなかで、メディナは情報機関全体におけるコミュニケーションには、根本的な問題があることに気づいた。

現状の情報共有のシステムは、一日に一度提出される報告書を通じたものであり、異なる情報機関のあいだでの調整がむずかしかった。出てきた情報を分析官がすぐさま共有するには、ほかに手立てがなかったのだ。

情報はつねに変化しているのに、重要な情報が適切な人物の手にわたるのに時間がかかりすぎる。人命と国家の安全が危険にさらされる状況では、一秒一秒が重要な意味をもつ。

各情報機関では独自の日刊報告書が制作されてはいたものの、メディナは、リアルタイムに情報を共有することのできる、これまでとはまったく違ったシステムが必要だと感じていた。

閉鎖的なシステムを打破し、スピーディにコミュニケーションをとるために、メディナはＣＩＡの文化にはおよそ似つかわしくない行動を起こした――紙の報告書をつくるのではなく、機関内部専用のインターネット「インターリンク」を使って、見つけた情報をすぐに伝える、というしくみを提案したのだった。

同僚たちはすぐさまダメ出しをした。このような計画は前代未聞だ、インターネットなんて国家安全の脅威だ、と同僚たちは反対した。

諜報活動は正当な理由があって秘密裏になっている。今だって紙の文書で、指定の受け手に必要な情報がわたっているではないか。電子コミュニケーションはその点、機密に疑問が残る。もし適切ではない人の手に情報がわたってしまったら、万人を危険にさらすことになる――。

だがメディナは引かなかった。

情報機関は、未来の可能性を探ることが存在意義なのだ。そのような場所で、権力に対してものをいえなくなるようでは、終わりではないか。

以前、ファックスの登場で効率的な情報共有が実現したことを目《ま》の当たりにしていたメディナは、デジタル革命はいずれ諜報の世界に大変革をもたらすと確信していた。

そして、連邦捜査局（ＦＢＩ）や国家安全保障局（ＮＳＡ）などとＣＩＡが、情報を送受信できるようインターネットのプラットフォームを導入すべきだとして発言を続けたが、誰も聞こうとしなかった。

ある先輩には、「こういう集団内での発言には気をつけたほうがいいぞ。あまりにもズケズケものをいいすぎると、キャリアが台無しになる」と注意された。

やがて親しい友人すらも彼女から離れるようになっていった。そして、周囲の心ない対応に嫌気がさしたメディナはある日ついに爆発し、大声で口論をくり広げた結果、三日間の〝病欠〟をとらされることになった。その後、メディナは新しい仕事を探しはじめた。

局外での仕事を見つけることのできなかったメディナは、局内の仕事に留まるしかなかった。CIAでさせてもらえる仕事は、もうほとんど残っていなかった。

しばらくはおとなしくしていたが、激しい口論を交わしてから三年が経ったころ、ふたたび発言することに決めた。異なる情報機関のあいだで情報交換のできるオンラインシステムを、もう一度推進するために。

やがて一〇年も経たないうちに、「インテリペディア」と呼ばれる、情報共有のためのプラットフォームが実現し、メディナはその創設に目ざましい役割を果たした。

二〇〇八年になるころには、インテリペディアは情報機関が利用する、重要な情報源になっており、実際、北京オリンピックの保全や、ムンバイ同時多発テロを企てたテロリスト集団の特定などに役立っていた。

それから数年のうちにインテリペディアは、情報機関全体で五〇万人以上に利用され、一〇〇万ページを擁して六三〇〇万回の閲覧を記録するサイトとなった——そして、インテリペディアは連邦政府から国土安全保障への貢献を称える勲章を与えられている。

「システム創設者らの功績は語りつくせません」と、ある上級幹部は語っている。「何百万ドルもの資金を投入したプログラムが結果を出せなかった大改革を、資金をかけず、ほぼ一夜のうちにやってのけたのですから」

メディナの発言はなぜ一度目は失敗し、二度目には聞き入れてもらえたのだろうか？

一度目の発言と二度目の発言のあいだに、世界は変化していた。インターネットが普及し、アメリカ同時多発テロによって各情報機関の連携強化の必要性が叫ばれるようになった。しかし当時は、インターネットを使った解決策が存在せず、メディナがＣＩＡの情報担当次官に就任し、権限を得てからやっと前進しはじめたのである。

情報担当次官という地位を手にするために、彼女は以前とは違う発言方法を学ばねばならなかった。信頼を失うことなく、勝ちとるような発言の仕方だ。

誰しも、少数派の意見を声にしようとしたり、筋の通らない方針に異論を唱えたり、新しいやり方を提案したり、不利な立場に立たされた人たちのために立ち上がったりしようとしたことがあるはずだ。

本パートでは、キャリアや人間関係を危険にさらすことなく発言するにはどうすればよいか、さまざまな側面から見ていく。

地位と権限の法則

組織のトップは、部下がみずから率先して協力を申し出たり、人脈を築いたり、新しい知識を収集したり、評価を求めたりすることをありがたく思うものだ。

しかし、率先して行なうと不利になる行動が一つある――「提案をすること」だ。

製造業、サービス業、小売業、非営利といった分野を対象に行なわれたある研究では、従業員が上司に向かってアイデアや問題を頻繁に意見すればするほど、二年以内に昇給や昇進を受ける可能性が低くなっていた。

またある実験では、人種差別に対し反対意見を唱えた人は、反対意見をいわなかった人たちに非難されていた。

道徳の高みをめざして階段を上っていくと、上り詰めたその先には孤独が待っている場合もあるのだ。

メディナが突き当たった壁を理解するには、ひとくくりにされがちな「権力」と「地位」という社会的階級の大きな二つの側面を切り離して考えねばならない。

「権力」には、統制力や他者に対する権限の行使がかかわっている。「地位」とは、他者から称賛されることや尊敬されることを意味する。

ノースカロライナ大学教授のアリソン・フラゲイル率いる実験では、**地位のない人が権力を**

行使しようとすると非難されることがわかった。

他者のためを思っていろいろ試みても、その人が尊敬されていなければ、他者はその人物をあつかいづらく高圧的で利己的だとみなす。こちらの称賛に値することをしていないのだから、あれこれいう権利はないと感じ、反発するのだ。

メディナに起こったのも同じ状況だった。何年も海外に赴任していたために、メディナに地位などほとんどなかった。自分の価値を同僚に知ってもらう機会がなかったため、同僚はメディナを十分に信用していなかった。問題を口にしてもことごとくはねつけられ、メディナの不満は大きくなるばかりだった。

ものごとを変えようとがんばっているのに、相手から尊敬されていないことがわかると、怨恨の悪循環という火に油を注ぐことになる。自分の存在価値を示そうとして、どんどん尊大な態度をとってしまうのだ。

この悪循環を示す衝撃的なケースが、ある実験で「二人組の課題」にとり組んでもらったときに起こった。

二人組の片方に権限を与え、パートナーが五〇ドルのお金を手に入れるための課題を選んで、命令してもらう。

権限を与えられた人のうち、無作為で選ばれた人に「パートナーはあなたを尊敬している」と伝えた場合、権限のある側は妥当な課題を命令するケースがほとんどだった。たとえば、おもしろいジョークをいう、前日の出来事を書くなどといった比較的簡単なことだ。

しかし、「パートナーはあなたを軽蔑している」と伝えた場合には、権限のある側は屈辱的な課題を与えて仕返しをしていた。たとえば、犬の真似をして三回吠える、「私は不潔な人間です」と五回いわせる、五〇〇から逆に七つ飛ばしにきっちり数を数えるなどだ。

自分が尊敬されていないと知らされるだけで、権限を行使するときに他者をおとしめる方法をとる確率は二倍にはね上がった。

メディナはさすがにそんな極端なことはしなかったが、発言を続けて地位のないまま権力を行使しようとすると、ますます否定的な反応が返ってきた。

地位は、自分ひとりで主張することができない。努力して勝ちとるか、与えられるかだ。

何年も経過してから二度目の発言を試みた際には、メディナは下のほうから体制を非難して、みずからのキャリアを危険にさらすようなことはしなかった。今度は体制の一部となり体制を内部から変えることで、地位の確立をめざそうとしたのだ。

映画監督のフランシス・フォード・コッポラも、「権力を握るには、ただ支配者側に楯突くだけではなく、まずは居場所をつくってから楯突いて牙をむけばいい」といっている。

メディナがみずからの案をふたたび提示するという賭けに出たときも、まず情報の機密を主とする職務について「リスク・ポートフォリオ」を安定させた。その職務でのメディナの主な役割は、情報を安全に保全することにあった。「私はふだんそういう仕事をするタイプではありません。だってすごく保守的な仕事ですから」とメディナは回想している。

なかでも「保全情報をデジタル形式にする方策を検討する」という仕事があって、責務のなかでも優先順位はかなり低いけれど、これがあとあと利用できそうでした。私はいたって保守的に、こっそりものごとを進め、リスク・ポートフォリオのバランスをとっていました。

インターネットでの情報共有というメディナの案は、以前は機密にとって脅威であるように思われた。しかし今度は、「機密保護という任務の一環」という名目で、進めることができたのだ。

「ただ現状に文句をいっているだけではなく、何かをめざして立ち上がったのだと認識してもらうためにです」

目標に向けてとり組むなか、メディナは信頼を得ていき、心理学者のエドウィン・ホランダーがいうところの**「特異性信用」**を拡大した。「特異性信用」とは、**「ある集団が求める言動から、どの程度逸脱してもよいかを表わす許容範囲」**であり、階級ではなく尊敬により拡大する。つまり、今までにどれだけ貢献してきたかで、その枠は決まってくる。

私たちは、**現状に異議を唱えようとする立場の低い人物を黙らせようとするが、立場の高いスターの逸脱には目をつむり、ときには称賛さえすることとすらある。**

シルビア・ベレッツアが率いる最近の実験では、被験者に一流大学の男性教授を評価してもらったところ、教授たちがTシャツにあごひげという格好のときは、ひげをそってネクタイを着けているときよりも一四パーセント地位と能力が高いと評価されていた。

大部分の教授はフォーマルな服を身に着けるものなので、その標準にしたがわないと白い目で見られがちだ。だから慣習に逆らっても問題のない人は、自分の好きにしてよいという「特異性信用」をもっているということを意味する。

メディナは、機密を守る職務についた最初の数年間で、デジタル分野を大きく進展させた。CIAの任務を効率化させる仕事を達成することで、自分の考えを受け入れてもらうための「特異性信用」を獲得したのだ。そしてメディナは幹部に昇進した。

二〇〇五年、違う部門からある二人のCIA分析官が加わり、情報機関全体がアクセスすることのできる、「ウィキペディア」の機密バージョン、つまり「インテリペディア」の創設に向けた活動に乗り出した。

上層部の多くは、機関をまたいだ情報共有にウィキペディアのようなしくみを用いることに価値があるのか疑問視していた。

二人の分析官の案はことごとく却下されていたが、あるときCIA内でひそかに反抗勢力のネットワークを築いていたメディナのことを知った。

すでに出世をしていたメディナは、彼らのとり組みを上級管理職としてサポートし、組織に「情報をオープンにする」という新しい文化を導入する手助けをした。

このときのメディナには権力があったので、もはや意見をどのように口にするかについてはさほど心配しなくてもよかったが、それまでに地位を確立し、権力を手に入れるまでの過程では、発言の仕方を変えねばならないこともあった。

メディナの戦略は、あるベンチャー企業が行なった、突拍子もないプレゼンテーションと相通ずるものがある。

弱点をさらけ出しながら、事を有利に運ぶ――「サリック効果」

ルーファス・グリスコムとアリサ・ボークマンは、第一子を授かったのち、子育てに関して誤った情報やひどいアドバイスが蔓延《まんえん》していることに衝撃を受けた。

そこで二人は、ウェブマガジンとブログを配信する「バブル」社を創設し、子育ての常識に異議を投げかけ、厳しい現実にユーモアをとり入れようと決めた。

二〇〇九年、ベンチャー投資家にバブルのプレゼンテーションを行なった際、グリスコムは、起業家の常識とは真逆のことをした――「自分のビジネスに投資すべきでない五つの最大の理由」をスライドに示したのだ。

大失敗となってもおかしくないはずだった。投資家たちは「イエス」の理由を求めているのに、グリスコムはみずからごていねいに「ノー」をいう理由を提示したのだから。

しかし意外なことに、このアプローチは成功を収めた――その年、バブルは三三〇万ドル（約三億三〇〇〇万円）の資金を獲得した。

グリスコムはその二年後、バブルの買収に興味はないかと、あの「ディズニー」社にもちかけた。

前回のプレゼンテーションで、みずからの会社に問題があることを認めたのは、まあ、ありえるだろう。悪い点を正していく姿勢を見せれば、それがアピールポイントになったわけだから。

しかしすでに軌道に乗っている会社を売るとなれば、優れた面を強調するほうが明らかに有利だ――ちょっと雲行きが怪しい部分については、会社が売れてしまえば創業者の自分はいなくなるのだから関係がない。

しかし妙なことに、グリスコムはまたも同じことをした。スライドの一つには「この会社を買収すべきでない理由」と書かれていたのだ。

ディズニーへのプレゼンテーションで、グリスコムは、ウェブサイト「バブルドットコム」の訪問一件当たりの閲覧は三ページ以下であり、ユーザーエンゲージメント（企業と顧客のつながり）が期待に達していないと説明した。

それに、バブルは育児に関するウェブサイトのはずなのに、投稿の四〇パーセントはセレブリティに関するものだった。また、ウェブサイトを管理するツールの改善がまだまだ必要とされているということも明らかにした。

しかし、驚くべきことにディズニーは、この会社を四〇〇〇万ドル（約四〇億円）で買収する結果になった。

ここで発生したのは、社会科学者のレスリー・サリックにちなんで「サリック効果」と呼ばれる現象だ。

グリスコムはいずれの場面においても、自分より権力のある相手にアイデアを提示しており、出資をさせようとしていた。

誰かを説得するには長所を強調して短所を最小限に留めなければならない、と私たちの多くが思い込んでいるが、そのような強気のコミュニケーション法は、相手が支持してくれている場合にのみ効果を発揮する。

一方で、斬新なアイデアを売り込もうとする場合や、目上の相手に対して何らかの変化を提案する場合には、相手が疑いの目をもつ可能性が高い。

投資家はこちらの提案に何とかケチをつけようとするし、上司はこちらの提案がなぜうまくいかないのか、その理由を探そうとする。

じつはそのような状況下では、グリスコムのように下手《したて》に出るコミュニケーション方法をとり、みずからのアイデアの欠点を強調するほうが効果的なのだ。それには少なくとも四つの理由がある。

第一に、弱点を前面に出すと、聞き手の警戒心がやわらぐという利点がある。

マーケティングの教授であるマリアン・フリースタッドとピーター・ライトは、誰かが自分を説得しようとしていると感じると、心理的に自然と身構えてしまうということを見いだしている。話し手が自信に満ちているときはとくに危険だ——相手の影響力からみずからを守らねば、とバリアを張る。

バブルの創業当時、取締役会議で最初に二回プレゼンテーションをしたとき、グリスコムは会社が好調であることを説明し、会社の急速な発展と、将来の可能性を示して取締役たちを前向きにさせたいと思った。

「プラスの点を強調するたびに、取締役たちに抵抗されましたね」と、グリスコムは思い起こす。「ひたすら楽観的なプレゼンは、いかにも〝売り込み〟という印象を与えます。どこか不誠実に見えて、結果的に相手は疑いの目をもってしまう」

グリスコムは、三回目の取締役会議でアプローチ法を変え、最初に、会社でうまくいっていない点をすべて率直に話した。この方法は討論においてはよくあるものかもしれないが、起業家の話し方としてはかなり珍しい。

しかし取締役たちは、前回までの会議のときよりもずっと好意的な反応を示し、身構えることをやめて問題解決へと注意を向けるようになったのだ。

グリスコムは、投資家にもこれと同じアプローチを試してみることにした。すると同じような反応が見られた。相手は警戒をゆるめたのだ。「『この会社を買収すべきでない理由』のスライドを見せたとき、まずは笑いが起こりました。そのあと、投資家たちは目に見えて態度をやわらげました。正直なプレゼンだったからです。セールス臭くないし、雰囲気も見た目も営業っぽくなかったから」

インターネットでの情報共有についてはじめて意見したとき、メディナはこの点において失敗したのだといえる。情報機関ではよりオープンな情報共有が必要とされていること、透明性によって得られる利益のみを強調したことで、反感を買った。

ある友人はこう耳打ちした。「ねえ、みんながみんな、あなたが正しいって思うわけじゃないのよ」

数年後に二度目の発言を試みたとき、メディナは「『私の考え方は間違っているかもしれないけれど』と前置きし」、よりバランスよくものをいうようにした。

上級職に昇進したメディナは、プレゼンテーションを聞く側になっていた。提案のプラス面ばかりを声高に叫ぶ人を見ると、すぐこう感じた。

「この提案は穴だらけじゃないの？　きちんと考え抜かれていないし、わざとこちらが理解できないようなスライド構成にしてある。不利な点や短所はないの？　それも引っくるめて提示してくれればいいのに。これは売り込みではないのよ。むしろ、こちらに解決すべき問題を示してくれるほうが、よっぽどありがたいのに」

欠点に正直になると、意思伝達のやり方が変わるだけでなく、聞き手の評価の仕方が変わる。

心理学者のテレサ・アマビールは、ある興味深い実験を行なった。

被験者に、書評を書く人の知性と専門知識を評価してもらうのだ。実験の目的は、書評のトーンが変わると、その書評家に対する人々の評価が変わるかどうかを見ることにあった。

実験に使う書評は、『ニューヨーク・タイムズ』紙で実際に掲載されていたものを使い、内容を変えずに、「褒めちぎりバージョン」と「酷評バージョン」になるようそれぞれ編集した。

そして、被験者のうち無作為の半数に「褒めちぎりバージョン」を読んでもらった。

アルビン・ハーターは、見事なまでのデビュー作のフィクションで、才能豊かな若手アメリカ人作家であることを証明した。『長い夜明け』は、とてつもないインパクトに満ちた中編小説——あえて散文詩と呼んでもいい——である。人生、愛、死という、ごく基本的なテーマをあつかい、それをとことん鮮烈に描いており、どのページにおいても優れた著作の何たるかを示している。

残りの半数の被験者には、「酷評バージョン」に編集したものを読んでもらった。

アルビン・ハーターは、何とも退屈なデビュー作のフィクションで、才能のかけらもない若手アメリカ人作家であることを証明した。『長い夜明け』は、まるきりインパクトがない中編小説——あえて散文詩と呼んでもいい——である。人生、愛、死という、ごく基本的なテーマをあつかい、その描写はあまりにも鮮烈さに欠け、どのページにおいても駄作の何たるかを示している。

どちらの書評者のほうが、頭がよさそうに見えただろうか?

当然ながら、同じでなくてはいけないはずだ。文章の質はどちらも同じであり、使われている語彙《ごい》も同等で、文法構成も同じだからである。

どちらを書くにも同等の能力が必要とされる。しかし、批判的なトーンの書評家のほうが、称賛したトーンの書評家よりも、知性を一四パーセント高く評価され、文学的な専門性は一六パーセント高く評価されたのだ。

楽しむだけなら素人でもできるが、批評するのはプロでないとできないと、多くの人は思うものなのだ。この例では、いくつかの表現を肯定的なものから否定的なものに変えただけである。

「見事なまでの」を「何とも退屈な」に、「才能豊かな」を「才能のかけらもない」に、「とてもないインパクトに満ちた」を「まるきりインパクトがない」に、「それをとことん鮮烈に描いて」を「その描写はあまりにも鮮烈さに欠け」に、「優れた著作の何たるか」を「駄作の何たるか」に変えただけだ。

たったこれだけの違いなのに、批判的バージョンの書評家のほうは、頭がよさそうだと思われた。

「悲観的なことをいう人は、頭がよく見識があるように見られる」と、アマビールは書き記している。「一方で、肯定的な発言をする人は、世間知らずの楽天家だと見なされる」

アイデアの欠点を示しながら意見を通すことの第二の利点はここにある。つまり、そうすることで、自分を理知的に見せられるのだ(6)。

バブルの創業者であるグリスコムがこのことに気づいたのは、まだキャリアの駆け出しのころ、出版業界にたずさわっていたときだった。

「ポジティブすぎる書評を書くことほど恥ずかしいことはない」

書評家たちはある本をとても気に入ったとしても、最後に、欠点を記した一文もつけておかなければ――という義務感のようなものを感じていた。グリスコムによると、「私はバカじゃない。この作者に完全にだまされたわけじゃない。私には見る目があるのだから」と主張するためなのだそうだ。

グリスコムは、投資家に会社の問題点を示すことによって、みずからのアイデアをやみくもに信じ込んでいるのでもなければ、相手をだまそうとしているのでもないことをアピールした。そのため、投資家たちは彼を、自分の欠点を鋭く判断できる人物であると見なしたのだ。投資家たちが指摘するであろう問題点について、あらかじめ準備をし、機転を利かせ、策を練っておいたのである。

欠点を正直に伝えることの第三の利点は、信頼性が増すことだ。

会社が直面している問題を説明したことで、グリスコムは知識が豊かだと思われただけではなく、正直で謙虚な人物だという印象も与えた。

もちろん、聞き手がまだこちらの弱点を認識していない場合には、それを大っぴらにすることが裏目に出る場合もある。アイデアをつぶす材料になるからだ。

だが、グリスコムのプレゼンテーションの聞き手はすでに懐疑的だったし、取り引きが進めばボロが明るみに出るのは時間の問題だ。

「投資家の仕事は、会社にどんな問題があるのかを把握すること。ビジネスモデルにどんな問題があるのかをこちらが提示しておけば、投資家の仕事の手間が省けます。これが信頼につながるんでしょう」と、グリスコムは説明する。

また、ビジネスの弱点を率直に話すことによって、強みも強調されるのだ。

「謙虚に振る舞ったり、弱点をさらけ出したりするには、自信がないとできません」とグリスコムはいう。

「ですから、投資家は、ビジネスの悪い部分を伝える気があるのなら、『よい部分もたくさんあるに違いない』と考えるのです」

ディズニーはグリスコムを信頼するようになった。その信頼は厚く、バブル買収後、グリスコムは二年間副社長兼ゼネラルマネージャーとしてビジネスを任された。

そして、グリスコムはデジタル戦略の開発に大きな役割を果たした。サリック効果がここでも威力を発揮したわけだ。

このアプローチの第四の利点は、アイデアそのものを好意的に評価してもらえるということだ。なぜかというと、人間の頭は偏《かたよ》った形で情報を処理するからだ。

この情報処理の偏りを示す方法として、私は企業の重役たちに人生のよい点を考えてもらい、そのあとで自分の幸福度を評価してもらった。

一つのグループには人生のよいところを三点書き出してもらい、もう一つのグループにはよいところを一二点書き出してもらう。

一二のよい点をあげたグループのほうが、幸福度が高そうではないか。

ところが、結果は多くの場合、逆なのだ。よいところを一二点ではなく、三つだけあげたあとのほうが幸福度は高くなる。これは、いったいなぜか。

心理学者のノルベルト・シュワルツの研究によると、**人は簡単に思いつくものほど一般的で重要なものとして認識するらしい**。「思い起こしやすさ」が情報となるのだ。

人生のよいところを、三点思い起こすのはたやすい。

被験者たちはすぐに子どもへの愛情、やさしいパートナーに恵まれたこと、仕事が楽しいことなどをあげる。これらは比較的簡単に思いつくことができるので、自分の人生はなかなかよいものに違いないと考える。

それに比べ、人生のよいところを一二点もあげるのはずっとむずかしい。家族と仕事についてあげたのちに、多くの被験者は友人について言及し、そして友人一人ひとりを別個に数えてもいいかと聞いたりする。

そして結局、一二点もいいところを思いつくのに苦労したため、自分の人生なんてさほどよいものではないのでは……という結論にいたるというわけだ(7)。

グリスコムがバブルの弱点を明らかにしたときにも、投資家には同じことが起こっていた。

つまり、グリスコムが率先して深刻な問題を認めたため、投資家は会社の悪い点を思いつきにくくなっていた。そして、ほかに問題点はどこにあるかと懸命に考えている自分たちに気づき、バブルの問題は、じつはそれほど深刻ではないのでは……と思いはじめた。

グリスコムが、会社の取締役会議で欠点を開示すると、同じことが起こった。

「会社の命とりになるかもしれない要因を強調すると、取締役たちからは『ああ、そんなのは大したことじゃないですよ』と、予測とはまったく逆の反応が返ってきました」

ネガティブな点を示すことで、皮肉にも相手がネガティブな点を思いつきにくくなるという。

さらに、より発言の効果を高めたいなら、相手がポジティブな点を思いつきやすくすることがカギになるかもしれない。

さりげなく「いいイメージ」を刷り込む法

次にあげるのは、どれもよく知られた曲ばかりだ。

このうち一つを選び、その曲のリズムのとおりにテーブルをたたいてみてほしい。

・『ハッピー・バースデー』
・『メリーさんの羊』
・『ジングルベル』
・『ロック・アラウンド・ザ・クロック』
・『きらきら星』
・『星条旗』

さて、横で聞いている友人の一人が、たたいている曲を当てられる確率はどのくらいだと思うか？

私は、組織のリーダーや学生を相手に何年もこのゲームをしている。みんなが集まる食事会ですると、なかなかおもしろい。

この実験を最初に行なったスタンフォード大学の研究では、被験者は、聞き手が簡単に当ててくれるものと考え――曲の正答率は五〇パーセントという予測だった。

しかし実際にやってみると、正答率はわずか二・五パーセント。たたいた総計一二〇曲のうち、六〇曲はわかるだろうという予測のはずが、実際に当たったのは三曲だけだったのだ。

私はこれをさまざまな組織で試してみたが、結果は同じだった。たまたま当てられることもあるが、大部分のケースでは、多くの人が自信過剰である。これはなぜなのだろうか。

ある曲のリズムをたたくには、頭のなかでその曲を奏でなければいけない。しかし、頭のなかで奏でられているメロディーが聞こえていない相手にとって、その不規則なリズムがどう聞こえるのか、想像するのは不可能である。

スタンフォード大学教授のチップ・ハースとコンサルタントのダン・ハースは、共著『アイデアのちから』（日経BP社）にこう記している。「聴き手にはそのメロディーが聞こえない。

聞こえるのは、モールス信号のように脈絡のない奇妙なリズムだけだ」

自分のアイデアを伝えることがむずかしい最大の理由はここにある。

新しい案を提示するときに、曲が鳴っているのは自分の頭のなかだけなのだ。

しかも問題はそれだけではない。自分自身が「作曲者」なのだ。

何時間も何日も、何週間も何カ月も、あるいは何年もかけて、そのアイデアを煮詰めてきた。問題をじっくりと考え、解決策を編み出し、そのビジョンを頭のなかでくり返しイメージしてきた。そのアイデアの「歌詞」も「メロディー」も心に刻みついている。

ここまで来ると、はじめてその曲を聴く人にはどのように聞こえるかを想像することなど、とうていできなくなっている。

自分はその考えに慣れ親しんでいるため、相手がアイデアを理解して賛同してくれるためには、どのくらい説得が必要なのかを、少なく見積もってしまうのである。

ずいぶん以前にハーバード大学の教授ジョン・コッターが行なった研究によると、ものごとを変えようと計画している人が、自分のビジョンを伝える際、通常一〇分の一程度しか相手に伝わっていないということがわかった。

平均すると、その人が変革の方向性について話した回数は、まわりの関係者に必要とされる頻度の一〇分の一だった。

たとえば、会社の従業員が三カ月の期間内に受ける情報量が、単語と数字を合わせて二三〇万語だった場合、同じ期間内で変革のビジョンを伝えるために使われた語数は平均一万三四〇〇語のみであった。これは三〇分のスピーチと、一時間の会議一回、簡単な報告一回、それとメモ一枚くらいにしか相当しない。

この三カ月間に自分以外の従業員が経験するコミュニケーションの九九パーセント以上は、その変革のビジョンに関連しないことなのに、どう理解しろというのか。

ましてや、ビジョンを理解して心に留めておくことなど不可能だ。本人は自分のビジョンに関する情報にどっぷり浸かっているので、そのことに気づかないのである。

自分のオリジナルなアイデアを受け入れてもらいたいなら、いったん発言してみて、そのあとに時間を置いてまた話す、ということをくり返し行なわねばならない。

この現象を説明するために、こんな質問をしてみたい。

あなたは次の二つの単語のうち、どちらが好きだろうか？

イクティタフ（iktitaf）

サリック（sarick）

たいていの人は「イクティタフ」よりも、なんとなく「サリック」を選ぶ。けれども「サリック」を選んだ理由は単語そのものには関係ない。

心理学者のロバート・ザイアンスは、この現象を **「単純接触効果」** と名づけている。つまり、

ある対象にくり返し接するほど、その対象をもっと好きになるということだ。

ザイアンスが、意味をもたない「イクティタフ」と「サリック」という単語をはじめて被験者に見せたとき、この二つの単語に対する好みは同程度だった。

しかし、被験者に比較してもらう前にその単語の片方を二回見せておくと、あらかじめ見せられていたほうを好むようになっていた。そしてその好みの傾向は、五回、一〇回、二五回見せたあとではさらに強くなった。

「サリック」という単語に読者のみなさんがなじんでもらえるように、私はバブルの創業者グリスコムに関して述べたくだりで、この「サリック」という単語を四回使っておいた。

「サリック効果」という現象など存在しない。レスリー・サリックという社会心理学者も存在しない。どちらも、この「単純接触効果」を示すために私がつくった架空の名前だ（念のために記しておくと、ルーファス・グリスコムや、本書であげるそのほかの人たちは、みな実在の人物である）。

この「単純接触効果」は、あちこちでくり返し生じている現象だ。

顔にしろ、文字にしろ、数字にしろ、音にしろ、味にしろ、ブランドにしろ、漢字にしろ、なじみになるほど好きになる。これは文化や人種を問わず共通しており、ヒヨコでさえもなじみのものを好むのだ。

とりわけ私のお気に入りの実験に、自分自身と友人を写した「通常の写真」と「鏡のように逆に映っている写真」を見比べてもらうというものがある。

友人を写したものについては、私たちは通常の写真を好むものだ。写真に写った友人の顔が、ふだん見慣れている顔だからだ。しかし自分については、逆に映っているもののほうを好む。いつも鏡で見慣れている自分の姿がそれだからだ。

「慣れ親しんだものは軽んじやすいのではない」と、数々の事業を起こしている起業家ハワード・タルマンは述べている。「慣れ親しむと安心するのだ」

この効果の一つの説明として、接触することによってものごとを処理しやすくなるからだということができる。なじみのないことは理解するのにより多くの努力を必要とする。何度も見たり、聞いたり、触ったりすればするほど、より安心感を覚え、恐れなくなる。

その反面、露光されすぎるとフィルムがダメになったり、同じ曲を何度も聞くと頭から離れなくなってイライラしてくることがある。

しかし、発言するという状況では、どれだけくり返しても相手の頭をいっぱいにすることはほとんどない。一般に、**ある考え方に一〇～二〇回くり返し触れると、好感度は上昇し続ける**ことがわかっている。

複雑なアイデアの場合、それ以上の接触が役立つ。興味深いことに、ほかの考え方ととり混ぜながら短くサッと相手に触れさせることで、相手の好奇心を引きつけるようにすると、効果はさらに高まる。

また、アイデアを提示してからそのアイデアの評価までのあいだに、少し時間を置くとさらによい。時間を置くのは、アイデアを頭に染み込ませるためだ。

たとえば上司に何かを提案したいのなら、まずは火曜日にエレベーターのなかで三〇秒ほど話し、翌週の月曜日にその話題に再度簡単に触れ、その週の終わりに意見をもらうのがいいかもしれない。

ＣＩＡのメディナは、この心理をよくわかっていた。そのため、自分の考え方をみずから実行して示そうと、局内のネットワークでブログを開始した。

週に二度書く短いコメントのなかで、組織の秘密主義をゆるめて、情報を共有する必要性を訴え、未来のトレンドはこうなるのだと述べた。

当初、上層部の多くはこの考え方を反射的に却下していた。しかし、まさに接触の研究が示すように、コミュニケーションのあいだに散りばめられた簡潔なコメントと、それぞれのコメントのあいだに時間を置いたことが功を奏し、上層部はメディナのアイデアを受け入れるようになっていった。

やがてＣＩＡのテクノロジー専門家たちは、職員がそれぞれのブログを設定できるプラットフォームを局内のネットワーク上に開発した。これによってメディナの案はさらになじみのあるものになった。ブログをはじめようという気になったのはメディナのおかげだと、同僚にいわれるようにすらなった(8)。

「やさしい上司」より「気むずかしい上司」に

経済学者のアルバート・ハーシュマンの著書によると、満足のいかない状況に対処する方法には四通りあるそうだ。

何十年もの研究の結果、不満の対象が仕事であっても、婚姻関係であっても、政府であっても、対処法は「離脱」「発言」「粘り」「無視」の四パターンなのだ。

「離脱」とは、その状況から完全に身を引くことだ。つらい仕事を辞めたり、暴力をふるうパートナーと別れたり、圧政を敷く国を去るなどだ。

「発言」とは、その状況を積極的に改善しようと行動することだ。職場の環境を充実させるために上司に意見を述べたり、パートナーにカウンセリングをすすめたり、活動家になって腐敗のない政府を選挙で選ぼうとすることなどだ。

「粘り」とは、歯を食いしばって我慢することだ。息の詰まるような仕事でも懸命にがんばるか、忠実にパートナーのそばに留まるか、政府に不満を抱きながらも現状を受け入れるなどだ。

「無視」とは、現状に留まるが、努力はしないことだ。クビにならない程度に仕事をしたり、パートナーとの距離をとるために新たな趣味を見つけたり、投票に行かなかったりなどだ。

根本的に、どれを選ぶかは「コントロール（状況の決定権が自分にあるという気持ち）」と「コミットメント（状況に関与したいという前向きな気持ち）」にかかっている。

現状に満足しないときにどうするか——4通りの方法

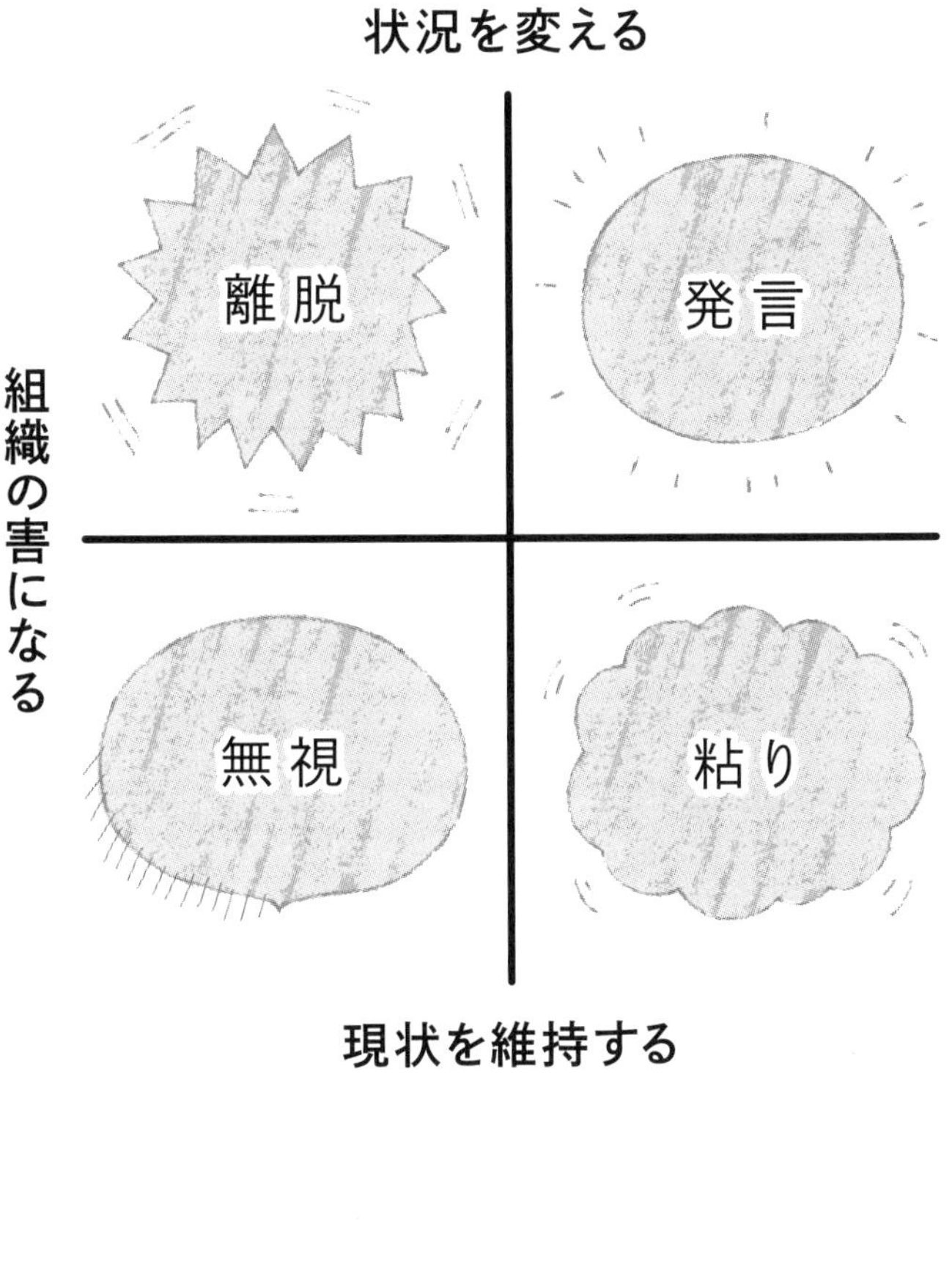

ポイントは、自分が変化をもたらすことができると信じているかどうか、変化を起こそうと思うほどの高い関心をもっているかどうかだ。

現状は変えられないと思っているのなら、コミットメントがなければ無視するだろうし、コミットメントがある場合は我慢するだろう。

変化をもたらすことができると感じはするけれども、対象の人物や国や組織に対するコミットメントがない人は、離脱する。発言をしようと考えるのは、自分の行動が重要だと信じており、かつ、深い関心をもっているときだけだ。

当初、アイデアを発言したものの沈黙させられたメディナは、自分の意見を聞いてもらえるという自信をもはや失っていた。彼女は責任逃れをするタイプの人間ではなかったが、仕事への情熱は崩れかかっていた。

「小船に乗っているかのように、無視と忠誠のあいだを漂っていた」という。何年かが経過してからも、あの発言でキャリアアップが水の泡になったという思いが振り払えなかったのだ。

「また同じことをするには大きなとまどいがありました。十分な時間が過ぎたという確信ももてませんでしたし」と、メディナはいう。

「私がまた発言するというリスクを冒す気になったのは、上司が変わったからです。新しい上司は、私の全キャリアで出会ったなかで、いちばん尊敬できる上司でした」

職場におけるコミットメントとコントロールの意識は、ほかの何にも増して直属の上司によるところが大きい。自分を支えてくれる上司がいると、組織との結びつきが強化され、自分には大きな影響力があるのだと感じられる。

メディナに自信を与えてくれた上司とは、どんな人物か。

多くの人は、温厚で親しみやすい人を思い浮かべるだろう――やさしく、信頼できて、協力的な人物だ。だから、メディナが上司を「皮肉屋で気まぐれ」といったのには驚いた。

メディナがいう彼の人物像は、簡単にはうなずかない気むずかしい上司という印象で、他者を懐疑的に見るタイプのようだ。

しかし、気むずかしい上司というのは、ふつうならピンチのときに助けを求めたいと思う人物ではけっしてないが、場合によっては最高のサポーターになってくれる。

親しみやすい上司は部下ともうまくやれるタイプだが、何よりも対立を嫌う。他者との調和を望んでいるため、いざとなると引き下がってしまいがちだ。

経営管理学の研究者ジェフ・レピーヌとリン・ヴァン・ダインは、発言に関する研究を行なったのち、共著にこう記している。「親しみやすい人は、まわりと協調し、基準にしたがうことを重視しているため、ことを荒立てて対人関係を乱すのを避けたがるものだ」

他者や慣習に立ち向かうことをいとわないのは、えてして「トゲのある人」だ。

心理学者のステファン・コートによる研究では、成人を対象に自分の「親しみやすさ」と「気むずかしさ」の傾向を評価してもらう調査を行なった。被験者には、三週間にわたって一日に六回、自分の行動と感情を記録してもらった。

親しみやすい人がもっとも幸せを感じるのは、褒められたり称賛されたりしたときや、他者と笑いあうとき、愛情を表現するとき、他者を安心させるとき、他者を喜ばせるために妥協したり譲歩したりしたときだった。

反対に、気むずかしい人がもっともうれしい瞬間は、他者を批判してやりこめたり、他者と対立したり、反論したりしたときだった。

発言しようとする際に、**誰に訴えかけるかというのは、どのように主張を伝えるかというのと同じくらい重要**だ。

親しみやすい人たちに対してものをいうと、彼らは本能的にうなずいてほほ笑むはずだ。このような人たちは、同調し対立を避けようとして、批判的な意見をいうのを敬遠しがちである。

一方で、気むずかしい上司は反論してくる可能性が高いため、こちらもよく考えて発言するようになる。「皮肉な態度に関してはさまざまな意見がありますが、要は行きすぎなければいいのです」とメディナはいう。

「新しい上司は、私の考えが正しいなどと完全には思っていなかったはずです。でも多様な考えを尊重してくれる人でした。私の意見に同意していたというわけではなかったのですが——意見が合わないことはしょっちゅうでした——それでも私は、上司には何でもいえると感じていましたし、彼は私に厳しいこともいいましたが、私がそれで腐っていると、励ましてくれるような人でした」

いつもウンウンとうなずいてくれる人に向かって訴えるよりも、ユニークな行動をとるとして知られている人物に提案をしたほうがうまくいく可能性が高い。

研究によると、現状に異議を呈したことのある管理職は、新しいアイデアに対してより寛容で、他者から提案があっても、それを脅威ととらえない傾向があることがわかっている。

このような管理職は現状を擁護するのではなく、組織をよりよくすることを重視し、成長させようという意欲に燃えている。つまり、組織にひたすらしたがい、あげく欠点に目をつぶってしまうということがないのだ。

「私の上司はCIAが大好きでしたが、批判的な姿勢ももっていました。CIAの使命を語るとき、感極まることすらありました。組織内のほかの上司たちと比べると、はみ出し者や変わり者に対して寛容な人でしたね」

CIAの強化を最優先と考える上司にあと押しされて、メディナは自分をとり戻した。支えてくれる上司がいることで、もう一度、自分のやりたいことを再開する準備が整ったのだ。

キャリアの階段を上っていくうちに、メディナは自分の提案がしだいに同僚たちに受け入れられつつあることに気づいた。提案を受け入れなかったのは、おもに中間管理職たちだった。

中間の立場の人は、同調する傾向のあることが、社会科学者の研究によってかなり前に証明されている。

トップの座にいる人は、ほかとは違うと思われているため、一般的ではない行動をとるのが当たり前だとされている。

同様に、地位の低い人はオリジナルな行動をとることで失うものはほとんどなく、逆に得るものばかりだ。

しかし、組織の大多数を占める中間層の立場は不安定だ。ある程度の尊敬を得るようになった今、集団における自分の地位を危険にさらしたくない。地位を保つために、右へならえ式に調和し、集団の一員として自分に価値があることを示すのだ。

社会学者のジョージ・ホーマンズがいうように、「中間層の保守性には、高い社会的身分を望みながら、権利はく奪を恐れている人の不安が反映されている」のだ。

低い場所から落ちてもさほど傷つかないが、中間から下へ落ちると衝撃が大きい。


私は先ごろ、グーグル創業者のラリー・ペイジに、公開インタビューを依頼された。

そのイベント前夜の夕食の席で、私はペイジに尋ねた。「なぜあなたとセルゲイ・ブリンは、グーグル設立当初、スタンフォード大学を中退し、会社に全力投球するのをあれほどためらったのですか」と。

返ってきた答えは、二人のキャリアにかかわるものだった。

すでにアカデミックな世界で研究者として確固たる地位を築いていたら、キャリアをダメにする心配をせずに会社に専念できていただろう、とペイジはいった。

それにキャリアの初期、まだまったく地位がなかったころ、二人はリスクを冒すことに何のとまどいもなかった――ペイジはソーラーカーを製作したり、レゴでプリンターをつくったりして、やりたいことをやって忙しい大学生活を送っていた。

だが、博士号取得に向けてかなり進んでしまってからは、二人にとって、中退することによって失うものが大きくなってしまった。

中間層に見られる同調性は、オリジナルな存在になることの危険性よりも、確実な安全性を選ばせてしまうのだ。

コロンビア大学の社会学者デーモン・フィリップス、およびマサチューセッツ工科大学の社会学者エズラ・ザッカーマンは、中間層の証券アナリストや、雇用先の金融会社が中堅の証券アナリストは、株式の売却をうながす格づけをする可能性が、目立って低いことを発見している。

株式を売却するよう提案することは、その株式を重要と考える企業の重役や投資家の気にさわる可能性がある。しかし、無名の銀行に所属し、何の実績も積んでいないアナリストなら、リスクを冒しても失うものは何もない。

また、一流バンクの精鋭アナリストには守ってもらえる土台があるが、中流の銀行でそれなりに成功し、これから上に行こうとしているアナリストにとっては、売却をうながす格づけは、キャリアを阻《はば》む要因になることがあるのだ(9)。

階級を上げていったCIAのメディナは、**上と下に向かって発言をし、中間に訴えかける時間をできるだけ省くのが効率的**だということを学んだ。

上級職員たちには、現状の問題を変えることができる、貴重な部下の一人だと見てもらえた。

同時にメディナを支持する部下が増えていき、彼女の信頼性は確かなものとなっていった。

部下たちと意見を共有するうち、彼らはメディナのもつビジョンに触発され、メディナの地位を認めはじめた。

「若い人材は、メディナの斬新なアイデアを高く評価し、彼女こそお手本だと思うようになりました。すると、ほかの人たちも耳を傾けざるをえなくなったのでしょうね」と、メディナの同僚はいう。

重要視される人になる確実なルート

リスクを回避したい中間層に向けて発言するのは、誰にとってもむずかしい課題だが、圧倒的に男性優位の組織にいる女性にはいっそうむずかしいことだ。

はじめてメディナの話を聞いたとき、未熟な私は、職場で女性が軽んじられていたのはとっくの昔のことだと思っており、メディナも結局は性別に関係なくアイデアの中身で評価してもらえるものと思っていた。

しかし結果を見てみると、今日《こんにち》にいたっても女性は非常に発言しにくいままだということがわかって、私は落胆した。

文化を問わず、男性はパワフルで女性は協調的であるべきという、それぞれの性に対する固定観念が根強くあることは、さまざまな証拠が示している。女性が発言する際には、この固定観念に反するリスクを冒すことになるため、攻撃的な人物だととらえられてしまう。発言するというのはリーダーらしい行動だ。

フェイスブックのCOOであるシェリル・サンドバーグも『LEAN IN：女性、仕事、リーダーへの意欲』（日本経済新聞出版社）で述べているが、**女性がリーダーシップを発揮すると、いばっているというレッテルを張られがち**だ。

自分自身の研究データも分析してみたところ、その結果に非常にガッカリした。ある国際的な銀行とヘルスケア企業での研究によると、収益につながる新たな提言を男性がした場合は、より高い評価につながっていたが、女性がした場合はそうではなかった。

そのほかの研究では、同僚よりも発言の多い男性重役はプラスの見返りを受けているが、女性重役が同じ行動をとったところ、男性からも女性からも低く評価されていることがわかっている。

同様に、女性が改善のための提案をすると、上司たちはその女性のことを同じことをした男性よりも忠誠心が低いと評価し、提案を実行に移す可能性が低くなっている。

男性優位の組織での場合はとくに、女性が発言をするときは、大きな代償を支払わねばならない[10]。

メディナもはじめ、率直に意見をいうことで失敗した。

「女性に許されている行動範囲は、男性よりも狭いのです」とメディナ。

しかし、二度目のときは違っていた。情報をオンライン上に載せることは職務の一環であっため、強引だと思われることなく意見をいえた。

「最初に提案して失敗したときは、私の思い入れと、キャリアに対する個人的なイライラとがごちゃ混ぜになっていました。自分にしか目がいっていなかったのです」とメディナは語る。「二回目のときは、一回目とはまったく違いましたね。大事なのは目的を果たすことです」

広範な研究から、女性が他者や組織のためを思って発言すると、反発が避けられるということがわかっている。協調的だとみなされるからだ。

女性であるメディナにとって、男性優位のCIAという組織内での道のりが、とくに険しかったことは間違いない。しかもプエルトリコ系のアメリカ人であることから、一つのみならず二つのマイノリティ集団に属していたのだ。

メディナのような「ダブルマイノリティ（二重の意味で少数派の人たち）」の人が発言するのは、払う代償も得られる利益も増大する可能性があることを示す最近の研究がある。

経営管理の研究者でアフリカ系アメリカ人のアシュリー・ロゼットは、自分が積極的にリーダーシップをとると、白人の女性や黒人の男性とは異なるあつかいを受けることに気がついた。ロゼットは仲間と研究を進めるなかで、ダブルマイノリティの人は、そうでない人に比べて、さらされるリスクが二倍になるということを発見した。

たとえば黒人女性が何かに失敗すると、黒人男性、白人の男性リーダー、および白人の女性リーダーよりもずっと厳しい評価を受けていた。黒人としても女性としても、リーダーの典型に当てはまらない彼女たちは、失敗の責任を不公平に背負わされたのだ。ダブルマイノリティに失敗は許されないのだと、ロゼットの研究チームは指摘する。

しかし興味深いことに、ロゼットの研究チームにより、黒人女性が支配的な態度で行動しても、白人女性や黒人男性が受けるような批判を受けないということがわかっている。

ダブルマイノリティである黒人女性は、カテゴリーに振り分けることができない。「黒人」なのか「女性」なのか、どちらの典型を当てはめていいのかがわからないため、「黒人」としても「女性」としても行動できるのだ。

ただしこれが当てはまるのは、その**ダブルマイノリティの人物が有能であることが明らかにわかる場合のみ**だ。マイノリティ集団の人はとくに、「権力」を行使する前に「地位」を獲得することが重要となる。

先述のメディナは、情報をオンライン化するという計画を、職務の一環としてひそかに進行させ、さほど注目を集めることなく実績を積み重ねてきた。

「私が何をしているかは、ほとんど誰にも気づかれませんでした。情報の風とおしがよい組織にしようとくり返し訴えることで、ジワジワ進んできました。いわば、裏庭でこっそり進めている実験のようなもの。何の制約もありませんでした」

実績を十分に積み重ねると、メディナはふたたび声を上げはじめた。

しかし、今回はみんな、メディナの声に耳を傾ける心構えができていた。

ロゼットの研究によると、女性がトップに上り詰めてリーダーシップをとっていることが明らかな場合、人々は、女性への偏見とダブルスタンダードに打ち克《か》って成功しているその女性は、ふつうの人にはない情熱と才能があるに違いない、と考えるのだという。

しかし、発言がまったく聞き入れられない場合はどうなるのだろうか?

スティーブ・ジョブズに猛反論して、大成功を収めた社員

ドナ・デュビンスキーは三〇歳手前で、人生でいちばん多忙なときを過ごしていた。一九八五年、アップルの流通販売部門のマネージャーとして、朝から夜寝るまでひっきりなしに働き、爆発的な需要に追いつくようにひたすらコンピュータを出荷していた。そこへ突然スティーブ・ジョブズが、アメリカの六つのすべての倉庫を廃止し、在庫を減らし、ジャスト・イン・タイム生産方式に変えることを提案したのだった。受注してからコンピュータを組み立て、翌朝、配達便で発送するというシステムだ。

デュビンスキーはこの提案を、会社の未来を危険にさらすとんでもない間違いだと思った。

「私は、アップルの成功は、流通の成功にかかっていると考えていました」

この案はいずれ立ち消えになるだろうと、しばらくのあいだはやりすごしていた。

しかし消えそうもなかったため、流通は今のままで何も問題なく、デュビンスキーのチームは今期最高記録を達成しており、クレームも事実上ゼロだと主張することにした。

デュビンスキーは流通のプロだったが、反対意見はくつがえされてしまった。

結局、ジョブズの提案を何カ月かにわたって検討するプロジェクトチームの一員にされてしまった。その最終会議で、デュビンスキーの上司の上司にあたる人物は、ジャスト・イン・タイム生産方式に賛成かどうかと、その場のメンバーに聞いた。

ジョブズには権力があり、大多数がジョブズに賛成していた。

さてデュビンスキーはここで発言をし、気まぐれとして知られる創業者で、取締役会長であるジョブズに反論すべきだろうか？　それとも黙ってジョブズを立てておくべきか？

デュビンスキーは、一九八〇年代にアップルの管理職についていた数少ない女性の一人で、流通部門の一部署の責任者として、実績を出していた。

彼女は一歩も引かずに、ジョブズの提案にふたたび反論することにした。自分の主張を通すには少し時間が必要だとわかっていた彼女は、上司の上司と面談をし、賭けに出た。対案の作成に三〇日の猶予を与えてくれないのであれば退社する、と。

これほど強硬な態度をとるのは危険な行為だ。しかし、デュビンスキーの要請は受け入れられた。彼女は、顧客サービスセンターを統合するという斬新な対案を作成し、承認された。こうすれば、リスクを冒すことなく望むメリットも得られる。

「案が聞き入れられるかどうかは、実行力と影響力にかかっているのでしょう。仕事をしっかりやり遂げることで、信用は得られるものだと思いました」

デュビンスキーは、「権力」を使う前に「地位」を確立していたため、ストックしていた「特異性信用」を利用できたのだ。

第三者から見れば、ジョブズに異議を唱えるなど勝ち目がないように思える。しかし、ジョブズがなかなかウンといわない人物だったことを考えると、まさに対決相手にもってこいの人物なのだ。

デュビンスキーは、ジョブズが自分に反抗してくる人たちに一目置き、新しい提案に対して聞く耳をもっていることを知っていた。しかも、彼女は自分の利益のために発言しているのではない。アップルのためを思って発言しているのだ。

異議を唱える勇気を見せたおかげで、デュビンスキーは昇進した。

こういったケースはデュビンスキーだけではない。一九八一年から、マッキントッシュのチームは、ジョブズに挑戦した人のなかから毎年一人を選んで表彰していた——そしてジョブズはそういった人たち全員を昇進させ、アップルの主要な部門を任せていたのだ。

問題をどうにかしようというとき、「無視する」という選択肢はない。

また、「粘る」のは発言権を得るための一時的な道にはなるが、長期的には「無視」と同じく現状を維持するもので、問題の解決にはいたらない。

状況を変えるには、現実的な選択肢は「離脱するか」「発言するか」だけである。

経済学者のハーシュマンは、「離脱」の大きな欠点について注意している。「離脱」には自分自身の環境が変わるという利点はあるが、結局は現状維持を許すことになるので、ほかの誰のためにもならない。ハーシュマンは、「離脱する機会がないときには発言が増える」のだという。

メディナは最初にCIAでの発言に失敗したのち、外部の職を見つけられなかったが、そのころと比較すると、最近の世界はかなり「離脱」がしやすい状況に変化している。

労働市場が流動的になり、多くの人たちが別の雇用先を見つけられるようになった。グローバリゼーションやソーシャルメディア、交通手段やコミュニケーション技術の発展のおかげで、人はいまだかつてない身軽さを手に入れた。

これほどまでにメリットが大きく、いい時代なのに、自分が不満たらたらな職場で発言し、その代償を払うことに意味があるのだろうか？

ハーシュマンは、「離脱」を選ぶのはオリジナリティにとっては好ましくないと考える。しかしデュビンスキーの体験を見てみると、「離脱」を別の視点から見ることができる。

アップルでの流通をめぐる戦いに勝利したデュビンスキーは、その後、アップルの子会社の一つでソフトウェアをあつかう「クラリス」社において、海外営業とマーケティングの上級職についた。

数年のうちに、デュビンスキーのグループの売上げはクラリスの全売上げの半分を占めるようになっていた。一九九一年、アップルがクラリスの独立を拒否すると、デュビンスキーは自身の影響力を認めてもらえないことに不満を感じて退社した。

そして一年間休みをとってパリへ飛び、絵画を学びながら、どうしたら大きな仕事にかかわれるだろうかと考えていた。そしてあるとき、ジェフ・ホーキンスという起業家に出会うと、彼のベンチャー企業である「パーム・コンピューティング」社がテクノロジーの次なる大波だと判断し、同社のCEOの座についた。

デュビンスキーがリーダーを務めるなか、パーム・コンピューティングは「パームパイロット」という製品を開発した。これは、当時まだ誕生したばかりの携帯情報端末（PDA）市場における最初の大ヒット製品だった。パームパイロットは一九九六年に発売され、一年半のあいだに一〇〇万台以上を売り上げた。しかし一九九七年、パーム・コンピューティングは「スリーコム」社に買収されてしまい、デュビンスキーはその戦略上の決定に納得のいかない部分があった。

たとえば、財務グループが全部門に一〇パーセントの予算削減を要求したとき、「一律一〇パーセントをカットせよなどというのは間違っている、むしろうまくいっている分野には投資し、そうでない分野で削減すればいい」と会社に抗議した。

するとデュビンスキーはこういわれた。「君の考え方では組織の一員として、どうかな。頭を冷やして自分の仕事をしてくれ」

不満を感じたデュビンスキーとホーキンスは会社を去り、一九九八年、新たに「ハンドスプリング」社を創業した。

そしてわずか一年後、同社は「バイザー」というハンドヘルドコンピュータ（もち運び可能な小型コンピュータ）を発売し、すぐさまPDA市場の四分の一を手に入れた。そして「トレオ」というスマートフォンの開発で成功を収めたのち、ハンドスプリングは二〇〇三年にふたたびパーム・コンピューティングに買収された。

その数年後、ジョブズがｉＰｈｏｎｅを発売したのだ。

その何年も前に、こんなことがあったのをデュビンスキーは覚えている。

「ジョブズと腰を下ろして話しているとき、彼は『僕は電話だけは絶対につくらないよ』といっていたんです。彼は私たちに影響された、と認めるかしら？　私たちがすごい携帯電話をつくったから、やっぱり僕も考え直したって？

いいえ、ジョブズはけっしてそんなことをいわないでしょうね。彼は頑固ですが、成長し、考えを改めたのです」

メディナが国家の安全を向上させることができたのは、「離脱」が不可能だったためだ。一方で、デュビンスキーがスマートフォン革命のパイオニアになれたのは、「離脱」が可能だったためだ。

ここで覚えておきたいのは、「発言」が「離脱」より本質的に優れているわけではないということだ。ある状況下では、先の見えない組織を去ることが、オリジナリティへ続くベストな道になることもある。

私たちにできることは何かというと、**声を上げつつ、リスク・ポートフォリオを安全に保ち、必要であれば立ち去るために準備をしておく**ことだ。

ジョブズのように、上司自身が成長し、考えを変える余裕がある場合は、同じ組織に留まって発言するという選択肢もあろう。しかし上司に進化がなく、聞く側も考えを変える気がない場合は、別の組織でよりよいチャンスを見つけられるかもしれない。

違う選択をしていたらどうなっていただろう、という疑問は残るかもしれない。

ＣＩＡをやめていたら、メディナは外部からＣＩＡに新しい風を吹き込めただろうか？

デュビンスキーがアップルを退職しなければ、アップルはｉＰｈｏｎｅを開発していただろうか、それとも別の路線で革新的な製品を展開していただろうか？

「もしも」の結論はけっしてわからないが、メディナとデュビンスキーのとった決断から学べることはある。

一人は最終的に「発言」を選び、もう一人は「離脱」を選んだが、二人の選択には共通する点が一つある――二人とも、黙っているよりは「発言」することを選んだということだ。

また、**長期的に見て私たちが後悔するのは、「行動を起こしたうえでの失敗」ではなく、「行動を起こさなかったための失敗」**であることが、研究で示されている。

もう一度やり直せるとしたら、ほとんどの人はもっと積極的に考えを表現しようとするだろう。

それこそまさに、メディナとデュビンスキーのとった行動であり、二人にはほとんど後悔は残らなかったのである。

独創《オリジナル》へのステップ

PART 4

賢者は時を待ち、愚者は先を急ぐ

チャンスを最大化するタイミング

「明後日にできることを、明日に回してはいけない」

マーク・トウェイン

（作家）

あのキング牧師の「締め切りとの戦い」

深夜のこと、ある若者がホテルの一室で、机の上にある何も書かれていない紙を見つめていた。

彼は不安にさいなまれながら電話に手を伸ばすと、数階下の部屋にいるアドバイザーにいくつかのアイデアを話してみた。するとアドバイザーは階段を駆け上がり、すぐやってきた。のちに歴史を変えることになる演説について、話し合いをしに。

午前三時、若者は「クタクタで、疲労の極限に襲われて、倒れそうな状態」で、なおも一心不乱に草稿の執筆にとり組んでいた。

一九六三年八月のことだ。ワシントン大行進を翌朝に控えていながら、この若者、マーティン・ルーサー・キング・ジュニアは、最終演説の準備がまだできていなかったのである。

「一晩中、一睡もせずにとり組んでいました」と、のちに夫人は回想している。

「彼はいちばん最後に演説することになっていて、テレビとラジオを通じて、アメリカや世界中の何百万もの人に届けられることになっていました。だから演説は、聴衆をわかせて盛り上げつつも、知性にあふれるものを求められていました」

ワシントン大行進のことは、二カ月前にメディアに公表されていた。キング牧師は、これが歴史に残る重要な出来事になるであろうことがわかっていた。メディアで報道されるだけではなく、少なくとも一〇万人が集まることが予想された。

またキング牧師のもとには支援者として参加してくれる大勢の著名人が集まっていた。その参加者には公民権運動のパイオニアであるローザ・パークスやジャッキー・ロビンソン、俳優のマーロン・ブランドやシドニー・ポワチエ、歌手のハリー・ベラフォンテやボブ・ディランがいた。

最終演説の準備期間は比較的短かったため、キング牧師はすぐに執筆をはじめて当然のはずだった。当初、それぞれの演説者には五分という時間制限が設けられていたことから、キング牧師はとくに念入りに言葉を選ぶ必要があった。

歴史上の偉大な思想家たちは――ベンジャミン・フランクリンからヘンリー・デイビッド・ソロー、そしてキング牧師の名の由来となったマルティン・ルターまで――長い演説よりも短い演説を書くほうが時間はかかったという。

「一〇分の演説なら、準備にはまるまる二週間かかる。好きなだけ話していいなら、準備などまったく必要ない」と、アメリカの大統領ウッドロー・ウィルソンはいった。しかしキング牧師は、ワシントン大行進前夜の午後一〇時まで、演説の執筆をはじめなかったのだ。

親や教師は日ごろから、なるべく早めに課題にとりかかりなさいと子どもにいい聞かせている。自己啓発の世界では、「グズグズするのをやめる」「先延ばしにしない生き方」が一大テーマになっている。

しかし、先延ばしにするという行動そのものが、キング牧師が人生最高の演説ができた理由だとしたらどうだろう？

たいていの場合、大切な仕事は、期限のずっと前までに終わらせておくようにいわれる。製品の発明や起業などにおいても、真っ先に行動を起こすようすすめられる。

もちろん、早いことには明らかなメリットがある――手をつけたことを確実に遂行し、競合他社よりも先に市場に参入できる。

しかし意外なことに、オリジナルな人たちを研究していくと、スピーディに行動を起こしていちばん乗りになると、利益よりも不利益のほうが大きい場合も多々あるということがわかってきた。

本パートのテーマは、「行動をとるべき時期」だ。

ここでの私の狙いは、「タイミング」について一般的に考えられている通念をくつがえすことだ。

オリジナルな人になるためには、いちばん最初に行動しなくてはならないわけではない。大成功を収めている人たちは、スケジュールどおりに到着しているわけではない。パーティには少しばかり遅れて着くぐらいが、格好がつくのだ。

いいアイデアは〝放置〟から育つ

最近、ジヘ・シンという名の博士課程の学生が、私のところへやってきた。

彼女は常識とは正反対の、ある考えを聞かせてくれた。

「先延ばしにするという行為が、オリジナリティにつながるのではないか」というのだ。先延ばしにするということは、やらねばならない課題を意図的に遅らせているということだ。その課題のことを考えてはいるかもしれないが、実際に進めたり終わらせたりするのをあと回しにし、別のあまり重要でないことをしている。

「課題を先延ばしにするというのは、ある一つのアイデアを決めてしまうのではなく、あれこれ考える時間をとっているのだと思う。その結果、より幅広くオリジナルなアイデアを考えられるし、最終的によりよいものを選べる」と、彼女はいう。

そこで私は、それを実証してみたら、と彼女にすすめた。

シンは学生たちに、大学のキャンパス内にあったコンビニエンス・ストアの跡地でできる、新しい事業の提案書をつくるように指示した。

学生が課題を開始してすぐには、「別の新しいコンビニを導入する」というようなありきたりな提案をする傾向にあった。

次に、無作為に選んだ被験者に課題を先延ばしにしてもらい、そのあいだに「マインスイーパ」「フリーセル」「ソリティア」などのコンピュータゲームをしてもらったところ、個別指導センターや倉庫などの、より目新しいビジネスアイデアが出されるようになった。

さらには、最終的な提案書を第三者が評価した（彼らは被験者が課題を先延ばしにしたか、すぐにとりかかったかを知らされていない）。

結果、先延ばしにした学生の提案書は、そうでない学生よりも二八パーセントも創造性が高いと評価された。

シンと私はこの結果に色めきたったが、創造性が発揮された真の原因は、先延ばしではないかもしれないと疑った。ひょっとしたらゲームで頭が刺激されて、創造力が発揮されたのではないか。あるいは、ゲームをすることで、頭を休める時間ができたからかもしれない。

しかしこの実験から、創造性を高めたのはゲームでも休憩でもないということがわかった。課題を知らされる前にゲームをした場合には、より斬新な提案が出たわけではなかったからだ。よりユニークな提案をするためには、頭の片隅に課題のことを置きながらゲームをして、先延ばしにする必要があったのだ。

課題をすぐさま開始し、休憩したのちふたたび課題にとりかかった場合、すでに課題が進みすぎていて新しく考え直すことができなかった。課題のことをいったんちょっと考えてから、意図的に先延ばしにしたときにだけ、意外な可能性にまで考えがおよび、おもしろいアイデアが生み出された。

ある特定の戦略に固定するのではなく、さまざまなパターンを考える時間をつくることができたのだ。

シンの実験結果は、実社会にも当てはまるのだろうか。それを確かめようと、シンは韓国の家具店からデータを収集した。

いつも先延ばしにする従業員は、より多くの時間を思考することに費やしており、上司からは創造性が極めて高いと評価されていた。

ただし先延ばしが、必ずしも創造性の起爆剤になるわけではなかった。つまり、もともと大きな問題を解決する意欲をもたない従業員は、先延ばしをしても問題解決が遅れただけだった。一方で、新しいアイデアを生み出すことに情熱がある従業員は、先延ばしにすることが創造性のきっかけになっていた。


先延ばしは「生産性の敵」かもしれないが、「創造性の源」にはなる。


現代のわれわれは、産業革命とプロテスタントの労働倫理がもたらした、効率性への異常なほどのこだわりにとらわれているが、そのずっと前は、先延ばしすることのメリットが文明のなかで認められていたのだ。

古代エジプトでは、「先延ばし」を意味する二つの異なる動詞があった。一つは「怠惰」、もう一つは「好機を待つこと」を表わす言葉だった。


歴史上もっとも優れた思想家や発明家のなかにも、「先延ばし屋」が見られる。その最たる例がレオナルド・ダ・ヴィンチだ。

際立った彼の業績は、絵画、彫刻、建築、音楽、数学、工学、地質学、地図製作法、解剖学、植物学など多岐にわたっている。

学者の見解では、ダ・ヴィンチは一五〇三年から『モナ・リザ』を描きはじめ、何年かのあいだ描いてはやめるということをくり返したのちに放置し、亡くなる直前の一五一九年になってやっと完成させたということだ。

批評家たちは、ダ・ヴィンチは光に関する実験やそのほかの「余計なこと」をして時間をムダにし、絵画をなかなか完成できなかったと考えていた。だが、そのような数々の「余計なこと」こそが、オリジナリティにとって欠かせなかったのだ。歴史研究家のウィリアム・パナパッカーはこう解説している。


たとえば、レオナルドは球面を照らす光を研究していたが、そのおかげで『モナ・リザ』と『洗礼者聖ヨハネ』の一連の絵画で立体感を出すことができた。

絵画の制作は遅れたかもしれないが、光学の実験があったからこそ最終的にあのような絵画ができ上がったのだ……同時代の多くの人々は「余計なこと」と考えたようだが、とんでもない――「余計なこと」とは、生涯にわたる建設的なブレインストーミングのようなものであり、アイデアを生むための鍛錬だったのだ。

そして、後世に残る作品ができ上がった……先延ばしを独創的に、そして吟味して行なったことで、依頼された作品のいくつかがなかなか完成しなかったのだとしたら(宇宙の内部構造を解明しようととり組んでいるときには、そんな作品もさして重要ではないが)、現代の生産性至上主義にとらわれすぎて平凡に甘んじている人だけが、レオナルドを責めることだろう。


生産性至上主義による平凡さに必要なのは、並の自己統制だけだ。それは安全で、誰にも脅威をおよぼさない。
平凡な人々が何かを変えることはない……だが天才はコントロールされないし、コントロールできないものだ。天才の作品は、予定や計画どおりには生まれない。

ダ・ヴィンチは約一五年を費やして『最後の晩餐』のアイデアを練り、そのあいだ、ほかのさまざまなプロジェクトにとり組んでいた。『最後の晩餐』はまず、ベンチに腰掛ける人物像のスケッチからはじまった。

一〇年以上が経ち、そのスケッチが土台となって、一三人がテーブルについているあの有名な絵画の、斬新な横長の構図が生み出された。ダ・ヴィンチは、自身の〝先延ばしグセ〟にいら立ちを感じることも多かったが、急《せ》いてはオリジナリティを発揮できないこともわかっていた。彼はこういっている。

「天才は、最小限しか仕事をしないときにこそ、もっとも多くを成し遂げることがある。そういうときに天才は、発明を考え出し、頭のなかで完璧なアイデアを形づくっているからだ(11)」

問題解決力が高い人ほど、実践していること

先延ばしするという行為は、クリエイティブ能力が高い人や問題解決に秀《ひい》でている人によく見られる習慣のようだ。

アメリカで行なわれる「サイエンス・タレント・サーチ」というイベントでの優勝者の例を考えてみよう。このイベントはアメリカの高校最上級生のための科学研究のコンテストだ。

心理学者のリナ・スボートニク率いるチームは、このイベントに出場して優勝したエリートたちに、勝利から一〇年以上が経過して、彼らが三十代前半になるころ、面談した。面談では、通常の仕事やクリエイティブな仕事を先延ばしにするかどうか、また、社会生活や健康関連の活動においてはどうかを質問した。

すると彼らの六八パーセント以上が、先にあげた四つの分野のうち、少なくとも二つの分野で先延ばしをしていることを認めた。

また**先延ばしは、クリエイティブな仕事にはとくに有益**であることがわかった。科学におけるエリートたちは、「科学的な問題や解決策に対して、早まった選択をしないように、アイデアを温める期間として先延ばしをした」のである。

ある人は、「私が何かをあと回しにしているときはだいたい、そのアイデアは頭の片隅にあって、それをなんとかする時間が必要なんです」という。

また別の人は、「科学の作業には、アイデアを熟成させるための時間が必要」であり、先延ばしは「さっさと片づけてしまおうという衝動を抑えるため」の一つの方法なのだと語る。

若いころから思考力と行動力に優れた彼らとの対話を調べたのち、スボートニクのチームは興味深い結論を導き出している。

「逆説的ではあるが、失うものがもっとも多い人ともっとも少ない人は、クリエイティブな領域で先延ばしにする可能性がもっとも高い」

アメリカの歴史上、キング牧師の演説に比肩する有名な演説があるとすれば、エイブラハム・リンカーン大統領の「ゲティスバーグ演説」が思い浮かぶ。リンカーンはたったの二七二語で、南北戦争を自由と平等の手段として定義し直した。

演説への正式な招待状は二週間前にリンカーンのもとに届いた。ゲティスバーグへ旅立つ前日までに、演説は半分しか執筆できていなかった。秘書のジョン・ニコレイは、リンカーンは「ふだんこういう仕事をするときと同じように、じっくりと検討して考えをまとめ、フレーズを頭のなかで形づくっていき、最終的に熟成されたものを書き出して、納得のいく形にしたのだろう」と書いている。

結局、演説の前夜まで結びの段落が書けておらず、演説が最終的に確定したのは演説当日の朝だった。説得力を最大限まで高めたくて、ギリギリまで粘ったのだ。

キング牧師が「私には夢がある」の演説をする前の初夏のこと。

彼は、演説の適切な内容とトーンについて、三人の親しいアドバイザーの意見を求めた。そして、弁護士でスピーチライターでもあるクラレンス・ジョーンズと、演説に関してじっくりと話し合っている。キング牧師は、のちにジョーンズともう一人の活動家に、演説の草稿作成をスタートするよう依頼した。

それから数週間、キング牧師はテーマや方向性をさっさと決めてしまいたい誘惑と戦っていた。そして、ワシントン大行進の四日前になってようやく、積極的に演説にとり組みはじめた。演説の前夜には、支援者を集めて一からやり直すようにいった。キング牧師が「これは〝公民権をめぐる戦いにおける重要な節目〟である」ため、公民権運動の中心人物らから「最善のアイデアを得るべく、あらゆる努力をすべきだ」といわれたことを、ジョーンズは覚えている。この話し合いのとき、キング牧師はまず「もう一度アイデアを見直して、最善のアプローチを決めたい」と切り出したということだ。

キング牧師が決定をあと回しにしたため、ジョーンズはいわゆる「ツァイガルニク効果」を受けることができた。

一九二七年、旧ソ連の心理学者ブルーマ・ツァイガルニクは、**達成した課題よりも達成できなかった課題のほうをよく覚えている**ということを証明したのだ。

課題が完了すると、それについてもう考えなくなるが、中断されたり未完であったりすると、頭のどこかで生き続ける。ジョーンズは、初期の草稿とその晩の協議の内容を、頭のなかで考え合わせていたが、「意識の奥深いところから、何かが浮かび上がってきた」そうだ。(12)

その四カ月前、ジョーンズはネルソン・ロックフェラー州知事と面会していた。慈善家として知られていたロックフェラー一家は公民権運動を支持しており、キング牧師をバーミンガム刑務所から保釈させるための資金集めを行なっていた。

ロックフェラーはある土曜日に銀行を開けると、ジョーンズに一〇万ドル（約三六〇〇万円）の入ったブリーフケースを渡した。銀行業務の決まりとして、ジョーンズは約束手形に署名をしなければならなかったが、その手形の支払いはロックフェラーがしてくれた。

キング牧師の演説の前夜、ジョーンズはこの体験を思い出しながら、「約束手形」という言葉は演説のなかで強烈な隠喩《いんゆ》として使えるのではないかと思いついた。

翌日、キング牧師はこの言葉を演説の冒頭部で使った。

「この共和国を築いた先人たちが、憲法と独立宣言に崇高なる言葉を書き記したとき、彼らは約束手形に署名をしたのです……今日《こんにち》、有色人種の市民に関するかぎりは、アメリカがこの約束手形を不渡りにしていることは明白です」

キング牧師がようやくジョーンズに最終的な草稿を執筆させたときには、幅広いアイデアの素材が集まってきていたのだ。

しかし、先延ばしにすることのメリットはそれだけではなかった。

より多く素材を集め、一瞬で組み立てる法

キング牧師があの重要な演説を行なってから半世紀が過ぎたが、私たちの記憶には四つの単語がしっかりと刻まれている――「I have a dream（私には夢がある）」だ。

人類の歴史上のさまざまな名言のうち、このフレーズはもっとも有名なものの一つである。

しかし驚くべきことに、この「夢」のアイデアは、実際の原稿にはまったく記載されていなか

ったのだ。ジョーンズの作成した草稿にも、キング牧師自身の最終原稿にも。

演説の最中、キング牧師お気に入りのゴスペル歌手マヘリア・ジャクソンは、キング牧師の背後からこう叫んだ。「夢をみんなに伝えて！」

キング牧師がなおも原稿を読み続けると、ジャクソンはふたたび夢について話してと、彼をうながした。

そして、詰めかけた二五万人の群衆と、何百万人ものテレビ視聴者が見守るなか、キング牧師は原稿を脇へ寄せ、イキイキと未来のビジョンを語りはじめた。

「あの大群衆やカメラとマイクを前にして、彼はぶっつけ本番でやってのけたんだ」と、ジョーンズは思い出す。

先延ばしのもう一つのメリットはここにもある。それは、即興で何かをする余地が残るということだ。かなり前から計画しておくと、用意しておいた構成に凝《こ》り固まってしまい、視界にふっと現われるかもしれない創造的な可能性をシャットアウトしてしまう。

何年も前、カリフォルニア大学バークレー校の心理学者であるドナルド・マッキノンが、アメリカでもっともクリエイティブ能力の高い建築家と、有能ながらもオリジナリティがないとみずからを評価する人たちとを比較したが、前者は〝行きあたりばったり〟であることがわかっている。

著者の私がフランチェスカ・ジーノとデビッド・ホフマンと共同で行なったピザのチェーン

店の研究では、もっとも利益率の高い店舗の店長はみずからを、非常に効率が悪く、てきぱき仕事ができていないと評価していた。同様に、戦略研究家のスチェタ・ナドカルニとポル・ハーマンがインドにある二〇〇近くの企業を調べたところ、利益のもっとも高い企業は、CEOによる効率性と機敏さの自己評価がもっとも低かった。

前述のいずれのケースでも、もっとも成功している組織を運営する責任者は、仕事にとりかかる前に時間をムダにすることが多く、決められた時間までにものごとをこなすためのペース配分ができないことがあると認めている。

このような習慣は業務の妨げになりはするが、一方で、戦略的に柔軟になる余地が残される。インド企業の研究では、各企業の上層部の複数の人物に、CEOの戦略的な柔軟性を評価してもらった。綿密に計画を練り、早めに行動し、勤勉に働くCEOは柔軟性がより低いと評価されていた。いったん戦略を策定すると、それに忠実にしたがっていたからだ。

一方、仕事を遅らせる傾向のあるCEOは、より柔軟で多才であると評価されていた。新しいチャンスを活かし、問題にも対応でき、戦略を柔軟に変えることができていた[13]。

演説をするために壇上へ向かっているときも、さらにはマイクに近づいているときですら、キング牧師は、演説を書き直していた。

ゴスペル歌手のジャクソンがキング牧師に夢を語れとうながしたのは、演説がはじまって一分が経過したころだった。キング牧師にジャクソンの声が聞こえていたのかどうかは定かではないが、「突然、そうしようと思った」とキング牧師はのちに語っている。

そのときの感情に任せたのだ。演説が終わるまでには、「キング牧師は準備されていた演説に新しい言葉をたくさん加えたため、演説の長さは二倍近くになっていた」とハンセン。

オリジナリティを大いに発揮する人は、大いに先延ばしもするが、まったく計画をしないわけではない。**戦略的に先延ばしをし、さまざまな可能性を試し、改良することによって少しずつ進めていく。**

キング牧師の演説の印象的な「夢」のくだりは、即興ではあったが、彼はそれ以前の演説でも「夢」のいくつかのバリエーションをくり返し使っていた。過去にもバーミンガムからデトロイトにいたるまでの各地の演説で、頻繁に夢に言及していた。あの「夢」の演説が行なわれた一年間だけで、キング牧師は四五万キロもの旅をし、三五〇以上の演説をしたとされている。

キング牧師はグズグズしていたうちに、「使える素材」をたくさん頭のなかにストックしており、いざというときのためにスタンバイさせていたのだ。だからこそ、彼の演説は真に迫るものとなった。

政治家であるドリュー・ハンセンはこう書いている。「演説を書いたというよりは、以前に何度も使った素材を再構成したり脚色したりして、組み立てたのだ……おかげで、演説をしながら柔軟に内容を変えることができた……執筆原稿のとおりに話していたなら、あの大行進での演説が人々の記憶に残ったかどうかは疑問だ」

イノベーターかフォロワーか——ビジネスの優位性

「アイデアラボ」社の創業者であるビル・グロスは、一〇〇件以上の起業にたずさわったのちに、会社を成功に導いたものは何なのかを分析した。

もっとも重要な要因は、アイデアのユニークさでもなければ、チームの能力や実行性でもなく、ビジネスモデルの質でも調達資金量でもなかった。

「いちばんの要因はタイミングです」とグロスはいう。

「成功と失敗を分けたのは、四二パーセントの場合でタイミングでした」

研究によると、アメリカ文化圏の人たちは、「先に行く者が利益を得る」ということを強く信じる傾向にあるという。みな、フォロワーではなくてパイオニアになりたがる。

科学者はライバルよりも早く発見しようと急ぐ。発明家は他者より先に特許を申請しようと急ぐ。起業家は競合相手よりもスピーディなスタートアップをめざす。新しい製品やサービス、テクノロジーを抱えて真っ先にドアを飛び出せば、経験曲線をいち早く上っていき、ベストの市場を総どりでき、顧客を独占できる。

当然、このような有利な状況は、競合他社の参入の障害となるだろう。競合他社のとり組みは、こちらがすでに獲得した特許と優れた性能によって妨げられるうえ、顧客に乗り換えをすすめるのはコストがかかることから、競合他社は行き詰まるに違いない——多くの人はそう考える。

ある研究で、マーケティングの研究者ピーター・ゴールダーとジェラルド・テリスは、「先発企業」と「後発企業」の状況を比較した。先発企業とは、いち早く行動したパイオニアであり、ある製品をいちばん最初に開発、あるいは発売した企業だ。

後発企業とは、開発や発売の開始が遅く、先発企業が市場を形成したのを見届けてから参入した企業だ。

三〇以上の異なるカテゴリーにおいて何百ものブランドを分析したところ、ゴールダーとテリスは、失敗の確率に圧倒的な違いを見いだした。

先発企業の失敗率は四七パーセント、そして後発企業はわずか八パーセントだったのだ。先発企業は後発企業よりも約六倍、失敗率が高かったことになる。先発企業は、生き残っても、平均一〇パーセントの市場を占有するのみで、対する後発企業の占有率の平均は、二八パーセントだった。

意外なことに、**先発者となることは、利点よりも不利な面が大きい**ことがままある。

研究によると、先発企業が高い市場占有率を獲得する場合もあるが、最終的に生き残る確率は低く、利益率も低くなるとのことだ。

マーケティングを研究するリサ・ボルトンはこうまとめている。

「先発企業は、ある業界においては優位な場合もあるが、学術的な研究では先行者利益に関してはまだ意見が分かれており、先行者が優位であるとは証明されていない」

新たな分野にいち早く打って出たがる人は、このことを知ったら凍りつき、タイミングを慎重に考えるはずだ。しかし、ボルトンは恐ろしい事実を見いだしている――先駆者になりたがる人は、「先発優位性は証明されていない」とわかってもなお、その優位性を信じ続けるというのだ。

成功を収めた先発企業は思い浮かべやすいが、失敗した企業はとうの昔に忘れ去られているため、あれは単に珍しいケースだったのだと思い込んでしまうのだ。

そこで、先発優位性の迷信をとり払ういちばんの方法は、先発企業が損をする理由を考えてもらうことだ。自分自身の経験において、先駆者であることでもっとも不利だったことは何だろう？　四つあげてみればいい。

後発者は「人まね」という汚名を着せられることが多いが、こういった固定観念は明らかに的外れである。後発企業は、既存の需要にしたがって動くのではなく、好機が巡ってくるのを待ってから新しいものを導入しているのだ。

実際、家庭用テレビゲーム機の分野では、先発企業の「マグナボックス」社が一九七二年、ごく基本的なスポーツのゲームソフトなどが内蔵されたゲーム機「オデッセイ」を発売した。

しかし、後発企業である「任天堂」が、一九七五年にオデッセイの日本国内での販売権を取得し、その後一〇年間のうちに「スーパーマリオブラザーズ」や「ゼルダの伝説」などで知られる新しい家庭用ゲーム機「ファミリーコンピュータ」を製作し、マグナボックスを打倒してしまった。任天堂のゲームは、その使いやすいコントローラと、洗練されたキャラクター、対戦型ロールプレイングゲームで家庭用ゲーム業界に変革をもたらした。

オリジナルであるには、先発者である必要はない。**オリジナルであるというのは、ほかとは異なる、ほかよりも優れているという意味**である。

オリジナルな人がいちばん乗りになろうと急ぐと、行きすぎてしまうことがある。それが一つ目のデメリットだ。

インターネット・バブルがはじける前のこと、ジョセフ・パークという名の若き投資銀行家は、あることにイライラしていた。なぜ、映画を借りるのにどうしてわざわざレンタルビデオ店まで行かねばならないのか？　ウェブサイトを開いて映画を選び、自宅まで配達してもらうサービスが、なぜ存在しないのか？

約二億五〇〇〇万ドル（約二五〇億円）の資金を集めたにもかかわらず、パークが創業した「コズモ」社は二〇〇一年に倒産した。最大の失敗は、一時間以内にほぼ何でも配達するという無茶な約束をしたことと、結局、かなうことなくして終わった全国展開への投資だ。

三〇〇〇以上のベンチャー企業を調べたある研究によると、およそ四分の三の企業が、時期尚早に規模拡大を試みて失敗している。その規模を支える市場の需要がまだ存在しない段階で、投資に踏み切ってしまっているのだ。

パークがもう少しゆっくりとものごとを進めていたなら、当時の技術では一時間以内の配達は現実的ではなく、利益率も低い商売だと気づいたかもしれない。

一方で、オンラインでの映画レンタルにはかなりの需要があった。ちょうどそのころ「ネットフリックス」社が順調なスタートを切っていたので、コズモは郵送での映像レンタル事業で競合し、のちにオンラインでの映像ストリーミングへと拡大することができたかもしれない。

そして、しばらく技術の進歩を待って、「インスタカート」社の物流システム――このシステムのおかげで「一時間配達」は利益を生めるようになった――を活用できたかもしれない。

後発企業が参入するころには市場がある程度確立しているため、そもそも「何を」提供するべきかを考えるのではなく、「優れた品質を」提供することに焦点をあてることができる。

「二番目か三番目になって、先発者がどうしたかを見届けて……それから改良するほうがいいと思いませんか？」と、作家のマルコム・グラッドウェルはあるインタビューでいっている。「アイデアや世界がどんどん複雑になっていくなかで、いちばん乗りの人がすべて解決できると考えるのは愚かでしょう。いいものは、考え出すのに時間がかかりますから」[14]

二つ目に、後発者のほうが成功しやすいと考えられる理由がある。

リスクを恐れず行動する人は、とにかくいちばんになることにとらわれており、衝動的な決断をしがちだ。その一方で、リスクを回避しようとする起業家は、先発隊の様子を探り、適切なタイミングを待ち、参入する前にリスク分散のバランスをとっておく。

ソフトウェアのベンチャー企業を調べたある研究で、戦略の研究者エリザベス・ポンティケスとウィリアム・バーネットは、起業家が話題の市場に急いで参入すると、会社の生存率や成長する確率が低いことを発見している。

逆に、**市場の過熱ぶりが冷めたころまで待った起業家は、成功の確率が高くなっている。**

「トレンドに頑固なまでに逆らってぶれない会社は、市場に留まり、出資を受けて、上場企業になる可能性がもっとも高い」ということなのだ。

三つ目に、後発企業は無謀に突き進むことが少ないだけでなく、競合のテクノロジーをもとにして改良を加え、よりよい製品をつくり上げることができる。

先駆者は、すべての失敗をみずから冒さなくてはならないが、一方で、フォロワーは先駆者の失敗を見て学ぶことができる。

起業家のピーター・ティールは著書『ゼロ・トゥ・ワン』（NHK出版）において、先駆者になるのは戦術であり目標ではないと述べている。先駆者になったところで、ほかの誰かがやってきて横どりされるのでは、よいことなど一つもない。

四つ目に、先発企業は初期の製品やサービスだけで行き詰まる傾向があるのに対し、後発企業は市場の変化と顧客の好みの変化を観察し、それに応じて製品やサービスも変えていくことができる。

アメリカの自動車業界を一〇〇年近くにもわたって観察したある研究によると、先発企業は生存率が低かった。その理由は、製品そのもののニーズを確立することに苦労したり、まだ市場に存在しない慣習をつくったり、消費者の求めるものが明らかになるにつれて時代遅れになっていったりしたからだ。

それに比べて、後発企業は市場の準備が整うのを待つことができる。

先に紹介したワービー・パーカーが営業をはじめたとき、一〇年以上にわたりネットショッピングの企業が成功を収めている一方、メガネをオンラインで販売しようとした企業もいくつかあったが、ほとんど成功していなかった。

「以前なら、メガネのオンライン販売はとうてい無理だったはずです」と、創業者の一人であるニールはいう。

「アマゾンやザッポスやブルーナイル（宝飾品のネット販売会社）で、ふつうはオンラインで注文しない製品を、消費者が気軽に買うようになるのを見届けてからでないと」

これはビジネス以外の世界にも当てはまる。多くのオリジナルな人物やアイデア、社会的な運動が、時代の先を行きすぎて失敗しているのだ。

一九九〇年代初頭、ＣＩＡでメディナが情報共有システムについて最初に発言したとき、ＣＩＡはその考え方を考慮する準備が整っていなかった。しかし、オンラインでのコミュニケーションが当たり前になるにつれ、メディナの案がより受け入れられやすくなった。

さらに、アメリカ同時多発テロが起き、イラクで大量破壊兵器を見つけることに失敗すると、各情報機関のあいだで効率よく情報共有がなされないことから生じる弊害が、あまりにも大きいことが明らかになった。

「タイミングがすべてですね」と、メディナの同僚はいう。

「根強い反テクノロジー派の人たちにでさえ、やり方を変えなければならないというプレッシャーがかかっていました。ちょっとでも考える頭がある人なら、メディナの意見に耳を傾け、賛同しないわけにはいかない時期に来ていたのです」

一八四〇年代のこと、ハンガリーの医師ゼンメルワイス・イグナーツは、医学生に手洗いをさせると出産時の死亡率が激減することを発見したが、それが原因で同業の医師たちから強く非難され、ついには精神療養施設に送られた。

イグナーツの考えに科学的な正当性が認められたのはそれから二〇年後、ルイ・パスツールとロベルト・コッホが細菌論の基礎を築いてからだ。

物理学者のマックス・プランクはこう述べている。「新しい科学的事実が勝利を得るのは、反対する者を納得させ、理解させたからではない。反対する者がいずれ死ぬからだ」

誤解のないよう申し添えたいが、最初に行動を起こすことが、絶対によくないといっているわけではない。

誰も彼もが他者の行動を待っていたら、オリジナルなものなど永遠に生まれない。誰かがパイオニアにならなければならず、ときにはそれが実を結ぶこともある。

先駆者が優位になりやすいのは、特許技術がかかわっているときや、強い「ネットワーク効果」（製品やサービスのユーザーが増えると、その価値が高くなるという効果。電話やソーシャルメディアなどが好例）が存在するときだ。

しかしほとんどの場合、**最初に行動を起こしたからといって成功の確率が高くなるわけでは**

ないということを覚えておこう。そして、市場が不安定な場合や不明な場合、あるいはまだ開拓されていない場合は、パイオニアになることには明らかに不利な面がある。

ここで注意しておきたいのは、オリジナルなアイデアがある場合、**競合他社よりも先にゴールへたどり着くことだけを目的に、行動を急ぐのは誤り**だということだ。

しかし、ビジネスチャンスの話からさらに視野を広げて考えてみるとどうだろう。

「若き天才」と「経験豊富なエキスパート」

一般に、オリジナリティは若さゆえにわき出るものと思われている。著名な投資家であるビノッド・コースラの言葉を借りると、「三五歳以下の人は変化をもたらす人。四五歳以上の人は、新しいアイデアという意味では、はっきりいって死んでいる」ということだ。

かの偉大な科学者アルベルト・アインシュタインも、あの革命的な相対性理論の論文を初めて三〇代半ばで発表したのちに似たようなことを述べている。「三〇歳になるまでに科学に偉大な貢献をしていない人は、以後もけっしてそれを成しえることはない」

悲しいことに、発明家はたしかに時間の経過とともにオリジナリティを失っていく。アインシュタインは、相対性理論に関する二つの論文で物理学に変革をもたらしたのち、物理学の次なる大きな革命となった量子力学に異論を唱えた。

彼は「私が権威を軽蔑したことの罰として、運命は私自身を権威にしてしまった」と嘆いた。

しかし、このような衰退は避けられないものではない。企業が社内に提案箱を設置すると、年配の従業員は若い従業員よりもアイデアをたくさん出したり、質の高い案を出したりする傾向が見られ、もっともよい提案は五五歳以上の従業員から出されたことが明らかになっている。投資ファンドの資金を獲得した技術系のベンチャー企業では、創業者の平均年齢は三八歳だ。

芸術や科学の分野といえば思いつくのが早咲きの若き天才だが、大器晩成の老練も大勢いるということを、シカゴ大学の経済学教授デイビッド・ガレンソンは示している。

医療の分野では、二五歳でDNAの二重らせん構造の発見に貢献したジェームズ・ワトソンのような若き天才もいるが、四九歳で大脳左半球と大脳右半球の機能の違いを突きとめたロジャー・スペリーのような遅咲きの人物もいる。

映画界では、『市民ケーン』という自身の最高傑作を二五歳ではじめて制作主演したオーソン・ウェルズのような人物もいれば、アルフレッド・ヒッチコックのように、キャリアを何十年も積んでから三つの代表作を生み出した人もいる。ヒッチコックは、五九歳のときに『めまい』、六〇歳のときに『北北西に進路を取れ』、六一歳のときに『サイコ』を制作した。

詩の分野では、優れた詩を二二歳ではじめて書き、傑作の半分以上を四〇歳までに創作したE・E・カミングスのような人もいるし、重版回数のもっとも多い詩の九二パーセントを四〇歳以降に書いたロバート・フロストのような詩人もいる。

このように、なぜ早咲きの人と遅咲きの人がいるのだろうか？

オリジナリティがピークに達する時期とその持続期間は、個人の思考スタイルにかかっている。ガレンソンがさまざまな創作者を研究したところ、イノベーションには根本的に異なる二つのスタイルがあることがわかった。

「概念的イノベーション」と**「実験的イノベーション」**だ。

概念的イノベーターは、大胆なアイデアを思い描いてそれを実行に移すというタイプだ。

実験的イノベーターは、試行錯誤をくり返して問題解決を行ないながら学び、進化を遂げていく。ある特定の問題にとり組んではいるが、とりかかった時点で具体的な解決策を見つけているわけではない。あらかじめ計画するのではなく、進めていくなかで解決策を見いだしていく、というのが実験的イノベーターだ。

ガレンソンは、概念的イノベーターは短距離走者で、実験的イノベーターはマラソン走者であるという。ガレンソンがノーベル賞を受賞した経済学者を調べたところ、概念的イノベーターは偉業を平均四三歳で成し遂げている一方、実験的イノベーターは平均六一歳だった。また、有名な詩人たちのもっとも増刷を重ねている詩を分析したところ、概念的イノベーターは傑作を二八歳のときに書いていたのに対し、実験的イノベーターは三九歳だった。ノーベル賞受賞歴をもつ物理学者を一人ひとり調べた別の研究では、三〇歳未満の若き天才のうちのちょうど半数が、理論的研究を行なった概念的イノベーターだった。一方で、四五歳以上の老練のうち、九二パーセントは実験的研究をしていた。

このような概念的イノベーターと実験的イノベーターの根本的な違いを見ると、独創的な人のなかには早咲きの人もいれば遅咲きの人もいる理由がわかる。

概念的なイノベーションは、何年もかけて順序立った調査を行なう必要がないため、早いうちに実行できる。

ジェームズ・ワトソンとフランシス・クリックは、DNAの二重らせん構造を解明するにあたってデータを蓄積する必要はなかった。三次元の理論モデルを構築し、ロザリンド・フランクリンの提供したX線画像を分析することで実現できたからだ。

また、概念的な大発見は早い時期に起こる傾向がある。**飛び抜けて独創的なアイデアは、新鮮な視点で問題にアプローチした場合にもっとも発見されやすい**からだ。

ガレンソンは、「概念的イノベーターは一般に、ある分野にはじめて触れてからさほど時間が経たないうちに、もっとも重要な貢献を果たす」といっている。

このため概念的イノベーターは、問題への一定のアプローチ法が定着してしまうと、オリジナリティが低下していく。ガレンソンは次のように解説している。

概念的イノベーターが年齢を重ね、若いころのような目覚ましい業績を達成できなくなるのは、魔法の薬が切れるからではない。蓄積された経験が影響を与えてしまうためだ……概念的イノベーターの真の敵は、考え方が定着してしまうことである……概念的イノベーターは、初期の重要な業績にとらわれてしまう可能性がある。

概念的イノベーターであるアインシュタインの問題はここにあった。

相対性原理が体に染みついていたアインシュタインは、のちに量子物理学を考えるうえで、相対性原理を切り離さなければならなかったのだが、なかなかそれができなかった。

ガレンソンは、詩の分野ではE・E・カミングスが、同じような壁に突き当たったと指摘している。二十代初期に独自の言葉や文法、句読法の規則を頭のなかで完成させていたカミングスの、五〇歳のころの創作の様子を、ある書評家がこう評している。

「カミングスはいまだに一つの実験を続けている実験主義者である。カミングスのおもしろいところは、つねに成長のことを話題にしながら、ずっと変わっていないことだ」

カミングスが六五歳のときには、別の書評家が「カミングスは大胆なまでに独創的な詩人だ」が、「彼の本はどれもまったく同じだ」とコメントしている。

心理学者のアブラハム・マズローが「ハンマーをもつ人にはすべてがクギに見える」といっているが、一つの手法が定着すると、そればかりになってしまうものなのだ。

反対に、**実験的なイノベーションは、必要な知識とスキルの蓄積に何年も何十年もかかるが、オリジナリティの源泉として、より長続きする。**

ロジャー・スペリーは、大脳半球の機能を解明するために、何年もかけて分離脳（右脳と左脳を結ぶ脳梁《のうりょう》が分断されている状態）のネコや、人間の患者の実験を行なわねばならなかった。

ロバート・フロストのもっとも増刷されている詩のなかには、二十代の作品は一つもなく、三十代のものはわずか八パーセントだ。四十代になってようやく花開き、さらに六十代でふたたび開花している。

詩人のロバート・ローウェルは、フロストは「少しずつ着実に、自分の目に映る場所や人について詩のなかで実験を行ない、素晴らしい小説のような深みのある傑作をつくり上げた」と評している。


概念的なイノベーターは、独創的なアイデアを初期に生み出す傾向があるが、みずからのアイデアをコピーしてしまうリスクがある。

実験的なアプローチは時間がかかるが、更新が可能だ。過去のアイデアを何度もくり返し使うのではなく、実験によってつねに新たなアイデアを見つけていく。

学者の見解によると、マーク・トウェインは『ハックルベリー・フィンの冒険』を四九歳のときに「試行錯誤法で」出版し、「明確な意志や計画は頭になく、書きながら柔軟なプロットを見いだしていった」そうだ。トウェイン自身も、「短い物語が大きなものへと成長していくにつれ、当初の意図（あるいはモチーフ）は崩れていき、ずいぶん違うものへと自然に変わっていくものだ」と述べている。

年齢を重ねてもオリジナリティを維持し、専門知識を蓄積していきたいのであれば、実験的アプローチをとるのがかしこいやり方だろう。

つくりたいものをあらかじめ計画せずに、まだあいまいなアイデアや解決策を試していくのだ。忍耐強く進めていけば、いずれ斬新で実用的なものに出会うだろう。

レオナルド・ダ・ヴィンチには、このような実験的アプローチがうまく働いた。『最後の晩餐』を完成させたとき、ダ・ヴィンチは四六歳になっており、『モナ・リザ』を描きはじめたときはすでに五十代前半だった。ある学者は、「(ダ・ヴィンチは)スケッチを重ねたからこそ悟りを開き、自分の描きたいものが明確になった」と書き記している。

別の学者はこう述べている。「ダ・ヴィンチの仕事ぶりは、粘土彫刻家のような仕事ぶりだ。たとえその作品が、自分が当初思っていたものとまったく別物になってしまっても、これでよしとせずに制作を進めていく」

キング牧師も実験的イノベーターであった。

「私には夢がある」の演説をした当時はわずか三四歳であったが、公民権に関して公の場で演説をするのはすでに二〇年目になっていた。一五歳のときには公民権について演説を行ない、州の最終選考に残っている。

その後の数十年間、みずからのビジョンを明確に示すためのさまざまな試行錯誤を行なってきた。キング牧師は豊かな経験をたくわえ、経営管理学の研究者カール・ビィックふうにいうと「古いものを新しい組み合わせにとり入れ、新しいものを古い組み合わせにとり入れる」ことによってオリジナリティを獲得していった。

建築家のフランク・ロイド・ライトは、かの「落水荘」を受注してから一年近く、散発的なデッサンをしながら先延ばしにしており、最終的に設計図が完成したのは六八歳のときだった。

レイモンド・デイビスは、五一歳で開始して八〇歳という年齢で終了した研究が評価されて、ノーベル物理学賞を受賞した。実験を重ねるほど、自分の過去のアイデアに制約されなくなるという。成果を評価してくれる第三者やデータから学んでいくのだ。狭い視野にとらわれることなく、世界を見渡す力もつく。

若き天才にとって全力疾走は優れた戦略だが、老練になるにはマラソンを完走する忍耐が必要なのだ。

「もちろん、ゆっくりと着実に経験を積むことによっていつか道が拓《ひら》かれるだろう。無名の六五歳の老人すべてが、隠れた実験的イノベーターであるわけではない」

と、作家のダニエル・ピンクはいう。

「けれども、実験というのは、飽くなき好奇心をもち、つねに何かをいじり、目にも止まらぬ速さで駆けていくウサギにひるまない、熱心なカメのような人にとっては、きっとワクワクするものだろう」

独創《オリジナル》へのステップ

PART 5

「誰と組むか」が勝敗を決める

パワフルな結束をつくる人の見分け方

「ほら、スター・ベリー・スニーチたちはおなかにホシがついている。ふつうのスニーチたちはなんにもついていない。ホシはおおきくないんだ。どちらかといえばちいさいのさ。そんなことなどかんけいないとおもわないかい。でもホシがついてるっていうだけで、スター・ベリー・スニーチたちはじまんする。『ぼくらはビーチでいちばんのスニーチだ』ってね。はなをツーンとそらにむけて　フンとかヘンとかならしてこういうんだ。『ぼくらはふつうのスニーチとはぜんぜんちがうのさ!』ってね」

ドクター・スース
（絵本作家）

「ゴルディロックスの理論」から学ぶべきこと

ルーシー・ストーンがどれだけ偉大であったかということは忘れられがちだが、彼女ほどアメリカで婦人参政権のために貢献した女性はいない。

一八五五年、ストーンが女性の権利のために立ち上がると、感銘を受けた何千もの人々が彼女のあとに続いた。彼女たちはルーシーに敬意を込めて、自分たちを「ルーシー・ストーナー」と呼んだ。

ストーンはアメリカではじめて、結婚後も旧姓を名乗り続けた女性である。だが彼女の功績はそれに留まらない。マサチューセッツ州で学士号を取得した初の女性である。そして、女性の権利についての講演家となった初のアメリカ人だ。

ストーンの講演活動は、数えきれないほどの支援者を動員し、数々の反対派の心をも動かして婦人参政権運動に参加させた。ストーンは女性の権利に関して発言することなどできない時代に、公共で発言をした数少ない女性のうちの一人となった。

さらに、女性のための全国集会を開き、国内で真っ先に女性のための新聞『ウーマンズ・ジャーナル』を発刊し、新聞は五〇年にもわたって刷られ続けた。

合衆国憲法修正第一九条（男女の差別なく参政権を定めた条文）の政治活動で成功を収め、女性に投票権をもたらした婦人参政権論者、キャリー・チャップマン・キャットはこう述べている。「今日《こんにち》、女性が参政権を勝ちとることに成功したのは、『ウーマンズ・ジャーナル』が果たしてくれた役割のおかげだ」

一八五一年、ストーンは女性の権利を訴える総会を開催した。だがストーンは、スピーチをするようまわりにうながされた最終日まで、演壇には上ろうとしなかった。

「私たち女性は、社会の従属的存在以上になりたいのです」

ストーンはそういうと、州議会に投票権と不動産所有権を求める請願活動をするよう女性たちに呼びかけた。

ストーンのこのときの発言は、女権運動に火をつけたとして有名だ。ストーンの言葉は大西洋を越えて、イギリスの哲学者ジョン・スチュアート・ミルやハリエット・テイラー・ミルにまで影響をおよぼし、婦人参政権に関する有名な著作を書くきっかけになった。そしてその著作は、イギリス国内の婦人参政権運動家を奮い立たせた。

アメリカでは、ロチェスター市の教師スーザン・B・アンソニーが大いに影響を受けた。彼女は、ストーンの演説に感銘を受けて婦人参政権運動に参加したのだ。

同じ時代のもう一人の偉大な婦人参政権運動家、エリザベス・キャディ・スタントンは、この二年後にアンソニーあてに手紙を書いたが、そこにはストーンについて熱っぽく記されていた。「彼女に匹敵する女性はほかにはいません」

それから一五年のあいだ、ストーン、アンソニー、そしてスタントンは婦人参政権運動の強力なリーダーとして、ともに協力し合った。だが彼女たちの同盟は、共通の目標を達成するずっと前に崩れてしまったのだ。

一八六九年、アンソニーとスタントンは、ストーンとの協力関係をバッサリと切り捨てて分裂すると、独自の婦人参政権の組織を立ちあげた。元仲間ではあったが、ストーンとはライバルとして熾烈《しれつ》な戦いをくり広げた。

「分裂によって、規模が小さく組織的にもかぎられたものになり、労力が重複してしまった」と、歴史家のジーン・ベイカーは残念そうに語る。

またこの分裂のせいで、女性は政治的活動には向いていないという固定観念が強まり、婦人参政権運動のポジティブな面ではなく、「女の戦い」という部分にばかり目を向けた新聞記事が書かれるきっかけにもなってしまった。

さらにアンソニーは、ストーンの組織のリーダーたちを引き抜くという計画を企てた。アンソニーとスタントンが抱いていたストーンに対する敵意は強烈なもので、自分たちの「組織の婦人参政権活動の沿革」からストーンの組織を除外したほどだった。

これにはスタントンの娘もとまどったようで、のちに除外された部分の修正にみずからあたり、ストーンの功績を記した一節を加えた。

だが同じ目標に向かい、ともに深く関わっていた三人のリーダーは、なぜこのように激しく破壊的な対立をすることになってしまったのだろうか?

本パートでは、オリジナルな人たちが、どのように仲間をつくっていくべきかを検証する。

仲間づくりはパワーのもとになるが、本質的に不安定でもある。メンバー間の人間関係に強く依存するからだ。

重要なのは、仲間づくりにおける**「ゴルディロックスの理論」**（訳注：童話『3びきのくま』に登場する少女の名にちなみ、〝ほどほどの適度な状態〟を指している）である。運動をはじめるオリジナルな人というのは、グループのなかでもいちばん過激なメンバーである場合が多く、そのようなメンバーの考えや理想は、したがう立場にあるその他のメンバーにとっては少々〝熱すぎる〟のだ。

対立するグループと同盟を結ぶには、運動に関する主張をやわらげ、なるべく冷静に接するほうがよい。だが、運動そのものに参画してもらうために必要なのは、熱すぎも冷たすぎもしない、ややソフトなメッセージだ。

〝似た者同士〟だから敵意を抱く

共通の目標が異なるグループを結びつけている、と私たちは考えるものだが、実際には、共通の目標がグループを分裂させてしまうことが多い。

ダートマス大学の心理学者ジュディス・ホワイトによると、こうした分裂が起きるのを理解するには、**「横方向の敵意」**を考えなければならないという。

基本的な目標を共有しているにもかかわらず、過激なグループは、より主流派のグループを

「ニセモノ」「裏切り者」などと呼んだりして見下すことがよくある。

一〇〇年ほど前に精神科医であったジークムント・フロイトが記したように、**「非常に似通っている者同士のわずかな違いこそが、互いのあいだに違和感や敵意といった感情を生み出す原因になっている」**のだ。

ホワイトは、「横方向の敵意」はいたるところに生じていると気づいた。ある聾唖《ろうあ》の女性がミス・アメリカの王冠を勝ちとると、聾唖の活動家たちは、その女性を「草分け的存在」として応援するどころか、抗議を行なった。ミス・アメリカを受賞したその女性は、手話を使うのではなく口頭で話したため、「聾唖と呼ぶには不十分」だという。

肌の色が薄い黒人女性がある大学の法学部教授に任命されると、その大学の黒人学生組合は、彼女は黒人と呼ぶほど黒くないからという理由で反対した。

ある過激な環境活動家は、主流派の団体である「グリーンピース」を「エコの金に目がくらんだ信念をもたないバケモノ」「環境運動の沽券《こけん》にかかわる大いなる脅威」と一蹴した。

このような敵意がどうして生まれたのかを説明するため、ホワイトはさまざまな運動や少数派グループに見られる「横方向の敵意」の研究を行なった。

ある研究では、ビーガン（動物性由来のものはいっさい口にしない厳格な菜食主義者）とベジタリアン（菜食中心だが、乳製品や卵などは食べる人もいる）に、自分たちのグループに属するメンバーを一般人と比べて評価してもらい、また互いのグループに属するメンバーについても一般人と比べて評価してもらった。

するとヒビーガンのベジタリアンに対する偏見は、ベジタリアンのビーガンに対する偏見に比較して三倍も多かった。

より過激なビーガンたちの目には、主流を占めているベジタリアンは「モドキ」に映ったということである。もしベジタリアンにきちんとした主義主張があるのなら、卵のような動物由来の食品は口にしないだろうというわけだ。

またギリシャで行なわれた別の研究もある。**もっとも保守的な政党の党員は、革新的な政党よりも、いちばん自分たちに似通っている政党に対して非難を示す**ことが多かった。

また、もっともリベラルな政党の党員が、より中道寄りの政党に示す態度は、もっとも保守的な政党に対する態度と比べると、ひどく辛らつなものであった。

このようなケースに示されている主張は明らかだ——「本当に何かを信じているのであれば、とことんのめり込んでしかるべきだ」というわけだ。

過激なグループと強い一体感を覚えるほど、みずからの価値観の脅威となる節度あるグループとの差をつけようとやっきになるのである。

このような横方向の敵意のせいで、アンソニーとスタントンはストーンから分裂してしまった。

アンソニーとスタントンはどちらかといえば過激であった。そしてストーンは主流寄りであった。

彼女たちのあいだに溝が生まれたのは、一八六六年にアンソニーとスタントンが、人種差別主義者として知られたジョージ・フランシス・トレインと手を組んだときだった。じつはトレインが婦人参政権を支持したのは、アフリカ系アメリカ人が政治におよぼす影響力を、女性が参入することによって少なくできると信じていたからである。二人がトレインと政治活動を行ない、婦人参政権運動に出資してもらっている様子を見たストーンは激怒した。

やがてアフリカ系アメリカ人の男性に投票権を認める合衆国憲法修正第一五条の法案に、アンソニーとスタントンが反対しだすと、ストーンとアンソニーたちのあいだの溝はさらに深まった。

このときのアンソニーとスタントンの立場はこうだ——女性に投票権が与えられないのなら、そのほかのマイノリティ集団にも与えられるべきではない、と。

しかし、この主張はあまりに過激だった。柔軟ではないし、修正第一五条に賛成していたリベラルな有権者までも争いに巻き込もうとしていたからだ。

ストーンは、奴隷制度廃止運動に対して協調的な立場をとっていた。権利の平等を話しあう総会では、黒人活動家グループとアンソニーおよびスタントンとのあいだの同盟関係の継続に賛成する立場を表明し、双方の仲をとりもとうとしたこともある。

　両方とも正しいのだと思います……女性は果てしなく不当なあつかいを受けていますが、黒人も測り知れないほどの不当なあつかいを受けています……修正第一五条に関しては神に感謝し、すべての州で適用されることを願います。このどん底から誰かが出られるなら、まことにありがたいことです。

だがアンソニーとスタントンは、こうしたストーンの黒人男性の投票権に対する支持を、婦人参政権運動への裏切り行為だと受け止めたのだった。

アンソニーとスタントンは、ストーンと共同で組織を運営していくという約束を破り、その翌週の一八六九年の五月に、独自の全国的な婦人参政権組織を立ち上げると宣言した。

ストーンとその仲間は、より包括的な組織を呼びかける声明を発表したが、それもムダだった。その秋ごろまでには、ストーンたちも独自の組織をつくるほかになす術《すべ》はなかった。

それから二〇年以上ものあいだ、二つの組織は互いに距離を保ち、あるときは個別に活動を行なったり、またあるときは相反する目的のために活動を行なったりした。婦人参政権運動が分裂したため、ストーンもアンソニーやスタントンと同じように、新たな味方をつくる必要があった。

するとストーンたちは、予想外のところで支持を得ることができたのだ。それは「女性キリスト教禁酒連合（WCTU）」であった。WCTUはアルコールの乱用と戦うことを目的に結成された組織だ。当時は酒に溺れた夫が妻を虐待したり、家族を貧困に陥れたりすることがよく見られたからだ。

婦人参政権組織とは対照的にWCTUはかなり保守的なグループだった。メンバーはおもに中流・上流階級に属し、キリスト教を強く信仰し、伝統的な価値観をもつ女性たちだ。

だがどういうわけか、アメリカ国内のほとんどの州でWCTUと婦人参政権運動組織との同盟ができるようになったのだ。婦人参政権運動組織が、WCTUと手を組みたがる理由は明らかだ。婦人参政権運動が立法議会に影響をおよぼせなくなってきていたこと、婦人参政権に反対する組織が次々と結成されて活動がしにくくなったこと、運動のメンバーがだんだん減ってきていたことがあげられる。

一八八〇年初頭になると、スタントンとアンソニーの組織には一〇〇人のメンバーがいるだけだった。一方、WCTUはメンバーが爆発的に増えており、一八七四年に数千人だったメンバーは増え続け、一八七六年には一万三〇〇〇人、さらに一八九〇年には一〇万人を超えていた。

だが、いったいなぜWCTUが、婦人参政権運動の組織と手を組もうと思ったのか。


スタンフォード大学の研究者スコット・ウィルタームスとチップ・ヒースが行なった実験がある。被験者を無作為に三つのグループに分け、カナダの国歌『オー・カナダ』を異なる条件下で聞いてもらうのだ。

グループ①は、曲の流れているあいだ、それぞれ歌詞を黙読する。

グループ②は、流れている国歌を一緒になって大きな声で歌う。

グループ③は、全員が歌うのだが、一緒に歌うのではなく一人ひとりが曲を違うテンポで聞いて歌う。

被験者たちは歌唱力を試されていると思っていたようだが、歌を歌い終わったあと、彼らは別の実験を行なうと告げられた。

次の実験では、お金を自分だけで独り占めにするか、みんなで協力してグループで分けるかを選ぶ。数分間一緒に歌ったからといって、何か行動に影響があるとは考えられないだろう。

しかし、実際には影響が見られたのだ。一緒になって歌ったグループ②は、かなり高い確率でお金を山分けしていた。互いを似ていると感じ、一体感を覚えたと報告した被験者が、その他二つのグループの被験者よりも多かった[15]。

じつは、**同じ価値観をもつグループと協力をするとき、〝手段〟が共通していることが重要**なのである。

先ごろ、社会学者のウソク・チョンとノースウェスタン大学のブレイデン・キング、そしてスタンフォード大学のサラ・ソウルは、さまざまな社会運動グループ間に生じた、奇妙な同盟関係を追跡調査した。

たとえば、環境保護団体とゲイの権利向上を推進する団体との組み合わせや、女性解放運動と平和運動との組み合わせ、ある海兵隊基地とアメリカ先住民の部族との組み合わせなどだ。

研究者たちはこの調査から、共通した目標達成の手段があるかどうかが、同盟関係を築けるかどうかの重要な指標になることを突き止めた。

活動の理由はそれぞれ違っていても、グループの活動方法が同じであれば、互いに親近感をもつことがわかった。過去一〇年間、抗議活動やデモ行進に参加してきたとしたら、同じように活動を行なっている別の組織に対しても、一体感や共感を覚えることができる。

ストーンは、同盟を成功させるには共通の目標をもつことだけでは不十分であると気づき、「何がいちばんよい方法や手段だと考えるかは、人によってそれぞれ違う」と述べている。スタントン側はこのような〝手段〟の違いは「重要な問題」で、二つの団体を分かつものであるとした。

ストーンは州レベルで運動を行なうことに専念していた。一方、アンソニーとスタントンは連邦憲法の改正を求めていた。ストーンは男性も組織に歓迎していた。アンソニーとスタントンはメンバーを女性に限定することを好んだ。

ストーンは講演会や会合を開くことで変化を起こしたいと思っていた。一方、アンソニーとスタントンの組織では、不法を承知でアンソニーが投票に行き、ほかの女性たちにも同様に行動することをすすめるなど、真正面から対決する態度をとっていた。

WCTUと同盟を結んだ婦人参政権運動家たちは、どちらかといえば節度のある方法をとっていたため、二つのグループは互いの共通点を見いだしやすかった。

WCTUと婦人参政権運動家は、どちらもロビー活動や出版において長い歴史があった。そのため二つのグループはともにロビー活動をし、州議会で発言し、記事を書き、印刷物を配布し、また婦人参政権に関する公共の会議や集会、弁論会を開いたりした。(16)

そうして彼女たちが協力しあった結果、いくつかの州で女性に投票権が与えられるようになった。またその過程で、婦人参政権運動家たちは、味方をつくるための、ある「重要な法則」を見つけたのだった。

その法則とは、ある若き起業家のケースにも如実に表われている。

「ソフトな過激派」がうまくいく

二〇一一年のことだ。メレディス・ペリーという名の大学四年生が、とても根本的なことに気づいた。

電話をかけたりインターネットに接続したりするのにコードは必要ない。かつて有線だったすべてのものが、今では無線になっているのに、なぜ電子機器の電源はコードでつながれているのか。ペリーは無線の電源が欲しいと思った。

そこで彼女は、空気中にエネルギー放射できるしくみを考えはじめた。テレビのリモコンの信号は弱すぎるし、ラジオの電波では効率が悪いし、X線は危険だ。

そのうち、振動を電力に変換できる装置があることを知った。たとえばその装置を列車の下に置くと、列車の振動で発電され、電力が得られるのだ。電車の近くに群がって電力を確保するのは実用的とはいいがたかったが、音は空気中の振動を通して伝わることをペリーは思い出した。そしてこう考えた。目に見えない静かな超音波を使って空気中に振動を起こし、それを無線の電力に変換してはどうか？

ところがペリーの物理学の教授は、そんなことは不可能だといった。超音波のエンジニアの意見も同じで、そんなことはできっこないという。世界でも最前線をいく科学者の何人かにも、時間と労力のムダだと宣言された。

そうこうしながらも、なんとペリーは発明コンテストで優勝してしまった。するとあるジャーナリストが、四週間後に開かれるあるデジタル会議で、その技術を実際に見せてほしいといってきた。

概念は証明できていたが実際の試作模型がなかったので、いわゆる「ニワトリが先か、卵が先か」という問題に行きあたった。つまり、試作模型をつくるための資金が必要だったが、ペリーのアイデアは極論すぎるため、出資者たちはまず試作模型を見てみたいといったのだ。

技術系のベンチャー企業を単身で起《た》ち上げ、しかもエンジニアとしての経験もゼロだったペリーが、さらなる成長を遂げるには味方が必要だった。

それから三年後。著者の私はグーグルのイベントでペリーに出会った。ペリーの研究チームはそのとき、手つけの資金としてマーク・キューバン（起業家）、マリッサ・メイヤー（「ヤフー！」社CEO）、そしてピーター・ティール（起業家）の創立したベンチャー投資ファンド「ファウンダーズ・ファンド」から七五万ドル（約七五〇〇万円）の融資を受け、実際に機能する試作模型の第一号機をつくり終えたところだった。

この模型は有線よりも速く、遠く離れたところからもデバイスを充電することができて、二年以内に実用化の準備が整うとのことだった。二〇一四年の終わりまでには、ペリーの会社「ユービーム」社は計一八の特許を取得し、一〇〇〇万ドル（約一〇億円）の資金を獲得していた。

はたしてどの程度うまく機能するかという論議は続いていたが、技術的な実現の可能性について、基本的な障害はすでに乗り越えていた。「今ユービームで働いている人の誰もが、実用化は不可能だと思っていたか、あるいは非常に懐疑的でした」とペリーはいう。

ペリーを悩ませたのは、オリジナルな人たちが現状打破を試みる際に、誰もが直面する問題だ——味方になってくれる可能性のある人たちの疑いを、どのように晴らせばよいかということである。

ペリーの最初の試みは失敗に終わった。数十人におよぶ技術の専門家たちに声をかけてみたが、みなすぐに数学的な誤りや物理的な誤りを指摘しはじめ、プロジェクトに参加するなど考えるにもおよばないといった。

とはいえ、彼らに対して「成果報酬式の契約社員として雇わせてくれないか」と申し出たことも断られた原因だとは思う——なにせ失敗したら、びた一文たりともお金を受けとれないかもしれないのだから。

ついにペリーは、それまでよかれと思って実行してきた「人を説得するためのルール」を完全に無視するようになった。つまり、自分が最終的につくろうとしているものは何なのかを、専門家たちに説明するのをやめてしまったのだ。

以前のペリーは「電力を空気中で伝達できる変換器をつくりたいのですが」と説明していた。だが、やがて本当の目的を隠したまま、こういうようになった。「このようなパラメータをもつ変換器を設計してくれる人を探しているのですが、つくっていただけますか？」

つまり、「無線で電気を生み出すしくみをつくりたい」という、壮大な目標を語るのではなく、自分が求めている個別の技術の詳細を説明するに留めたのだった。

ペリーのアプローチは功を奏したようだ。説得の末、二人の音響専門家が変換器の設計を、また別の専門家は受信器を、さらに電気機械工は電子装置を製作してくれることになった。

するとまもなく、オックスフォード大学やスタンフォード大学の博士号をもつ、優秀な協力者が現われた。彼らは数学的シミュレーションにより、このアイデアが理論上実現可能であることを裏づけてくれた。そのおかげである程度の資金を集めることができ、また、当初はかなり懐疑的だった有能な人物を、最高技術責任者（CTO）として雇い入れることができた。

「彼にすべての特許を見せたらこういいました。『まさか。できるかもしれないぞ』って」

戦略コンサルタントのサイモン・シネックは、こう主張する。「人に影響を与えて動かしたいなら、まずは〝なぜ〟を自身に問うべきだ。アイデアの背景にあるビジョンや製品を紹介する目的を伝えられれば、人が群がってくる」

これは素晴らしいアドバイスだ。

だが、現状打破にチャレンジするような独創的なことをしている場合は別だ。

根本的な道徳に変化をもたらそうとしている人たちが「なぜ」を説明すれば、深く根づいた既存の信念とぶつかり合う危険性がある。

研究者デブラ・メイヤーソンとモーリーン・スキャリーの発見によると、**オリジナルな人が成功するには、「節度のある過激派」になることが必要**だという。

成功を収めるようなオリジナルな人は、伝統とはかけ離れた価値観や、反抗的な考えをもっているが、自分たちの信じることや考えを、より主流にいる聴衆の心に響くように紹介する術を心得ている。

ペリーも節度のある過激派だ。**アイデアのもっとも過激な部分をあいまいにすることによって、実現できそうにないことを実現できそうに見せた**のだから。

「自分と一緒にビッグな事業へ乗り出そう」といっても人を説得できなかったが、本当の目的を隠すことで、専門家を前に二、三歩踏み出させた。

「なぜ」から「どのように」へと焦点を移すと、過激さがやわらぐ。

極端な政治観をもった人たちを対象にした、ある一連の実験がある。

政策を支持する理由を説明してもらうと、彼らは持説を強く主張した。理由を説明することによって、自分たちの信念を強くしたのだ。だが、「その政策はどのように役立っていますか？」と聞いたところ、彼らの態度はやわらいだのだ。

「どのように」と考えることで、自分たちの知識の穴と向き合うこととなり、過激なものの見方は現実的ではない部分もあることに気づくことができた。

オリジナルな人が仲間を集めるときには、本当のビジョンを隠すと、みずからの「とんがった部分」を抑えることができる。

アメリカ海軍大尉ジョッシュ・スタインマンは、シリコンバレーに軍の拠点を置き、民間企業と技術的に協力して任務を遂行させるべき、という壮大なビジョンを抱いていた。

だがスタインマンは、海軍のやり方を根本からくつがえすような過激な提案をしたら抵抗されるとわかっていた。そのため、やや控えめな提案をした。

まず、海軍作戦部長であった海軍大将に対し、情報更新をリアルタイムに行なう新しい技術をいくつか紹介した。興味をもった海軍大将は、その次はどうなるのかと尋ねた。すると別の海軍少将がスタインマンに対し、未来の技術について軍はどう考えるべきかと、やんわり尋ねてきたのだ。

「ボールがストライクに入った瞬間でしたね」とスタインマンは思い出す。

「少将、未来はハードウェアではなくソフトウェアが重要になってきます。そのため、シリコンバレーにアメリカ海軍の拠点が必要になるかもしれません」

数カ月後、別の下級士官たちが同じようにソフトウェアの重要性を訴えると、海軍大将がそのアイデアを支持する演説を行ない、それはアメリカ国防総省にも知れわたった。その後まもなくして、国防長官はシリコンバレーに「イノベーションの大使館」を設置すると発表した。

スタインマンは、心理学者ロバート・チャルディーニがいうところの「フット・イン・ザ・ドア（足を開いたドアのすきまにはさみ入れる）テクニック」を使ったのだ。

つまり小さい要求を出し、足がかりを確保してから大きい要求を出すというテクニックだ。過激な要求ではなく小さなことからはじめると、説得が簡単になるのである。

過激な姿勢を崩さずにいると、せっかくの同盟が壊れてしまうことがよくある。それが、二〇一一年にはじまった経済的、社会的な不平等に対するデモ運動『ウォール街を占拠せよ（オキュパイ・ウォールストリート）』の大きな失敗の理由の一つだ。

その年の世論調査を見ると、ほとんどのアメリカ人がウォール街占拠運動を支持していることがわかる。しかし、同運動はまもなくバラバラになってしまった。

活動家のスルジャ・ポポビッチは、この運動が極端な立場をとったことで、味方になる可能性のあった人たちを遠ざけてしまったのだという。さらに、この運動の致命的な誤りは、「占拠する」という過激な言葉を冠したことだとしている。この名前にはほとんどの人が魅力を感じなかったのだ。

運動のスローガンにもあった『九九パーセントの人々』という名称にしていれば、グループは今でも存続していただろうとポポビッチは考えている。

「『占拠せよ』という名称は、やっていることすべてを投げ出して何かを占拠することが唯一、このグループに参加する方法だ、という意味合いを含んでいる」とポポビッチは記している。「占拠と呼ぶと、ある種の熱心な人しか参加しなくなってしまう……運動というものはつねに苦戦になるため、もっと気軽に参加してくれる人たちを呼び込むことが勝利を収めるためには必要なのだ」

一方で、『九九パーセントの人々』という名称には、誰もが参加でき、好きな方法で運動を行なえるという意味合いが含まれている。ネーミングを節度あるものにし、幅広いやり方をとり入れていたなら、多数派の市民の支持を得ることも可能だったかもしれない。

婦人参政権運動では、ここで**「わずかな違いに生じるナルシシズム」**が、ネックになった。アンソニーとスタントンが一八六七年に人種差別的なトレインと手を組むと、ストーンはトレインの婦人参政権への支持に関して、「現段階で婦人参政権に懐疑的な人たちはみな、これで婦人参政権はダメだと思うだろう」と記している。

また、ストーンの夫もアンソニーに対して、トレインと同盟を組んだことは「女性の投票権はもとより、黒人の投票権の運動にとってもとり返しのつかない損害を与える」ことになると警告した[17]。

だがアンソニーは、女性が投票権を得られないのなら黒人にも与えられるべきではないという過激な考えを改めようとはしなかった。アンソニーは、トレインから資金を受けて婦人参政権の新聞をつくり上げた。

ストーンやアンソニーたちがみなで活動を行なっていた「全国男女平等権利協会」は、このことで評判に傷がついてしまった――そう思ったストーンがアンソニーに詰め寄ると、アンソニーはむきになっていった。

「何が気に食わないかわかってるわ。私は新聞があるけれどあなたにはないから、嫉妬して、頭にきているんでしょう」

スタントンもアンソニーの肩をもち、トレインと手を組むというアンソニーの決断を支持した。「悪魔そのものから支援を受けるのは悪いことではないし、かしこいことよ。向こうがこちらの基準を下げようというのではないのだから」

トレインとの同盟はダメージになった。カンザス州は婦人参政権をはじめてとり入れる州になるはずだったが、投票で負けてしまった。それに黒人参政権の提案でも敗北を喫《きっ》した。内部の人間の多くが、この二つの敗北はトレインと同盟を組んだことにあると考えた。

それから数年後、スタントンとアンソニーは自分たちだけの組織を立ち上げた。だが、過去の失敗から学ぶことはなく、「婦人参政権を支持する人なら、誰でも仲間だ」という極端なスタンスを改めようとはしなかった。

そして婦人参政権運動に暗雲を投げかける別の同盟がつくられた。スタントンがビクトリア・ウッドハルと手を組んだのだ。ウッドハルは、女性ではじめてアメリカ大統領に出馬した活動家だったが、彼女の過激な主張で婦人参政権運動がおとしめられることになってしまう。

ウッドハルには過去に売春婦や偽セラピストであったという経歴があり、性の解放を訴えていた。自分には「誰にも奪うことのできない、法で定められた、そしてもって生まれた権利がある。その権利とは自分で愛する人を選ぶ権利、愛する期間を自分で決める権利、もし自分がそうしたいと考えれば毎日でも愛する人を替えられる権利だ」と公言したのだ。

婦人参政権の反対派はウッドハルの姿勢を証拠として引き合いに出し、婦人参政権運動の目的は選挙権ではなく、じつは無節操な性的関係にふけることにあるのだと主張した。

この同盟のせいで、メンバーがごっそりとアンソニーとスタントンの組織から抜けてしまい、参加者不足で会議が開けないという状態に陥ってしまった。協力的だった議会議員さえも、選挙権を求めることは保留しろと婦人参政権運動家たちに忠告したほどだった。

スタントンは節度のある過激さの重要性に気づいていなかった。

彼女が、内部の人間と外部の人間とでは同盟に対する認識がまるっきり違うのだということを見落としていたため、かつては味方だった人たちや、味方になる可能性のあった多くの人たちを追いはらってしまった。

スタントンの過ちは、経営管理研究家ブレイク・アシュクロフトとピーター・レインゲンによる研究によって解明されている。

アシュクロフトらは、**内部の人間が考える同盟の代表者と、外部の人間が考える同盟の代表者とでは明らかな違いがある**ということを見いだした。

内部の人間にとって、組織を代表するキーパーソンとは、組織の中心にいてグループともっとも密接にかかわっている人物だ。婦人参政権運動家にとっては、その人物とは明らかにスタントンやアンソニーである。

しかし**外部の人間にとっては、グループの代表者とはもっとも極端なものの見方をする人**だ。ウッドハルがその人物だった。

ウッドハルの個人的なスキャンダルは、婦人参政権という運動そのものよりも大きく目立ってしまった。そのため、「女性の性における自立」という過激な考えには賛同しないものの、「投票権を得る」という比較的穏健な考えには寛容であった多くの人たちを、遠ざけてしまったのである。

誰を見切り、誰を味方につけるか

映画『ゴッドファーザー　PARTⅡ』で、主人公のマイケル・コルレオーネはこうアドバイスしている。「友はいつも近くに置け。だが、敵はもっと近くに置け」

しかし、「友」にも「敵」にも当てはまらない人たちについてはどうすればよいのだろうか？

研究によると、人間関係は独立した二本の軸でとらえる必要があるらしい。つまり一本は、その人との関係がいかにプラスなものであるかという軸で、もう一本は、その関係がいかにマイナスなものであるかという軸だ。

そして、純粋にプラスの関係と、まったくもってマイナスな関係のほかに、プラスでありマイナスでもある関係というものもある。心理学者はこのような関係を「両価的な関係」と呼ぶ。**「フレネミー（フレンドとエネミーを足した造語）」**という呼び名なら聞いたことのある人もいるだろう。**ときには応援してくれるが、またあるときは邪魔をしようとする人たち**のことだ。

スタントンやアンソニーと、ストーンとの関係は、とても両価的なものであった。ストーンは、スタントンの知恵やアンソニーの勤勉さに感心していた。実際、実りの多い協力関係だったことを示す記録もある。だがもう一方で、婦人参政権運動の社会的地位を脅かすことになったアンソニーやスタントンの「狂った友人」との関係や「ワイルドな同盟」には反対していた。

しかもアンソニーとスタントンは二枚舌を使うことが多かった。人種差別的な後援者を褒め称える広告に、許可なくストーンの名で署名したこともあった。

その後、一八六九年の秋にストーンがスタントンにこう手紙を書いたことがある。「婦人参政権にかかわる〝すべて〟の仲間が精力的、積極的に協力すれば、どちらの組織も単独で活動するよりも、たくさんのことを成し遂げることができる」さらに、「私たちの組織は、けっしてあなたたち組織の敵にはならない」といってスタントンを安心させようとした。

にもかかわらず、ストーンの組織の結成が発表された総会で、アンソニーはスタントンが会長に選ばれるよう巧みに誘導する企てをしたのだった。ストーンがアンソニーを演壇に招くと、アンソニーは、ストーンがアンソニーの組織を「無効にしてつぶそうとした」と非難して、しめくくったのだ。

にもかかわらず、一八七二年にスタントンはストーンに近づくと、「過去は過去。目的の前では個人的なこともすべて水に流しましょうよ」といってしきりに和解を提案してきた。そこでストーンは和解の方向へと少し歩み出し、スタントンの記事やスピーチをストーンの新聞に載せるなどした。

すると今度は、アンソニーから手紙が届いた。「協力して運動をする」ことを提案するものであった。そしてストーンをロチェスター市に招くと、「私たちみんなが合わさって一人の偉大な女性になったつもりで、問題に決着をつけようではありませんか」と提案したが、ストーンは同意しなかった。

あとになってみれば、ストーンが提案を拒んだことは頑固さゆえの間違いだったということもできる。ストーンがアンソニーの提案を受け入れていれば、二つの組織は選挙権を実際より何年も早く勝ちとっていたかもしれない。しかし、「両価的な関係」がストレスになりうることを考えてみれば、ストーンが抵抗をしたことはかしこい選択であったともいえる。

ミネソタ大学の経営管理学教授であるミシェル・ダフィーは、警察官を対象にしたある研究を行なった。

研究では、警察官がもっとも親しい同僚に意地悪をされた頻度と協力された頻度、そしてストレスレベルや欠勤日数を調査した。

当然のことながら、マイナスな人間関係はストレスになっていた。もっとも近しい同僚から邪険にあつかわれたと感じると、仕事に専念しにくくなり、許可なく休憩をとることが多くなり、さらには欠勤が増えていった。

では、憎たらしい同僚が、ときには協力的だったらどうなるだろう?

結果はよくなるどころか悪くなってしまったのだ。同一人物に意地悪くされたり協力されたりすることで、意地悪をされるだけのときよりも、さらに仕事に専念しにくくなり、欠勤が増えてしまった(18)。

明らかにマイナスな関係は不快なものだが、相手の出方の予想はつく。つまり、ある同僚がつねに意地悪なのだとすれば、距離をとり、最悪の場合を想定して備えることができる。しかし両価的な関係となると、いつも身構えていなくてはならなくなる。この人をいったいいつ信用したらいいのだろうかという疑問と、たえず格闘しなくてはならないのだ。

ダフィーのチームの説明によると、「態度が一貫しない人とのつき合いは、感情的なエネルギーを消耗し、うまく対処するための方策がより多く必要となる」とのことである。

さらに一連の研究で、心理学者のバート・ウチノは、両価的な関係はマイナスな関係よりも肉体的にも不健康であることを発見した。ある研究では、両価的な関係が多いほどストレスを感じたり、うつになったり、人生に不満を感じたりする割合が高くなるという結果が出た。

また別の研究では、高齢者に、自分の生活のなかでもっとも大切な人一〇人との人間関係を評価してもらい、不安を生じさせるような二つの課題を行なってもらった。

一つはほとんど準備なしでのスピーチ、もう一つは次々と計算をこなしていくテストだ。両価的な関係の多い被験者は、二つの作業の両方で心拍数が激増していた。

ストーンは、両価的な関係の人と同盟を組むことの危険性をわかっていた。

一八七一年には、「あの人たちとは手を組まないほうがいい……彼女たちは以前敵だったの

その人は、敵か味方か？

マイナス度 ＼ プラス度	低	高
低	顔見知り：無関心	友人：つねに協力的
高	敵：つねに邪魔をする	フレネミー：両価的

だから。私たちの友だちかどうかわからない」と記している。

アメリカ研究の専門家であり伝記作者でもあるアンドレア・ムーア・カーは、「ストーンは、スタントンとアンソニーの行動を予想することも、コントロールすることもできなかった」と述べている。

明らかに害になる関係を断ち切り、両価的な関係をなんとか維持しようとするのが私たちの本能だ。だが、本能とは反対のこと、つまり**「フレネミー」を切り捨て、敵を味方にするようにしたほうがいい**という証拠がある。

現状を打破しようというときに、人は敵を無視することがよくある。

変化に抵抗している人がいたとしたら、その人に時間を費やすことはムダだ。その代わり、すでに協力してくれている人とのつながりを強めることに力を入れたほうがいい、と思うのであろう。

だが、ずっと私たちに協力的だった人たちは、最高の味方にはならない。**最高の味方になるのは、はじめは反対していたが、しだいに味方になってくれた人たち**だ。

半世紀前、著名な心理学者であるエリオット・アロンソンは、ある実験を行なった。その実験の結果、人は尊敬の度合いよりも、尊敬を得ることや失うことに対してより敏感であることがわかった。

自分にいつも協力的である人に対しては、それを当たり前のこととして考え、軽視してしまう。しかし最初はライバルだった人が熱心な協力者になった場合は、本当の支援者であると考えるのだ。

「時間が経つにつれて自分への好意が増した人たちのほうが、いつも自分に好意をもってくれていた人よりも好まれる傾向にある」とアロンソンは説明する。

「当初は自分に対して否定的な感情を抱いていた人がしだいに肯定的になっていくほうが、つねに肯定的な感情をもち続けていた人より価値があるものだと感じる」ということだ。

改心したライバルに対してこちらは強い親近感を覚えるが、はたして相手も同じように感じるのだろうか？　答えは「イエス」だ。

そしてこれが、抵抗する人たちを味方にすることの二番目の利点といえる。相手は、こちらを好きになろうと、当初抱いていたマイナスの印象を克服するために、とりわけ努力をしなくてはならないからである。

「あの人のことを勘違いしていたんだ」と自分自身にいい聞かせ、さらに、心理的には、ふたたび認知が矛盾して決心が変わらないようにと、ポジティブな関係を維持しようとがんばるようになる。

三つ目の利点でもあり、もっとも重要なのは、元アンチこそが運動へ参加するよう他者をうまく説得できるということだ。

元アンチは、抵抗する人や傍観者の疑う気持ちや不安がわかるから、説得力に長けている。

また、信頼のおける情報源でもある。あなたの信奉者でもなければ、「イエスマン」であったわけでもないからだ。

アロンソンの研究の一つでも、はじめは否定的だったが、のちに肯定的になった人がいちばん説得力のある人だった。

企業の重役を対象としたこんな研究結果もある。彼らは自分以外の重役のうち、最初は自分の意見に反対していたが、やがて同調してくれた役員の影響を受けがちだということがわかっている。最初は反対していたが、やがて同調したということはつまり、「自分たちの意見は、批判的な追及に耐えうる」ことが証明された形になるからだ(19)。

ストーンは敵を避けるのではなく、敵を探し出して積極的にかかわった。

その一人に著名な詩人ジュリア・ウォード・ハウがいる。ハウは婦人参政権の会合に招かれていたため、本人いわく「反抗心をもちつつ」気乗りしないまま参加した。ストーンのことは「好きになれない人」の一人と考えていた。

だがストーンの演説を聞いてからは、ストーンの親しい友となり、婦人参政権運動の偉大なリーダーの一人へと変わっていった。

一八五五年、一人の野次馬が総会の邪魔をしたことがあった。

婦人参政権運動家は結婚には向いていない、婦人参政権運動は「少数の失望した女たち」のものであると悪口《あっこう》を浴びせたのだ。ストーンはその野次馬を無視するのではなく、みずからの演説のなかで直接その野次馬に言及し、観客たちの拍手喝采を浴びた。

最後に発言された方は、この運動は、少数の失望した女たちのものであるとおっしゃいました。私の記憶にあるかぎり、私はずっと失望した女でした……仕事を探していたときも……教職や、お針子、家政婦といった仕事以外はどの職も、その門戸が閉じられていたからです。

学問においても、結婚においても、宗教においても、何事においても、多くの女性が失望してきました。ですから、女性がこれ以上失望に屈服することがなくなるまで、すべての女性の心に失望を深く刻み込むことを、私のライフワークにしたいと思います。


ストーンが奴隷制度廃止演説の開催を知らせるポスターを張りながら歩き回っていると、若い男たちがそのあとからどんどんポスターを破ってはがすことがよくあった。そんなときストーンは、その男たちに「お母さんを愛していますか?」と尋ねる。

「もちろん」と男たちは答える。「妹やお姉さんは?」「当たり前だ」と男たちはまた答える。

すると、ストーンはこう説明するのだ。

「南部ではあなた方と同年代の男性が奴隷として売られていて、もう二度と家族に会うことはできないのですよ」

前出のアメリカ研究の専門家カーはこう説明している。「ストーンは、その夕方に行なわれる講演に彼らを〝特別ゲスト〟として招待した。このようにして道でスカウトした男たちは、ほかの厄介者が起こす事態を治めてくれたので、とてもいい味方になった」

一八五〇年、フランシス・ウィラードというある大学生は、ストーンが街にやってきたときに「私は彼女の考え方が好きになれない」と日記に書き記していた。保守的な考えをもっていたウィラードは禁酒運動に加わったが、何年か後には婦人参政権運動においてもっとも影響力のあるリーダーの一人になっている。その心境の変化は、ストーンの影響によるものだとウィラードは回想している。

> アンソニーやストーンのことをひどく恐れていたときのことを、私は覚えています。でも今では彼女たちを尊敬しており、彼女たちのような女性と巡り会えた幸運は言葉ではいい表わせません。
>
> 彼女たちは私のような臆病者を連れ出して、世の中の一員にしてくれたのです。彼女たちが道を切り拓いてくれなかったら、私たちはそこへ行ってみようと思いもしなかったでしょう。

一八七六年、ウィラードは、婦人参政権運動家を禁酒運動家と連携させるとり組みを主導した。はたしてウィラードは、どのように保守的なキリスト教禁酒連合のメンバーたちを説得し、リベラルな婦人参政権運動家と手を組ませたのだろうか？

『ライオンキング』をお蔵入りから救ったひと言

一九九〇年代初頭、映画の脚本家たちが、新しいコンセプトをもとにアニメ映画をつくろうとしていた。

脚本家たちは、昔ながらのディズニーの『シンデレラ』や『白雪姫』といったヒット作品から離れ、真新しい物語をゼロから書きはじめることにした。

スタジオ主任のジェフリー・カッツェンバーグはこの案に懐疑的で、同僚には実験的な試みだと説明していた。「自信など誰にもありませんでした」とロブ・ミンコフ監督は回想している。「ディズニーではB級映画あつかいでしたね」

しかし、この企画は最終的に映画『ライオンキング』として完成し、一九九四年には最高興行収入を記録し、二つのオスカー賞とゴールデングローブ賞を受賞した。二〇一四年までには、『ライオンキング』の収入は一〇億ドル（約一〇〇〇億円）に達していた。

独創的なアイデアの多くがそうであるように、『ライオンキング』も、あやうくお蔵入りになるところだった。シカの代わりにライオンが主人公の「アフリカ版『バンビ』」だとみなされ、脚本の初稿がボツになると、五人の脚本家は集まってもう一度物語を練り直すことにした。

二日間話し合いを続け、互いにアイデアを出し合い、王位の継承を題材にした壮大な物語を編み出した。こうしてでき上がったものを、ディズニーの重役たちに見せた。

まず反応を示したのはCEOのマイケル・アイズナーだったが、彼にはピンとこなかった。理解しようとしてアイズナーはいった。「これを『リア王』ふうにできるかな?」

偶然にもミンコフ監督は、数週間前にシェイクスピアを読み返したところだったため、『リア王』のコンセプトではピッタリこないのだということを説明した。すると部屋の後ろから、モーリーン・ドンリーという名のプロデューサーが、別のシェイクスピア作品をあげた。「いや違う。これは『ハムレット』ではないでしょうか」

すると急に全員がピンときたようだった。「みんなから、ああわかった、というような、安堵のため息がもれました」と、ミンコフ監督はいう。

「もちろん『ハムレット』です――おじが父親を殺して、息子が父のかたきをとらなくちゃいけないんです。これはライオン版の『ハムレット』なんです」

この運命の瞬間、映画にゴーサインが出たのだった。

『ライオンキング』を編集室のゴミ箱行きから救ったものは何だったのかを知るために、私はスタンフォード大学で創造性の研究を行なっているジャスティン・バーグに話を聞いてみた。

脚本家はライオンを出発点としたのがよかったのだ、とバーグは説明する。もし『ハムレット』を土台にしていたら、シェイクスピアのまがい物をアニメにしたものができ上がっていただろう。まったく新しい枠組みを出発点として創作をはじめたことが、オリジナリティのカギになったのだ。

バーグはある実験で、大学生がうまく就職の面接を乗り切れるような新製品の設計を、被験者に指示した。まずは三穴バインダーのようななじみのあるアイデアからはじめて、それから何か新しいものを考えるようにいった。出された最終的なアイデアを書店のマネージャーと客たちに見てもらうと、「ごくふつう」という評価だった。

バーグによると、発想の出発点は、画家がキャンバスに描く最初の一筆と同じようなものだという。つまり、最初の一筆で残りの絵がどうなるかが決まってしまい、私たちの想像が制限されてしまうのである。

先の実験では三穴バインダーを出発点としたために、被験者は履歴書用のポケットがついたフォルダーや名刺入れなど、革新というにはほど遠い、凡庸な製品へと流れてしまった。

何か独創的なものを考え出すには、なじみのないものを出発点とする必要がある。

三穴バインダーの代わりに、バーグは一部の被験者に奇抜な出発点を与えた。ローラースケートだ。すると被験者は、もはやありきたりのアイデアにはとらわれなくなった。オリジナリティという評価基準で、三七パーセント以上もスコアの高いアイデアを出したのだ。

ある被験者の思いつきはこうだった。面接を受けているときに時間がどのぐらい経ったのかがわかりにくいことが多く、かといって時計を見たり、面接官から目線を逸《そ》らしたりして失礼な態度だと思われたくない。

そこで提案した解決法は、触れると時間がわかる時計だ。ローラースケートの車輪のような部品でできており、時間の経過とともに形や手触りが変わるというものだ。

しかし、出発点が奇抜であるとアイデアのオリジナリティが高まるが、そのアイデアが必ずしも対象者の好みに合ったり、実用的なものであったりするとはかぎらない。

ローラースケートは、こっそりと時間を計るという創造的なアイデアにはつながったが、よく考えれば、腕時計をギュッと握るというのはおかしな行動である。

バーグはこの問題点を解決するため、今度は被験者にローラースケートという奇抜な出発点を与えつつ、少し工夫を加えてみた。被験者がアイデアを考えたあとに、面接の際によく使われているいくつかの品物の写真を見せたのだ。失礼のない方法で時間を知りたかった先述の被験者は、これによってアイデアを大きく発展させた。

面接でおなじみの品物の写真を見たあとでは、触れると時間がわかる時計の代わりに、触れると時間がわかるペンを設計したのだった（左ページ参照）。

奇抜なものを出発点とし、それに親しみやすさを加えたものがもっとも確実なアイデアである。

これには、パート3で触れた「単純接触効果」が活かされている。奇抜な出発点のあとに親しみやすさをとり入れたアイデアは、実用性が平均一四パーセント高く評価されており、独創性が犠牲にされることもなかった。

バーグが指摘するように、この実験をローラースケートではなくペンを出発点としていたら、おそらくふつうのペンにかぎりなく近い製品しかできなかっただろう。だがローラースケート

「触れると時間がわかるペン」のアイデア

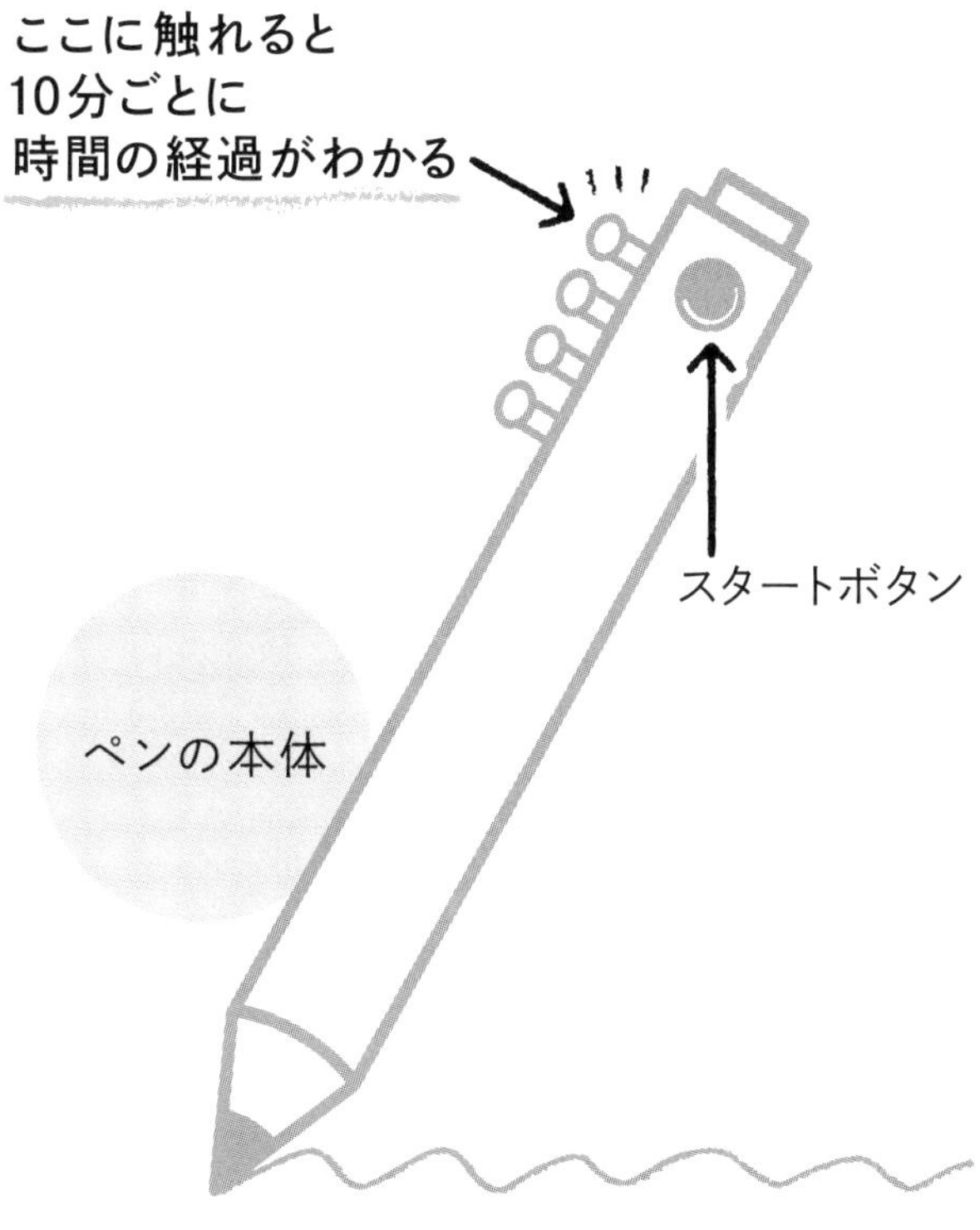

のように、就職の面接という状況下では考えつかないようなものからはじめ、ペンというなじみのあるものに引き寄せることによって、斬新かつ実用的なアイデアを生み出すことができたのだ。

『ライオンキング』の場合においても、プロデューサーのドンリーが脚本を『ハムレット』のようではないかとひらめいたとき、同様のことが起きた。『ハムレット』というなじみのある単語が加わったため、重役たちは奇抜な脚本を古典的な物語と結びつけて考えることができた。『ハムレット』からヒントを得ることにした制作チームは「生きるべきか死ぬべきか」に相当する場面が必要であると感じ、年老いたヒヒのラフィキが主人公のシンバに自分が何者であるか自覚することの大切さを教える、というシーンをつけ加えたのだった。

婦人参政権運動の場合も、禁酒運動家たちが参加したのは、禁酒連合の新しいリーダーが、なじみのある要素を加えたからだった。

バンダービルト大学の社会学者ホーリー・マッキャモンは、婦人参政権運動家は、投票権の獲得という目的を達成するために、主に「正義」と「社会改革」の二点を主張していたことを明らかにしている。

男女の公平さと、女性には投票をするという奪うことのできない権利があることを主張するとともに、社会的利益に焦点を合わせ、人を育てる能力に長けていて家庭的、かつ道徳心のある女性はアメリカをよりよくするということを強調したのだ。

だが女性キリスト教禁酒連合（ＷＣＴＵ）は、それらの主張には耳を傾けなかった。なぜなら、ＷＣＴＵは伝統的な男女の役割分担にしがみついており、女性は男性と平等であるという考えを拒んだからである。それに、保守的な禁酒運動家は「変化」ではなく「安定」を求めていたため、社会変革にも興味はなかった。

そこでＷＣＴＵのリーダーとして登場したばかりのフランシス・ウィラードは、宣伝文句をうまく工夫して広く受け入れられるようにしたのだった。

相手を説得するな、共通項を探せ

ウィラードは、「正義」や「社会改革」を求める主張も行なわず、それどころか、問題を「女性の権利としての投票」というふうに提起することさえしなかった。「家庭を守るための投票」として議論を展開したのだ。

ウィラードは婦人参政権を「飲酒という暴虐から家庭を守るための武器」ととらえていた。ＷＣＴＵのメンバーにとって、家庭を守ることはなじみのある目標だったため、それを出発点とし、目標達成の手段として婦人参政権を引き合いに出した——禁酒運動家がアルコール乱用と戦うためには、投票できなくては話にならないからだ。

歴史家のベイカーは次のように記している。

ウィラードの主張は「家を守る」という宗教的な考え方に働きかけたもので、婦人参政権へのアプローチとしては間接的ではあったが、こうすることによって、アメリカ国内で強い力をもつ二つの女性改革運動をつなげることができた。アンソニーとスタントンにとっては、婦人参政権は万人共通の、生まれもっての必須の権利だったが、ウィラードにとっては、家庭にいる女性にうまくアピールするための道具だったのだ。

社会学者のマッキャモン率いるチームが、WCTUと婦人参政権運動家との四〇年間の同盟を研究したところ、婦人参政権運動家がある州で「正義」の主張をしても、その翌年にWCTUとの同盟が成立する可能性が増加したというデータは見られなかった。実際に同盟が成立する可能性は、むしろやや少なくなったのだ。

ところが、婦人参政権運動家が「家庭を守るための投票」という考え方を提示すると、その州でWCTUと手を組むようになる確率はかなり増加し、最終的に、その州で女性の投票権が認められる確率も明らかに増加したのだった[20]。

結局、ウィラードのリーダーシップのおかげで、いくつかの州で女性はすべての投票権を獲得。そして一九もの州において教育委員会選挙の投票権を手にすることができたのだった。「家庭を守るため」という議論は、西部においてとくに功を奏した。合衆国憲法修正第一九条で全投票権が女性に認められる前に、西部の州や準州の八一パーセントで婦人参政権を認める法律が可決された。それに比べ、東部では二つの州で可決されたのみで、南部にいたっては皆無だった。

しかし、バーグの研究を見れば、「女性たちが家庭を守る」というありきたりの目標からはじめていれば、「投票」という側面には考えもおよばなかったかもしれないということがわかる。

今までにない独創的な突破口をつくるには過激な考え方が必要なときもある。しかし、その次には広く聴衆に届くような節度のあるパイプ役が必要になる。

ウィラードが、禁酒運動家から信頼を獲得していたのは、宗教的なエピソードに触れるなど、参加者たちが安心できるようなアイデアを演説に盛り込んでいたためだ。

ウィラードはパイプ役としての、節度のある過激派の典型例だった。運動に加わるよう説得するウィラードの行動からは、学べることが二つある。

一つ目は、「価値観」に関する見方を変えなくてはならないということ。相手も自分たちの主義に賛同するはずだと決めつけたり、自分たちに合わせるように説得したりせずに、こちらの価値観を、相手の目標を達成するための方法として提案するのだ。

他者の価値観を変えさせるのはむずかしいが、自分たちの価値観と相手がすでにもっている価値観の共通点を探し、結びつけるほうがずっと簡単である。

二つ目は、学生で起業家のメレディス・ペリーが無線の電源をつくり出すという本当の目的を隠したことからもわかるように、ものごとに透明性があることはつねにいいこととはかぎらないということだ。

仲間に引き込む相手とは正直に接したいところであろうが、時として、**自分のアイデアを聴衆受けするものに「構成し直す」必要がある**。だからウィラードは、投票権を得るという真の目的を、「アルコールから家庭を守る」というおなじみのテーマに忍ばせたのである。

しかし、ウィラードが働きかけた全グループに、その主張が功を奏したというわけではなかった。その他の人たちを婦人参政権運動に参加させるには、「家庭を守る」という主張ではおとなしすぎた。男女の役割分担における平等を好む、もっと急進派の人々もいたからだ。

マッキャモンの研究によると、婦人参政権を単にほかの目標へ到達するための方法ではなく、一つの目標として浸透させるには、いわゆる「ゴルディロックス」の提案が必要だったという。つまり、「社会改革」を求める適度な主張だ。

運動のリーダーが「参加者たちを募るには、既存の文化と現状打破の文化とが共鳴し合うよう、適切なバランスをとらなくてはならない」のである。

婦人参政権運動家が正義を求める主張をしたり、家庭を守るための主張をしたりしても、州の婦人参政権組織の会員数は変化しなかったが、「いかに女性たちが社会をよくできるか」を強調するとその数は急激に増え、婦人参政権法の可決件数も急増したのだった。

「誰もがオリジナリティを求めているものですが、最適なツボというものがある。とがったオリジナリティがある程度ないと、つまらなくなります。逆にオリジナリティが強すぎると、周囲が理解するのがむずかしくなることもある。**目標は限界の枠を広げることであって、限界を破壊することではない**のです」とミンコフ監督は説明する。

ストーンは一貫して、婦人参政権運動に参加している女性に対する演説では、「正義と平等」に言及し続けた。だが、外部の人たちに訴えかけるときには、「社会変革」を求めることには慎重になりながら、より伝統的な男女の役割分担を尊重するよう配慮を欠かさなかった。

一八五三年、無礼な聴衆が女性の権利について話し合う会の進行を邪魔したことがあった。するとストーンは壇上に立ち、「正義」を訴える代わりに、「女性の家庭内における貢献」をはっきりと主張した。

「家庭という王位につき、愛、思いやり、平和といった美徳を分け与え、世界をよりよくするために働いている立派な男性たちのもとへ美徳を捧げている女性は、どの王よりも高い地位にあるものと私は思います」

ストーンは、女性にはさらなる貢献ができるのだということを示し、女性と男性を比べないよう注意をしながら、女性も職についていることを説明した。

ストーンが大臣になった女性のことを話しはじめると、聴衆はやじを飛ばしたが、彼女は家庭における女性の役割を聴衆に思い起こさせるようにこういった。

「今、やじを飛ばした男性は、きっとお母さまが分別《ふんべつ》を教えてくださらなかったのですね」

交渉は誰がやるべきか

二〇年にわたる対立のあと、二つの婦人参政権組織はようやくまとまりを見せはじめていた。スタントンとアンソニーは、一〇年以上も過激な同盟関係を組むことを避けており、市民の教育に尽力していた。

スタントンは、婦人参政権運動の歴史書の執筆を指揮し、アンソニーは国内を回って講演やロビー活動を行ない、禁酒運動家たちと同盟を組むことや、婦人参政権に焦点を合わせた節度ある運動をするという点で、ストーンと価値観をともにしていた。

何年も前になるが、イスラエルとパレスチナの対立を研究していたハーバード大学の心理学者ハーバート・ケルマンは、**二つの異なるグループ間の対立は、それぞれのグループ内における対立により生じ、激化している**ということを解明した。

ストーンの組織内では、アンソニーやスタントンとふたたび同盟を結ぶことが好ましいということで意見が一致していたが、アンソニーとスタントンの組織内では紛争が起こっていた。

ストーンは敵を味方に変えることに長けていたが、組織の統一に向けて交渉すべき人物ではなかった。

ストーンとアンソニーのように互いに対する不信感が根深い場合、同盟ができ上がるかどうかは、問題の火種である組織のリーダーではなく「避雷針的な、バランスのとれた人物」に交渉させることがカギだ。ブレイク・アシュクロフトとピーター・レインゲンは、そのようなソフトな人物を起用していたなら、各組織のメンバーは仲間割れの原因を、スタントンの過激さのせいにすることができたかもしれないと指摘する。

また、それによって「対立の原因を互いの組織の指導者のせいにすることができ」、その間に「相手組織の一般のメンバーたちと協力する」足場ができたかもしれないとも述べている。

さらに、紛争の最前線での駆け引きに、強硬派の人物を送り込むことは効果がないということをケルマンが指摘している。

必要なのは互いのグループの穏健派が互いの考えに耳を傾け合い、共通する目標や手法を見つけ、協力して問題解決に当たることである。[21]

ストーンとアンソニーは、**強硬派を話し合いから排除することが重要**だと感じていた。

そして、それぞれの組織から七人ずつメンバーを選び、共同委員会を立ち上げることを決めたが、ひどい内輪もめが起こったせいで、ようやくコンセンサスが得られたとき、委員会の原則はストーンとアンソニーがあらかじめ決めておいたものからかけ離れてしまっていた。しかも、ストーン側の委員たちはそれに意見する権利がなかった。

一八九〇年、統一を図ろうととり組んで三年が経っていた。ストーンは団結することのむずかしさと後継者にバトンタッチすることの重要性を感じていた。

ストーンの娘と夫は、同盟の規定をアンソニーの委員会と協議することに成功し、二つの組織は一つになった。アンソニーは、節度を保った過激派であることの価値をようやく理解したようだ。

アンソニーとスタントンは、ストーンと仲直りすることはけっしてなかった。しかし、ストーンの貢献はあまりにも大きかったため、ストーンが亡くなったときには彼女について熱っぽく語っている。「五〇年にわたる婦人参政権運動のなかで、聴衆の前に出てみんなの心を溶かしてしまうような女性は、ストーンのほかにはいなかった。ストーンはほかに類を見ない女性です」アンソニーはこうキッパリといった。

スタントンの目にはこう映っていた。「アメリカの女性の死で、これほどまでに一般市民の尊敬を集めたのはストーン以外に誰もいませんでした」

ストーンは、「女性の不当なあつかいに対して国民の心を動かしたはじめての人物です」。そして、スタントンとストーンのあいだにかつて見られた意見の不一致は、ストーンが「自分に対する不当なあつかいよりも、奴隷への不当なあつかいを重く感じていたからです。そして私自身の哲学はといえば、もっと独りよがりでした」と語った。

「過去を思い出せない者は、過去の失敗をくり返すよう運命づけられている」と哲学者のジョージ・サンタヤナは記しているが、アメリカの婦人参政権運動においては、少なくとも二つの例でその言葉どおりになってしまったようだ。

一八九〇年のこと、アンソニーの組織内の二人のメンバーは、アンソニーが全国的な組織をつくり、ソフトになろうとしていることに激怒した。そして組織から分裂して敵対するグループをつくり、統一化を図ろうとする動きを阻止しようとしたのだ。アンソニーとスタントンはその攻撃を鎮めたが、後継者たちに「わずかな違いが生み出すナルシシズム」について忠告しておかなかった。

二〇世紀に入ってまもなく、晩年に差しかかっていたアンソニーとスタントンは、婦人参政権運動の全国組織のリーダーの座をキャリー・チャップマン・キャットに譲り渡した。キャットは当時、禁酒運動の活動家であり、ＷＣＴＵのメンバーでもあった。

だが、より過激なアリス・ポールという女性は、講義や執筆活動を行なったり、ロビー活動をしたりといった控えめな手法に満足せず、より大胆な行動を主張した。ポールはハンガー・ストライキを開始し、キャットのどっちつかずの立場を拒み、民主党のせいで参政権を得ることに失敗したと非難したのだ。そのあまりにも過激な行動から、ポールは婦人参政権運動の全国組織から追放され、一九一六年にみずから組織を立ち上げた。

一九一八年の時点で、同全国組織は一〇〇〇万人以上のメンバーを擁していたが、ポールの組織にはたったの一万人しかおらず、先達者と同じくアフリカ系アメリカ人との同盟を避けていた。ポールの組織はホワイトハウスと、当時のウッドロウ・ウィルソン大統領を揶揄《やゆ》していたが、もしかすると、それがある程度の効果をもたらしたのかもしれない。

「だがむしろ、進歩的ながら過激ではないキャットのリーダーシップこそが、最終的にウィルソンが合衆国憲法修正第一九条を支援することにつながった」と、ある傍観者が記している。

一八九三年、ストーンは息を引きとる間際にこう娘にささやいた。

「世界をよりよいものにして……」

合衆国憲法修正第一九条が制定されるまでには、それから二七年かかった。だが、全国の女性が完全な投票権を手に入れたときは、ストーンの足跡《そくせき》が、力強くありありと見てとれた。アメリカ研究の専門家カーはこうまとめている。

「ストーンが残した組織のモデルはキャットによって受け継がれ、最終的に一九二〇年の修正条項の可決という、成功への道につながったのだ」

独創《オリジナル》へのステップ

PART 6

「はみ出す人」こそ時代をつくる

どこに可能性が隠されているか

「僕らは、弟を監視しているのではなく、
むしろありとあらゆる意味で、弟をつくり上げているのだ」

ハリー＆ボナロ・オーバーストリート
（作家、心理学者）

盗塁王の「一歩踏み出す勇気」

そのほんの少し前、彼は静かにサードベースに立ち、帽子の位置を直した。そして今、横向きの姿勢で、サードベースからヒラリと離れる。ホームベースに向かう準備は整った。

彼は、数々の選手のなかでもとくに秀《ひい》でた選手で、以前にもこういう状況に立たされたことがあった。これまでに四度、チームをワールド・シリーズに導いており、四度ともヤンキースに敗れていた。「今度こそ」と彼は願う。

今日は、五度目になるヤンキースとの優勝決定シリーズの第一戦で、現在八回、四対六で負けている。ツーアウトとなり、彼の心は揺れている。他の選手たちをあてにしてホームに帰るチャンスを待つか、それとも一か八かで盗塁するか？

盗塁は、大きな賭けだ。チームが得点する確率は三パーセント足らずしか増えないにもかかわらず、肉体的には痛い思いをすることもある。

ホームへの盗塁となると、さらにリスクが高まる。ボールを投げる野手はすでにホームベースのほうを向いており、投球が簡単なためだ。野手がたった一八メートルほど先へボールを投げているあいだに、二七メートルほども走らなくてはならない。つまり、ボールを追い抜かなくてはならないということを意味する。さらに、ホームへの盗塁でケガをする確率は、ほかのベースへの盗塁と比べて四倍にもなる。

二〇一二年の全シーズン中、ホームへの盗塁を試みた選手はたったの三人であった。野球史上における盗塁王、リッキー・ヘンダーソン選手は、現役期間中に一四〇〇回以上の盗塁をしたが、純粋にホームベースを狙った盗塁は一回のみだ。

史上二番目の盗塁王ルー・ブロック選手は、盗塁に成功した九三八回のうち、ホームへの盗塁はただの一度もない。

ところが、この男は違う。現代の野球史上、ホームへの盗塁の最多記録をもっている――その数一九回だ。一世紀ほどのあいだに、ホームへの盗塁数が二ケタ台に上ったのは、彼以外には二人のみである。

リーグ最多の盗塁を二度も勝ちとった経験がある選手だが、彼がホームへ盗塁しようと決断したのは俊足だからという理由だけではない。

三六歳といえば、もうとっくに全盛期は越えている。そして、レギュラーシーズンの三分の一をケガで休場していた。六年前には、一シーズンで三七回の盗塁をしていたが、今では直近の二シーズンを合わせても、盗塁数は以前の半分に届くかどうかというところだ。

髪には白髪が混じり、体重も増えた。スポーツ記者には「太っちょの白髪じいさん」と呼ばれている。過去には四番打者だったこともあるが、今では七番にまで下がってしまった。そして来年にはおそらく引退だ。

足の速さは過去のものになっていたが、ほかの人だったら立ちすくむようなところで行動を起こすという生き方をずっとしてきたし、ここでそれをやめるつもりもなかった。タイミングを見計い、前に突っ走る。

ホームベースに滑り込んだ瞬間、キャッチャーが腕を伸ばして彼に触れた。しかし、審判が下した判定はセーフだった。

結局、この盗塁の影響は小さく、遅きに失してしまった。チームはこの第一戦で、ヤンキースに勝利を許してしまったからだ。だが、彼のこの奮闘が象徴的な役割を果たした。チームはその後シリーズを勝ち進み、悲願の優勝を手に入れたのだった。

数年後、あるジャーナリストはこの選手の功績を振り返り、ホームに盗塁を試みたことについて、「彼の野球生命のなかで、二番目に大胆な行動」だと記している。

一つ目とは、肌の色の壁を乗り越えたことだ。

この選手、ジャッキー・ロビンソンは、一九四七年にメジャー・リーグ初の黒人選手となった。以後、ともにプレーしたり対戦することを拒む人種差別的な人たちや、わざとスパイクでケガをさせたりする相手チームの選手、そして嫌がらせの手紙や殺害の脅しに、勇敢に立ち向かってきた。

やがて、アメリカの大手企業で初の黒人副社長となり、アメリカ初の黒人の野球アナウンサーになる。社会のルールに反旗をひるがえし、社会的、精神的なリスクに直面しても、毅然《きぜん》とした態度を貫く勇気を、なぜロビンソンはもてたのか？

答えのヒントは意外な場所にある。ロビンソンと同様、盗塁を好んだ野球選手の家庭環境を調べると見えてくるものがあるのだ。

現代のメジャー・リーグに一シーズン一六二試合の方式がとり入れられて以来、シーズン七〇回以上の盗塁を二シーズン以上した選手はたったの一〇人しかいなかった。241ページの表を見てほしい。

ほかの選手と比べて、これら一部の選手の盗塁数が多いのはなぜかを確かめようと、科学史家のフランク・サロウェイと心理学者のリチャード・ズワイゲンハフトは、調査を行なった。兄弟ともにプロ野球選手として活動する四〇〇人以上を特定し、似通った子ども時代を過ごして遺伝子の半分を共有している、同じ家庭で育った兄弟間で盗塁数を比較したのだ。

結果、驚くような事実が明らかになった。

弟たちが盗塁を試みる可能性は、兄たちに比べ一〇・六倍も高かった。

全体的に見ると、必ずしも、弟のほうが優れた選手であるというわけではなかった。平均打率が優れているわけではない。ピッチャーの兄弟を比べると、むしろ兄のほうが投球のコントロールに若干のキレがある。つまり、弟と比べてストライクが多く、出塁を許した回数が少なかった。

兄弟間のおもな違いは、リスクを負う傾向があるかないかであった。

弟のほうは、より多くの盗塁を狙うだけでなく、送球に当たる確率が兄よりも四・七倍高かった。おそらく、ベースにできるかぎり近づいてやろうとするからだろう。しかし、大胆な行動をとるだけではない。兄よりも盗塁の成功率が高く、三・二倍多く盗塁に成功していた。

それどころか、リスクを追い求めるという性質ゆえに、弟たちはそもそもスポーツに野球を選ぶことが少ないようだ。

総計八〇〇〇人以上が参加した二四の研究によると、フットボール、ラグビー、ボクシング、アイス・ホッケー、新体操、スキューバ・ダイビング、自転車競技のダウンヒル、スキー・ジャンプ、ボブスレー、カー・レースのようなケガをする確率の高いスポーツをするのは、あとから生まれた子のほうが一・四八倍も多いとのことである。

第一子は、野球、ゴルフ、テニス、陸上、自転車、ボートのような安全なスポーツを好んでいた。

あとから生まれた子がプロ野球に入る場合は、ベース間をあえて走りまくる傾向がある。とくに優秀な盗塁王三人はどうか。三人すべてに少なくとも三人の兄か姉がいる。

「現代盗塁の父」と呼ばれた先のジャッキー・ロビンソンは、五人兄弟の末っ子である。

現代野球史上で、ホームへの盗塁数が二番目に多いのはロッド・カルーで、五人兄弟の四番目だ。

「ケガを怖がっていたらダメですね。実際、怖がってはいなかったけれど。状況を把握できていると感じていたから」

三番目は、ポール・モリター。ホームへの盗塁を「勇気あるプレー」と呼んだ。モリターは八人兄弟の四番目だ。

同じようなパターンは、前述の盗塁数と兄弟の数の研究にも表われている（左ページの図参照）。二つの異なるシーズン中、七〇回以上盗塁をした選手はたったの一〇人だったが、その

優れた盗塁王ほど兄か姉がいる？

選手名	盗塁数(*)	出生地	出生順位	兄弟の数
リッキー・ヘンダーソン	130、108	イリノイ州シカゴ	4	6
ルー・ブロック	118、74	アーカンソー州エルドラド	7	8
ビンス・コールマン	110、109	フロリダ州ジャクソンビル	1	0
モーリー・ウィルス	104、94	ワシントンD.C.	7	12
ロン・レフロア	97、78	ミシガン州デトロイト	3	3
オマー・モレノ	96、77	パナマプエルト・アルムエエス	8	9
ティム・レインズ	90、78	フロリダ州サンフォード	5	6
ウィリー・ウィルソン	83、79	アラバマ州モンゴメリー	1	0
マーキス・グリッソム	78、76	ジョージア州アトランタ	14	14
ケニー・ロフトン	75、70	インディアナ州イーストシカゴ	1	0

（＊シーズン70盗塁以上を記録した上位2シーズンの盗塁数）

半数に、少なくとも四人の兄か姉がいて、七人には少なくとも二人の兄か姉がいる。この七人の盗塁王たちは、平均六・九番目に生まれた子どもで、彼らの兄弟の七一パーセントは年上だ。あとから生まれた子がリスクを冒す傾向にあるのは、野球にかぎったことではない。このような違いは政治や科学の世界にも表われており、社会的進歩および知的進歩に大きな影響をおよぼしているのだ。

前述のサロウェイはある研究で、コペルニクスの天文学からダーウィンの進化論、ニュートンの法則やアインシュタインの相対性理論にいたるまで、二〇以上におよぶ科学における大変革や大発見を分析した。

研究では一〇〇人以上もの科学史家の協力を得て、四〇〇〇人近くの科学者について、「現在主流になっている見解を極端に支持する保守的な立場」から「新しいアイデアを極端に支持する革新的な立場」のあいだのどの位置に該当するかを評価してもらった。

その結果をもとに、現状を維持するか革命的で新しいアイデアを擁護するか、という科学者としての立場に、出生順位がどのようにかかわっているのかを探った。

この分析にあたっては、第一子として生まれた子よりもあとに生まれた子の人数が多いことや、社会的階級、家族の規模など、結果に影響を与えうるさまざまな要素を考慮に入れた。

〝あと生まれ〟の科学者は第一子の科学者に比べ、ニュートンの万有引力の法則や、運動の法則、アインシュタインの特殊相対性理論が極論と見なされていた時代であっても、支持する確率が三倍以上だった。

地球が太陽のまわりを回っているという地動説をコペルニクスが公開してから半世紀のあいだは、あと生まれの科学者がコペルニクスを支持する確率は、第一子に比べて五・四倍高かった。

しかし、ガリレオが望遠鏡を発明し、コペルニクスの説を支持する発見をすると、その比率は一対一に下がった。コペルニクスの地動説がもはや極論ではなくなったため、第一子の科学者も、あと生まれの科学者と同じ割合でコペルニクスの説を認めるようになったのだ。

あと生まれの子は、生来、反抗する気質があるのかもしれない、というサロウェイの考えを裏づけるもっとも有力な証拠は、進化論に対する反応だ。

サロウェイは、ダーウィンがかの有名な進化論を発表する以前の一七〇〇年から一八五九年のあいだに、科学者たちが進化論に対してどのように反応していたかを調べた。

ダーウィンが進化論を発表する前では、あと生まれの科学者の一一七人中、五六人が進化の存在を信じていたが、第一子の科学者では一〇三人中わずか九人だった。進化論の発表後一六年間では、あと生まれの科学者の支持率は、以前は第一子の科学者の九・七倍だったものが四・六倍へと下がった。進化論の考え方が科学的に受け入れられるようになると、第一子の科学者も新しい考えを支持することに抵抗がなくなったのである。

若い科学者のほうが、年齢を重ねた科学者よりも、反逆的な考えに対して柔軟であると思われるだろう。年をとるとともに保守的になり、自分の考えが凝《こ》り固まるのではないか、と。だが驚くことに、**年齢よりも出生順位のほうが重要**であることがわかった。
「八〇歳になるあと生まれの科学者のほうが、第一子として生まれた二五歳の科学者よりも、進化論に対して寛容であった」とサロウェイは記している。

進化論は「あと生まれの子と第一子の人口比率が二・六対一であったゆえに、歴史的な現実となっただけのこと」なのだとしている。

全体的に見て、主要な科学的大変革を擁護する確率は、第一子よりもあと生まれのほうが二倍高くなっていた。

「このような違いが、偶然により生じるという可能性は一〇億分の一にも満たないだろう。概してあと生まれの人は、通説を大きくくつがえすような発見を喜んで支持するという点で、第一子の半世紀ほど先を行っている」とサロウェイはいう。

サロウェイが三一件の政治革命を研究した際にも、同じような結果が見られた。あと生まれの人は第一子の二倍、劇的な変化を支持していたのである。

正真正銘の第一子である著者の私は当初、サロウェイの研究結果にひどくがっかりした。

しかし、このようなパターンは絶対的なものではない。オリジナリティはあとから生まれた子の特権ではないのだ。ある育児法をとり入れると、どんな子どもでも、独創性を伸ばしやすくなる。

出生順が物語る、驚きの真実

一九四四年のことだ。ローザ・パークス（訳注：彼女がバスで白人に席をゆずることを拒んだため、のちに公民権運動のきっかけになった）がモンゴメリー市のバスの車内で勇敢に立ち振る舞う一〇年以上も前のこと。当時、まだアメリカ陸軍少尉だったジャッキー・ロビンソンは、バスの後方に乗ることを拒んで軍法会議にかけられていた。

「バスの運転手は、『お前がバスの後ろに行かないのなら、とっちめるぞ』と叫んだんだ」と、ジャッキーはそのときの様子を説明していう。

「カチンときたからいってやったのさ、『平気さ。やってみろよ』ってね」

のちに、ワールド・シリーズ開幕戦で、ホームベースに向かって猛烈なダッシュをかけたときも同じようなことをいった。

「突然、思いついたのさ。二点差で負けていたから、戦略としてはいいとはいえないけど、ベースから飛び出しちゃったんだよ。成功するかどうかなんて、本当にどうでもよかったんだ」

「平気さ」や「本当にどうでもよかった」といった言葉が、ジャッキーのリスクに立ち向かう基本的な姿勢を表わしているようだ。

スタンフォード大学の教授であるジェームス・マーチによると、何かを決断するときには、「どう行動すれば最高の結果が得られるだろうか」というように、「結果の論理」にしたがう人が多い。だが、ロビンソンのように**つねに現状に異議を唱えるような人は、「結果の論理」ではなく「妥当性の論理」を使う**。

つまり、**「私のような人は、こういう状況ではどうするべきか」**と考えるのだ。外側を見回すことで結果を予想するのではなく、内側、つまり自分のアイデンティティと向き合うのである。自分がどういう人間であるか――もしくはどういう人間になりたいのか、というのが決断の基礎となるのだ。

「結果の論理」にもとづいて決断をしていると、リスクを負うべきでない理由が必ず見つかる。一方、「妥当性の論理」にもとづくと、自由になれる。

「自分が望む結果を約束してくれるものは何か」と考えることが少なくなり、「自分のような人間は何をすべきか」というような、理屈抜きの感覚で行動することが多くなる。そしてこのような傾向は、出生順位が影響しているらしいのだ。

長いあいだ、専門家たちは第一子の利点をさかんに喧伝《けんでん》していた。兄弟で最年長の子どもはふつう、親の関心や時間、労力を一身に注いでもらえるおかげで、成功への道筋ができる。

その証拠に、第一子は科学分野のノーベル賞を受賞する可能性が高く、アメリカでは国会議員になる可能性が高いことがわかっている。

また、オランダでは地方選挙や国民選挙で当選する確率が高いことが示されている。さらに、企業のトップへとのし上がる可能性もかなり高いようだ。一五〇〇人以上のＣＥＯを分析した研究では、その四三パーセントが第一子であった。

そこで、経済学者のマルコ・バートーニとジョルジオ・ブルネロは、出生順位が出世におよぼす影響を詳しく調べることにした。

数十年間にわたって、ヨーロッパの一〇カ国以上の四〇〇〇人以上を追跡したところ、社会に出る際、第一子はあと生まれの子に比べて初任給が一四パーセントも高いことがわかった。高学歴のおかげで、より高い給料を稼ぐことができるのだ。

しかし、キャリアのスタート地点に見られるこのような有利な面も、三〇歳になるまでにはかすんでしまう。

あと生まれの子は給料が増えるのが早いからだ。あと生まれの子は、給料のよりよい仕事への転職をいとわないし、転職のタイミングも早く、回数も多い。

「第一子はあとから生まれた子と比較し、リスクを嫌う傾向がある」と先の経済学者は記したうえで、あと生まれの子のほうが、たちの悪い飲酒や喫煙習慣に陥る可能性が高く、年金や生命保険に加入しないことが多いと説明する。

心理学者のディーン・サイモントンはこういっている。

「あと生まれの子が、統一試験でよい点をとれなかったり、学校であまり活躍しなかったり、権威ある仕事を嫌ったりするのは、彼らが劣っているということではない。むしろ、あと生まれの子は、一生懸命第一子が求められる役割を果たそうとしていることを、権力と同調する不快な行為だと感じているのかもしれない」

ある程度の信ぴょう性が認められつつあるとはいえ、出生順位の科学には複雑な歴史があり、今でも賛否両論を呼んでいることは確かだ。

出生順位は、その人を決定するものではない。出生順位が影響をおよぼすのは、ある一定の可能性だけだ。ほかにも遺伝的なこと、人生経験などといった要素も考えられる。

そもそも、出生順位が与える影響だけを切り離す研究じたいが厄介だ。無作為実験や対照実験がむずかしいことに加え、より厳密な比較ができるのは同一家庭内の兄弟であるのに、研究の多くが異なる家庭の兄弟を比較するだけに留まってしまうという事情もある。

また、一つ屋根の下に、半分血のつながった兄弟、継《まま》兄弟、養子の兄弟、亡くなった兄弟、いとこがいる場合はどうあつかうかについての認識が、一致していないという理由もある。

出生順位を研究する専門家のあいだでも、根本的な意見のすれ違いが続いている。

私はいち社会科学者として、研究結果を見直し、信ぴょう性のもっとも高いと思われる考察結果を提示することが責任だと考えた。

データを検証してみると、出生順位は個人の性格や行動を予測するうえで、思いのほか役に立つものであることがわかったのだ。


ある研究では、学校での成績と反抗的な行動について、被験者が自分自身とその兄弟に順位をつけた。それによると、第一子のほうが成績のよいケースは、あと生まれのほうがよいケースよりも二・三倍多かった。

また、あと生まれの子のほうが反抗的であるケースは、第一子のほうが反抗的であるケースに比べて二倍多かった。

さらに、それまでの人生のなかで自分が行なったもっとも型破りなことや反抗的なことをいくつか書くよう指示すると、あと生まれの子の回答はより長く、一般的でない行動を説明したものが多かった。

数多くの研究から、同じ結論が出されている――第一子は優位に立ち、慎重で野心家であるのに対し、あと生まれの子はリスクを冒すことや独創的なアイデアをとり入れることに対してより寛容であるということだ。

さらに、第一子は現状を維持する傾向があるが、あと生まれの子は現状打破を試みる傾向がある。[22]

あと生まれの子がリスクを冒す傾向にある理由を解き明かす、二つの有力な説がある。

一つは、兄弟に対して抱くライバル心の対処方法にかかわるもの。

もう一つは、あと生まれの子に対する親の育て方の違いにかかわるものだ。

「競争しない」という競争

たくさんの兄弟を見ていると、ある不可解な事実に気づく。**大きな性格の違いは、異なる家庭のあいだではなく、兄弟のあいだに見られる**ということだ。

同じ家庭で育った一卵性双生児は、生まれたときに生き別れになって別々の家庭で育てられた一卵性双生児と同じく、性格がまったく違ってくる。

「これは双子ではない兄弟にも当てはまる――一緒に育てられた兄弟は、離れて別々に育てられた兄弟と同様、まったく違っている」と、ハーバード大学の心理学者スティーブン・ピンカーは述べている。

また、「養子の兄弟は、道行く人を無作為に二人連れてきた場合と同様、まったく違っている」ということだ。

オリジナリティに関しても同じことがいえる。大人になると、養子の兄弟は、同じ両親に育てられたにもかかわらず、反抗心の程度やリスクを冒す傾向が大きくかけ離れるのだ。

兄弟が選択する「ニッチ（その人にふさわしい地位・仕事）」に注目すると、この謎が解けるかもしれない。このコンセプトの原点は、医師であり心理療法士でもあるアルフレッド・アドラーの研究にある。

ジークムント・フロイトは育児が人格形成に与える影響を強調していたが、アドラーは、フロイトの説では、兄弟が人格の発達に与える重要な影響が説明されていないと考えるようになった。

アドラーの説では、第一子は一人っ子として育つため、当初は親との一体感を覚える。しかし、下に兄弟ができると「権力の座を追われる」危機に陥り、親の真似をすることで状況に対応しようとする。

弟や妹にルールを守らせ、自分の権力をふるった結果、弟や妹が反抗的になってしまうというわけだ。

頭脳面や肉体面で、兄や姉と直接対決することになる弟や妹は、違う方法で相手に差をつけることを選ぶ。

「責任重大なことを成し遂げるというニッチは、とくに最年長の子どものものであることが多い」とサロウェイは述べている。「このニッチが上の子にとられると、弟や妹は同じニッチで張り合うことがむずかしい[23]」

もちろんこれは、兄弟の年齢差によって変わってくる。たとえば兄弟が一歳しか離れていない場合、弟や妹も十分に張り合えるかもしれない。

逆に年齢差が七歳以上も開いていれば、弟や妹は直接対決をしなくても同じ分野でやっていける。野球の研究を見ると、二〜五歳離れている兄弟は、年齢差が二歳未満、もしくは五歳以上離れている兄弟と比べ、異なるポジションを選ぶ場合が著しく多い。

先述のプロ野球選手ジャッキー・ロビンソンは大学時代に陸上競技をしていたが、五歳上の兄に勝つことはできなかった。兄はオリンピックの二〇〇メートル走で銀メダルをとっている。結局ジャッキーは、全米大学体育協会（ＮＣＡＡ）の走り幅跳び選手権で優勝したり、カリフォルニア大学ロサンゼルス校のバスケットボール部、フットボール部、さらには陸上部や野球部で活躍したりすることで兄と差をつけた。

分野の選択がほかの家庭でも見られるかどうかに興味がわき、私はお笑いの世界へ目を向けてみた。笑いとは反抗的な行為だ。一般の人と比べ、お笑い芸人は独創的な人や反抗的な人であることが多い。しかも、独創性や反抗的な面が強ければ強いほど、お笑い芸人として成功しやすいという証拠もある。

お笑い芸人は、人々の予想を裏切るために、計算づくのリスクを冒さねばならない。観客が気分を悪くして、引いてしまわないようにするには、創造性も必要だ。

そもそもお笑い芸人になることじたい、先の見える安定した人生をあきらめねばならない。著者の私は当初、あと生まれの子のほうが芸人として成功する可能性が高そうだと思った。きちんとした仕事は、兄や姉にとられてしまっている。ゆえに、弟や妹は、兄や姉以上に強くかしこくなろうとするのではなく、「もっとおもしろい人間になりたい」と思っても不思議はない。

それに、ほかの才能と違い、人を笑わせる才能は、年齢や成熟度に左右されるものではない。実際、第一子と比べ、末っ子は芸人として成功しやすいのだろうか?

それを調べるために、アメリカのお笑いチャンネル『コメディ・セントラル』が二〇〇四年に発表した「史上最高のスタンドアップ・コメディアン（訳注：一人でステージに立つスタイルの芸人）一〇〇人」のリストを分析した。

これは、社会の既存のルールや政治思想にケンカを売るような、反抗的なネタで知られる芸人たちを集めた名簿だ。

統計上、第一子と末っ子の数は同じはずだ。しかし、一〇〇人の独創的なお笑い芸人たちの出生順位を調べてみたところ、四四人が末っ子で、第一子はたったの二〇人という結果だった。平均三・五人の兄弟がいる家庭で育ったにもかかわらず、半数近くが末っ子だったのだ。

平均して、あと生まれである確率は偶然の場合よりも四八パーセント高かった。兄弟がいる芸人が末っ子である可能性は、偶然の場合と比較して八三パーセントも高い。

これほど多くの優秀なお笑い芸人たちが、偶然にも末っ子であるという確率は、たった「一〇〇万分の二」だ。

末っ子の芸人のみに注目してみると、その兄や姉たちはたいがい、より一般的な分野で成功を収めていることがわかった。次の五人をご覧いただきたい。

一一人兄弟の末っ子であるスティーブン・コルベアの兄や姉は、知的財産権の弁護士、議員候補、政府の弁護士などだ。

チェルシー・ハンドラーの五人の兄や姉は、機械技師、シェフ、会計士、弁護士、看護師だ。いずれも資格が必要で、安定した給料を得られる職である。

ルイス・C・Kの三人の姉は、医師、教師、ソフトウェア・エンジニアだ。

ジム・ガフィガンの兄と姉は五人全員が役職つきで、三人は銀行の重役、一人はデパートの総支配人、そして残る一人は管理部の部長だ。

メル・ブルックスの三人の兄は、化学者、書店の店主、政府官僚である。

職業の選択は、兄弟同士がなぜあまり似ていないのかという謎を解く手がかりになる。

しかし、ここには下の子どもたちが目立とうとする以上の事情が潜んでいる。両親は兄弟をみんな同じようにあつかおうとはするが、どうしても違いが出てくるものだ。そのため、兄弟間の性格の差は広がるばかりである。(24)

「厳しいしつけ」の落とし穴

心理学者のロバート・ザイアンスは、第一子は大人の世界で育つ一方、兄や姉が多ければ多い子ほど、ほかの兄弟から学ぶ時間が多いことを指摘している。

プロ野球選手のジャッキーの母親は、五人の子どもを抱え、働かなくてはならなかった。その結果、ジャッキーの姉メイが弟の面倒を見るはめになった。

姉は幼い弟を一緒に連れて歩き、三歳だったジャッキーが砂場で遊んでいるときも、メイはときどき窓から顔を出しては様子を確かめていた。また、ジャッキーの兄フランクは、ジャッキーがケンカに巻き込まれると、いつも守ってくれた。

兄や姉が親の代わりや手本になると、下の子はそれほどルールや罰に直面することがなくなり、かつ、兄や姉に守ってもらえる。しかし、リスクを比較的早く背負うことにもなる。大人が熟慮の末に下した選択を見習うのではなく、ほかの子どもの判断によるリードにしたがうためだ。

子どもが親の役目を果たしている場合ではなくても、親は第一子を厳しくしつけ、下になるにつれてだんだんと柔軟になってくるものだ。お手伝いにしても兄や姉がだいたいすませてくれるので、末っ子ともなると、やることはほとんど残っていない。

ジャッキーが近所の悪い仲間に入ると、盗みや万引きで捕まるのが日常茶飯事になった。母親はジャッキーを叱るのではなく、幾度となく警察署に踏み込んでは、息子に厳しすぎると署長に文句をいったそうだ。

「バカな真似をしても見逃してもらえた。ジャッキーはいつも甘やかされてきたからだ……結局のところ、彼は家族全員の赤ちゃん的存在であったし、兄や姉が抱えていたような責任はなかった」と、伝記作家のマリー・ケイ・リンジは書き記している(25)。

このような子育てのパターンの違いは、ニュース番組『ザ・デイリー・ショー』の共同制作者であるリズ・ウィンステッドの体験にも見ることができる。

『ザ・デイリー・ショー』は、既存のニュース番組を風刺したパロディ番組だった。「ニュース番組になりすますことで、ニュース番組そのものをからかおうと思った。今まで誰もやったことがなかったことだったから」とウィンステッドは記している。

極めて保守的な両親の下《もと》、五人兄弟の末っ子として育ったウィンステッドは、兄や姉に比べると、かなり自由を与えられていた。

「両親は年をとっていましたから、やりたい放題でした。一人でバスに乗ったり、一晩中外出したりしたこともあります。高校のころは、親が旅行に出かけているあいだ、一人で留守番をしたこともありました。きっと、両親は育児でクタクタだったんでしょうね。だから『そんなことしちゃダメ』というのを忘れていたんです」

子どものころ、ウィンステッドは泳げなかったにもかかわらず、母親は、幼い娘が池の真ん中で浮き輪から抜け落ちたらどうなるかを教えることはなかったという。

「何を怖がるべきなのかが、わからなかったんです。だから、私は何事にも頭から飛び込んでいくことができました」と、ウィンステッドは説明している。

「今と同じようにあのころも、人生の試練を苦しい戦いだと思わず、肝試《きも》しのようなものだと考えていました。そして、放任主義の親はといえば、いつも自由気ままな私に生涯苦しめられるようになってしまいましたね」

ウィンステッドは幼いころから、自分の存在に気づいてもらうために、とにかく目立たなくてはならなかった。

一〇歳のとき、彼女はカトリック教会の先生に、なぜ犬とユダヤ人は天国に行けないのか、と尋ねたそうだ。一二歳のときには、「侍者（アルター・ボーイ）」にはなれないと神父にいわれると、それなら「侍女（アルター・ガール）」にならせてくれと詰め寄った。

そして、その主張を手紙に書いて司教に送ったが、両親はそれをやめさせようともしなかった。ウィンステッドの価値観に対して異議があったときでさえも、両親は彼女をサポートし続けた。

何年かして、ウィンステッドが人工妊娠中絶を支持する内容の発言をすると、父親がこう話すのを彼女は耳にしたそうだ。「少なくとも、うちの娘は自分の思ったことをいうし、自分がどういう人間なのかを隠そうとしないからいいんじゃないか」

家族が多くなればなるほど、下の子はルールがゆるみ、兄や姉が親に見逃してもらえなかったことでも見逃してもらえるようになる。

オリジナルな人の多くがリスク・テイカーなのは、周囲が自主性を尊重してくれたり、守ってくれたりするからだろう。一方で、このような育児のスタンスは出生順位に関係なく、どの子にも起こりうることである。ただそれがよく見られるのは、末っ子であるということだけなのかもしれない。

また、一人っ子の性格を予測するのは、兄弟がいる子の性格を予測するよりもむずかしいと、先述の科学史家のサロウェイは考えている。

第一子と同様、一人っ子は大人の世界で育ち、親との一体感を覚える。一方で、末っ子のようにしっかりと保護されるので、「過激な存在になる自由」も多くなる。

出生順位が浮き彫りにしているのは、自由を子どもたちに与えることの重要性だ。しかし、その反面、自由があだとなり、自分自身やまわりの人を危険にさらしてしまう恐れもある。出生順位はどうであれ、子どものオリジナリティの向かう方向を決定づけるのは何なのだろうか？

また、子どもが自由を手にして、尊敬される人になるのか反社会的になるのか、積極的になるのか消極的になるのか、創造的になるのか破壊的になるのかは、どんな要素がかかわっているのだろうか。

この疑問の答えを出すことが、社会学者であり教育研究家のサミュエル・オリナーとパール・オリナー兄弟のライフワークであった。

ユダヤ人大虐殺のさなか、命の危険を冒してまでもユダヤ人を救った非ユダヤ人を調査する画期的な研究を行ない、この勇敢な人たちと、ユダヤ人を助けるにはいたらなかった同じ町内の住民とを比較したのだ。

救助をした人たちは、行動を起こさなかった近隣の傍観者と共通する点が多かった――教育、職業、家庭、住む場所、支持する政治や、信じる宗教など、どれも似通っていた。

子どものころの反抗的な態度も同じだった。救助を行なった人たちは傍観者と同じく、いうことを聞かなかったり、盗みを働いたり、嘘をついたり、ケンカをふっかけたり、やるべきことをやらなかったりすれば、親からよく叱られていた。

ただ、違っていたのは、親が悪い行ないに対してどのように戒《いまし》めたか、そしてよい行ないをどのように褒めたか、であった。

「妥当性の論理」について

子どもたちは二歳から一〇歳になるまで、六～九分に一回、親に行動を改めるよう注意されるということだ。

発達心理学者のマーティン・ホフマンはこうまとめている。

「つまり、一日五〇回しつけを受け、一年ではその回数が一万五〇〇〇回以上にもおよぶ」

大虐殺からユダヤ人を救った人たちに子どものころを思い出してもらうと、親からはある独特なしつけを受けていたことがわかった。オリナー兄弟は、「**親からよく『説明を受けた』**、と**いうのが、救助にあたった人たちのあいだでよく聞かれた言葉**だった」と述べている。

救助にあたった人たちの親が決定的に違っていたのは、しつけの際にはわけを話したり、説明したり、悪い行ないに対してつぐなう方法を提案したり、助言したりという方法を使っていたという点だ……わけを話すことで相手を尊重しているというメッセージが伝わる……またそれは、子どもたちがより分別《ふんべつ》をわきまえ、不適切な振る舞いをしなかった、ということを暗示している。

つまり、理解し、成長し、改善していける力が、その子にあると信じているということの表われなのである。

「いい聞かせ」をしつけの方法として用いた親は、傍観者のグループでは六パーセントに留まったのに対し、救助をした人たちの親では二一パーセントにおよんでいた。

救助をした人のうち一人はこう答えた。

「母は私が悪いことをしたときはそういい、けっしておしおきをしたり、こっぴどく叱ったりということはしませんでした。間違ったことを心で理解させようとしたのです」

このような理性的なしつけ方法は、犯罪行為とは無縁のティーンエイジャーの親や、慣例を打ち破るような創造的な人たちの親に見られる特徴だ。

ある研究によると、一般的な親は子どもに、宿題をする時間や寝る時間といった平均六つのルールを与えるそうだ。

ところが、創造性の高い子どもたちの親が子どもに与えるルールは平均一つ以下で、「ある特定のルールではなく、道徳的価値観に重点を置く」傾向が見られる、と心理学者のテレサ・アマビールは報告している。

子どもに多くのルールを強《し》いるのがよいことだと親が信じているのであれば、そのルールについてどのような説明をするかが重要になってくる。

新たな研究では、怒鳴ったり、罰を与えると脅かしたりしてルールを強いられた場合、ティーンエイジャーはルールに反発することが明らかになっている。

親が多くのルールを与えても、なぜそのルールにしたがうことが大事なのかという論理的根拠をはっきりと示せば、彼らがルールを破ることはかなり少なくなる。ルールを自分のものとして考えるからだ。

アメリカの創造性豊かな建築家と、高い技術はあるがそれほど創造的ではない建築家とを比較したドナルド・マッキノンの研究では、創造性豊かなグループの親は、しつけの際にきちんと説明していたことが明らかになった。

規範を示し、道徳や誠実さ、敬意、好奇心、忍耐力といった価値観に触れながら、何がよく何が悪いのか、親自身の考えを子どもに説明していた。しかし、あくまでも「自分で自分なりのルールをつくり上げなさい、と強調していた」のだ。

何より、創造性の高い建築家を育てた親たちは、子どもたち自身の手で価値観を選ぶ、自主性を大切にしていた。

もちろん、理由を話すことで、矛盾が生まれることも事実だ――ルールにしたがうようになるが、反抗心も強くなる。理由を説明することで、子どもは価値観に沿ったルールを自発的に守るようになるが、価値観に沿わないルールには疑問をもつようになる。

しっかりと説明することで、子どもは自分なりの倫理観をつくり上げていくが、それが社会の求める倫理観とは重ならないとき、子どもは外部のルールではなく、内なる価値観に沿って判断するようになる。

しつけの際には、ある説明の仕方がとくに役立つ。虐殺からユダヤ人を救った人たちの親のしつけ方をオリナー兄弟が調べてみたところ、「その行ないが、なぜふさわしくないのか、行ないが他者におよぼす結果に触れながら説明する」という傾向が見られた。

傍観者の親は、自分自身のために子どもをルールにしたがわせることに重点を置いていたが、救助をした人の親は、**「自分の行動がまわりの人におよぼす影響」**を考えるようにうながしていた[26]。

他人がどのような影響を受けるかを強調することは、誰かの行動で傷ついているかもしれない人の苦悩に意識を向けることであり、弱い者への同情の気持ちが深まる。

また子どもは、自分自身の行動が誰かを傷つける可能性もあると理解し、適切な罪悪感も生まれる。

「同情」と「罪悪感」という良心の二面的な感情をもつことで、過去の間違った行ないを改めよう、今後はよい行ないをしようと思うことができる。


自身の行動が他者に与える影響を強調することで、大人にも関心をもたせることができる。病院の医師や看護師にこまめな手洗いを奨励しようと、私は同僚のデビッド・ホフマンとともに、せっけんや消毒用ジェルの容器のまわりに左ページの図のような二種類のメッセージを設置した。

その後二週間にわたり、医師や看護師が患者と接触する前後に何回手を洗ったかを、病院の各病棟から選ばれた一人にこっそり数えてもらった。

一方、別のチームに、それぞれの容器からどれくらいせっけんとジェルが使われたかを調べてもらった。

その結果、左側のメッセージでは何の効果も得られなかった。ところが右側では、かなりの違いが見られたのだ。ただ、「あなた」を「患者」にしただけで、医療関係者は一〇パーセントも頻繁に手を洗い、せっけんとジェルの使用量は四五パーセントも増えたのだった。

自分のことを考えるときには、「結果の論理」が働いている――「私は病気になるだろうか？」と。この質問に、医師や看護師はすぐさま「ならない」と答えてしまう。

メッセージの「伝え方」を変えただけで……

手の清潔は、
あなたを
病気から守ります。

手の清潔は、
患者を
病気から守ります。

「手をいつも洗うというわけではないけれど、いつも病院にいるし、めったに病気にかからない。私には関係ない」と思うからだ。自分を過信するきらいがあるのだ。

ところが患者のこととなると、「妥当性の論理」が働く――「私のような人は、このような状況で何をするべきか？」と。

自分だけの損得勘定で考えるのではなく、価値観やものごとの善悪に照らして判断し、「私には患者のケアをするという、医療従事者としての義務や道徳上の義務がある」と考える。

自分の行動が他者にどういう影響をおよぼしているかを説明されたことが、プロ野球選手のジャッキーにとって人生におけるはじめての大きな転機になった。

地元の不良グループのリーダーだったジャッキーは、車に土を投げつけたり、石を投げて窓ガラスを割ったり、盗んだゴルフボールをゴルファーたちに売りさばいたり、地元の店から食べ物やその他の品物をくすねたりしていた。あるときは、保安官に銃を突きつけられながら留置所に連れていかれたこともある。

そのころ、不良どもの素行を目にした機械工のカールという人物が、ジャッキーを呼び出し、話をしてくれたのだ。「カールは、このまま悪い仲間とつるんでいたら、母が悲しむということをわからせてくれたんだ」とジャッキーはいう。

「まわりに流されるだけなら根性なんて必要ない、ほかとは違う人間になろうとすることが勇気のある、頭のいいやつなんだといわれたよ。自分が情けなくて、そのとおりだ、とは口に出せなかったけれど、カールの言葉は胸に響いたね」

自身の行動が母親にどのような影響をおよぼすのかを考え、母親をがっかりさせたくなかったジャッキーは、これがきっかけで不良グループから足を洗った。(27)

「行ない」よりも「人柄」を褒める

では、子どもが、善悪の判断力をつけるには何が必要なのだろう?

先に紹介した、ユダヤ人を虐殺から救った人と、ただ傍観していただけの人の研究で、親からどんな価値観を学んだかとオリナー兄弟が尋ねると、救助をした人は傍観者と比較して、「全人類に共通する道徳的価値観」であるという人が三倍も多かった。

救助をした人は、親が「人類すべてを尊敬しなさいと教えてくれた」というのだ。

一方、傍観者も道徳的価値観はもっていたが、ある特定の行動や、ある集団内のメンバーに関するものだった――学校では静かにすること、友だちとケンカしないこと、近所の人には礼儀正しくすること、友だちには正直であること、家族には誠実であることなどだ。

道徳的規範は、子どもが正しい行ないをしたあとに親がどう声をかけるかによって形成される部分がある。多くの人は子ども自身ではなく、その行ないを褒める。

「いいことをしたね。思いやりのあることをしたね」と。

行動を褒めることでその行動は強化され、子どもはますますよい行動をくり返すだろう。

しかしここで待ったをかけるのは、心理学者のジョアン・グルーセックが行なった次のような実験だ。

まず、ビー玉を分け合いながら子どもたちを遊ばせた。その後、数人を無作為に選び、その行ないを褒める。

「ビー玉をあの子にあげたでしょう。きみはいいことをしたね。とても素晴らしいことだ。人の役に立つ行ないができたね」

次に、その他の子どもたちに対しては、その子の人柄を褒めた。

「きみはいつでも、ほかの人を助けたいと思っているんだね。きみは本当に素晴らしい子で、人の役に立てる子だね」

人柄を褒められた子どもは、その後もさらに気前よく振る舞ったのだった。

二週間後、「人の役に立てる子だ」と褒められた子どものうちの四五パーセントが、入院している子どもを元気づけるために図工の材料を寄付したが、「役に立つ行ないができた」と褒められた子どものうちでは一〇パーセントに留まった。

人柄を褒められると、それを自分のアイデンティティの一部としてとり込むのである。自分は単に道徳的な行動をとったのだととらえるのではなく、自分は本来、道徳心の高い人間なのだという、より統合的な自己概念が形成されていくのだ。

人柄を認められるということは、子どもたちに強いアイデンティティが形成されはじめる重要な時期に、もっとも強い影響をおよぼすようだ。

たとえばある研究では、人柄を褒められた八歳の子どもは道徳的な行ないが増えたが、五歳や一〇歳の子どもには増えなかった。

一〇歳の子どもはすでに自己概念がかなり確立されていて、褒め言葉の一つぐらいでは影響を受けなかったのかもしれない。五歳の子どもは年齢が低すぎて、単独の褒め言葉では、大きな影響を受けるまでにはいたらなかったのかもしれない。

しかし、アイデンティティの形成時期に人柄を褒められると、長く心に残るのである(28)。

もちろん、小さな子どもでも、人格に訴えかけることで、そのときの子どもの状況に影響が出る。心理学者クリストファー・ブライアンは、工夫を凝《こ》らした数々の実験を行なった。

それらの実験によると、三〜六歳までの子どもは、「手伝って」といわれたときよりも「お手伝いができる子になって」といわれたときのほうが、二二〜二九パーセント高い確率で、積木やおもちゃ、クレヨンを片づけたそうだ。

人格が固まっているとはいいがたい年齢の子どもたちだが、「お手伝いのできる子」というアイデンティティを手に入れたいと思ったのである。

さらにブライアンは、人柄に訴えかけることは大人にとっても有効であることも発見した。

彼の研究チームの実験では、「不正をしないでください」という言い方ではなくて、「不正を働く人にならないでください」という人格に訴える言い方に変えることで、不正をする被験者が半分になったのである。

「不正をするな」といわれてもすることはできるし、一度くらいしたところで倫理観が損《そこ》なわれるわけではない。しかし、「不正を働く人になるな」といわれると、急にうしろ暗い感覚を覚えるものだ。不道徳な行為がアイデンティティと結びつき、不正をすることにあまり魅力を感じなくなる。

不正という一つの独立した行為であると、「一つぐらいズルをしても、まあ、どうにかなるかな？」という「結果の論理」で判断される。

ところが、〝根っからのズルい人間〟ということだと、自意識が呼び起こされ、「私はどういう人間だろう？」「私はどういう人間になりたいのだろう？」という「妥当性の論理」が作用する。

こうした事実が明らかになったことから、ブライアンは親や教育従事者、指導者、政策立案者に、人格を示す表現や言葉をうまくとり入れるべきだと提案している。

たとえば、「飲んだら乗るな」よりも「酔っ払い運転手になるな」としたほうがよい。

強調する対象が行動から人格へ移ると、選択肢の判断が変わってくる。

虐殺を救ったある人の言葉で、心に響くものを紹介しておく。

「ある特定の宗教を選んだからといって、ユダヤ人が迫害されるなんて理解できないし、許せません。ユダヤ人を助けたのは、溺れる人を助けることと同じです。

目の前で溺れている人を見て、〝あなたはどの神さまを信じていますか？〟なんて聞かないでしょう。そこへ行って助けるだけのことです」

「最高のお手本」の見つけ方

子どもたちに自由を与え、同時に自分の行動が他者にどういう影響を与えるのかを説明し、正しく道徳的な選択をすることで人格が磨かれる、といい聞かせること。

こうすることによって、心のなかにある創造性を、逸脱した行動ではなく、道徳的な行動や前向きな行動で表現する可能性が高くなる。

しかし、多くの人は大人になるにつれ、成長することをやめてしまうのだ。

心理学者ペネロペ・ロックウッドとジバ・クンダは、大学生を被験者としたある実験で、これから一〇年のうちにどんなことを達成したいかをあげてもらったところ、何の変哲もない平凡な目標ばかりだったそうだ。

そこでもう一つの大学生グループには、ズバ抜けた大学生について書かれた新聞の記事を読んでもらい、そのあとで目標をあげるように指示すると、より高い目標をもつように変化した。手本を見せられることで、望みが高くなったのである。

手本となる人物は、子どもたちに重要な影響を与える。

ある実験では、三十代のラドクリフ女子大学卒業生数百人を対象に、自分の人生にもっとも影響を与えた人物をあげてもらったところ、大部分が「親や先生」と答えた。

それから一七年後、心理学者のビル・ピーターソンとアビゲイル・スチュワートは、次の世代を築くために彼女たちがどのぐらい貢献しているのかを調べた。

その結果、有意義な変化を起こそうと考える女性のなかで、もっとも影響をおよぼした人物に親をあげた人は、一パーセントにも満たなかった。

オリジナリティが豊かな女性は、一五年以上も前に親からではなく教育者から影響を受けていた女性たちだった——影響をおよぼした人物に教育者をあげた人は、世界をよくしようと願う女性の一四パーセントを占めていた。

矛盾するようだが、**子どもにしっかりとした価値観をつちかうには、親は子どもへの影響力を控えめに留めておくこと**だ。

親は、子どものオリジナリティを育んでやることはできるが、いつかはそれぞれの選んだ分野で、能力を発揮するための手本をみずからが見つけなくてはならない。

親ができることは、**何よりさまざまな分野においてお手本となる人物を紹介すること**だろう。

「完全にグレてしまうところでした。もしも、あの二人の男性がいなかったら」と、ジャッキーはいう。

一人は、ジャッキーの不良ぶりがどれほど母親を傷つけているかを説いたあの機械工だ。

そしてもう一人は、当時若き牧師だったカール・ダウンズだ。

若者たちが親に無理やり教会に連れてこられて、多くが途中で来なくなることに気づいたダウンズは、教会でダンスパーティーを開き、バドミントンのコートをつくるという、新しい取り組みをした。

保守的な信者の多くは反対したが、それでもダウンズは決行した。若者の参加をうながすために古い決まりを打破しようとする男の姿に感銘を受けたジャッキーは、日曜学校の教師となることを申し出た。そして、ダウンズがジャッキーにそうしたように、ジャッキーはほかの人たちに対しても門戸を開くことを心に決めたのだった。

その後、ジャッキーは、野球の世界でもユニークな指導者、ブランチ・リッキーに出会うことになる。リッキーはメジャー・リーグ球団の「ドジャーズ」のオーナーで、肌の色の障壁を崩すべくジャッキーを雇った人物である。

リッキーに事務所へ呼ばれたときのジャッキーは、すでに二六歳であった。リッキーは、走れる、投げられる、打てる黒人選手をずっと探していた。そして、ズバ抜けた才能をもつ大勢の候補者が集まると、それぞれの性格をリサーチしはじめ、新しく「ニグロ・リーグ（黒人リーグ）」を立ち上げると嘘をついて、選手たちを招集したのだ。

結果、そこで選ばれたジャッキーにリッキーは、「相手のズボンを脱がせちまう勢いで、ガンガン走れよ」と、ベースラインで勝負に出ろと励ました。そして同時に、ベースラインの外では慎重に行動するよう注意した。「カッとなってやり返さない根性をもて」と。

ピッタリの指導者は、そう簡単に見つかるわけではない。しかし、手本となる人ならもっと簡単に見つかるかもしれない。そう、歴史上の人物たちの物語のなかに。

たとえば人権活動家であるマララ・ユスフザイは、アフガニスタンで平等推進活動を行なっていたミーナや、キング牧師の伝記を読んで感銘を受けている。そのキング牧師はガンジーに影響を受けた。ネルソン・マンデラも同じだ。

なかには、架空の人物がよい手本となる場合もある。創造性豊かな人の多くが、成長の過程で、お気に入りの本のなかにはじめてのヒーローを見つけている。

好きな本は？　と聞かれると、南アフリカ出身の起業家イーロン・マスクとペイパルの共同創業者ピーター・ティールは、ともに『指輪物語』（評論社）をあげた。不思議な力をもつ指輪を破壊するために、ホビットが冒険する様子をつづった壮大な物語である。

フェイスブックCOOのシェリル・サンドバーグとアマゾンの創業者ジェフ・ベゾスはともに『時空のシワ A Wrinkle in Time』を選んだ。少女が物理の法則をねじ曲げ、時空を旅するという物語である。

同じくフェイスブックCEOのマーク・ザッカーバーグは『エンダーのゲーム』（ハヤカワ文庫SF）が気に入っている。精鋭の子どもたちがエイリアンの攻撃から地球を守ろうとする物語だ。

「アリババ」社の創業者であるジャック・マーは、自分の運命をみずから変えようとする木こりの物語『アリババと四〇人の盗賊』（評論社など）をお気に入りの本としている。

もともと彼らは独創的な子どもだったのだろう。だからこういった物語に引きつけられたと考えることはできる。しかしこれらの物語がきっかけとなり、志《こころざし》がさらに高まったということもあるのではないだろうか。

驚くべきことに、奇抜な目標を達成する子ども向けの本がたくさん出版されると、次の世代の人たちはイノベーションを起こす可能性が高いという研究もある。

心理学者によるある研究では、一八〇〇年から一九五〇年までに出版されたアメリカの子ども向けの本に出てくるストーリーを追跡した。

ユニークな目標の達成を題材としたアメリカの子ども向けの物語は、一八一〇年から一八五〇年までのあいだに六六パーセント増加していたのだが、それとともに一八五〇年から一八九〇年にかけての商業における特許査定率が、七倍にはね上がっていたのだ。

物語がユニークな目標を達成することに重点を置いたものであると、特許査定率がそれから二〇年ないし四〇年後にぐっと高くなるという結果が出た。

心理学者ディーン・サイモントンはこうまとめている。「学校で目標達成のイメージに触れた子どもが、時間を経て成長し、大人になって、新しいものを創造するにいたった」

近代の潜水艦やヘリコプターの発明家たちは、子ども時代はジュール・ヴェルヌの『海底二万海里』（福音館書店など）や『征服者ロビュール』（集英社文庫）で描かれている世界に釘づけになった。

歴史上もっとも古いロケットの一つは、ハーバート・ジョージ・ウェルズの小説に影響を受けたある科学者によってつくられた。

初期の携帯電話、タブレット、GPSナビゲータ、電子データ保存用のディスク、マルチメディア・プレイヤーなどは、『スター・トレック』の登場人物が同じようなデバイスを使っているのを見た人たちによってデザインされたものだ。

次世代のオリジナルな人たちは、間違いなく『ハリー・ポッター』シリーズ（静山社）の影響を受けることになるだろう。

作者のJ・K・ローリングは、一つの世代の子どもたちにオリジナリティのお手本を提供するとともに、道徳的なメッセージを自身の小説のなかに埋め込んでいる。

最近の実験によると、『ハリー・ポッター』を読むことで、社会的なマイノリティの人たちに対する子どもたちの姿勢が向上するとのことだ。登場人物のハリーやハーマイオニーが、純血の魔法使いではないために差別を受ける様子を目《ま》の当たりにすると、子どもたちは同情し、現実に存在するマイノリティたちに対しても偏見をもつことが少なくなるのだ。

出生順位に関係なく、身近に独創性の手本があれば、今まで考えたこともなかったことに視野が拓《ひら》けるかもしれない。お気に入りの物語の主人公が、子どもたちをオリジナルへの道へと導いてくれるだろう。

独創《オリジナル》へのステップ

PART 7

ダメになる組織、飛躍する組織

風通しよく、進化を遂げるしくみづくり

「互いにけっして許すことができない罪とは、意見の相違である」

ラルフ・ワルド・エマーソン

（思想家）

「強い集団」が、なぜ足下をすくわれるのか

熱いまなざしの聴衆を前に、ステージに立ったテクノロジー業界の寵児《ちょうじ》は、ある新しい装置をポケットからとり出した。

それは、競合製品に比べてはるかに小さく、その場にいた誰もが目を疑った。創業者である彼が名を成したのは、舞台さながらのスタイリッシュな製品発表会だけが理由ではなかった。独創的な視点をもち、科学と芸術とを融合させ、デザインと品質に強くこだわり、そして市場調査を心から忌《い》み嫌う人物として彼は知られていた。

「セルフィー（自撮り）」人気の火つけ役ともなった革新的なある製品を紹介すると「われわれは、顧客が欲しいと思うことさえまだ知らない製品を提供するのだ」と彼はいった。

彼は、みんなに発想の転換をもたらした。会社を育て、業界の常識を変えた人物だ。ところが、自身の会社の取締会で突然解任され、築き上げた帝国が崩れゆくのを、その目で見る羽目になった。その人物とは——。

これはスティーブ・ジョブズの話だと思われるかもしれないが、じつは、ジョブズがヒーローと崇《あが》めるうちの一人、ポラロイドの創業者エドウィン・ランドの話である。

ランドは、インスタントカメラの発明者として知られている。このカメラのおかげで、写真家のアンセル・アダムスはかの有名な風景写真をとることができ、アンディ・ウォーホルは有

名人の肖像画を創作することができ、アメリカ航空宇宙局（NASA）の宇宙飛行士は太陽をとらえることができた。

さらにランドは、より大きなことにも貢献している。偏光フィルターだ。

偏光フィルターは今日《こんにち》でも、サングラス、デジタル時計、ポケット計算機、はては映画観賞用の3Dメガネにいたるまで、数えきれないほど多くの製品に使われている。

ランドはまた、ドワイト・アイゼンハワー大統領のためのU2偵察機の発案と設計にあたって重要な役割を果たし、結果的に冷戦の行く末を変えた。

ランドは合わせて五三五件という大量の特許を取得したが、彼以前には、トーマス・エジソン以外にアメリカ人でその特許数を超えた者はいない。一九八五年、スティーブ・ジョブズはアップルを追われるほんの数カ月前、「私たちの世代の発明家のなかでも偉大な一人だ……。彼は、国宝だ」とランドを称賛している。

ランドは、オリジナルな人であったかもしれない。だが、ランド自身の持ち味を自社の文化に浸透させることができなかった。皮肉なことにポラロイドは、デジタルカメラのパイオニアだったが、それゆえに最終的に破産へと追い込まれてしまった。

同社はすでに一九八一年には、デジタル画像処理への飛躍的な一歩を踏み出し、八〇年代後半には、競合他社製品の四倍に当たる高解像度の電子センサーを開発していた。

一九九二年には、高品質のデジタルカメラの試作機も完成。ところがデジタル画像チームは、そのカメラの発売時期に関して同僚たちを説得することができず、ようやく発売されたのは一九九六年だ。

技術の素晴らしさで数々の賞をもらいながらも、ポラロイド製品は低迷を極めた。このころにはもう四〇以上の競合他社がデジタルカメラを発売していたからだ。

ポラロイドは、推測を誤ったために崩壊した。

人々は紙に印刷された写真をつねに望んでいるだろう、という考え方が社内全体に浸透しており、決定権のある役員たちはこの推測に疑問を投げかけなかった。

ポラロイドのケースは、コンセンサスを重視する集団思考の典型である。

集団思考は、オリジナリティの敵だ。多様な考えを尊重するのではなく、集団内の多数意見や既存の視点に沿わなくてはならないと、ことさらにプレッシャーを感じる。

イェール大学の心理学者アービング・ジャニスは、自身の有名な分析のなかで、集団思考が原因でいかに多くのアメリカの外交政策が失敗したかを明らかにしている。

ピッグス湾事件（訳注：アメリカがキューバのカストロ政権を打倒するために起こした反革命計画）やベトナム戦争がその例だ。

集団思考は人々が「同調した集団に深いかかわり合いをもつ」とき、また彼らの「同調しようという気持ちが、代替案となる行動を探そうという動機を上回る」ときに起こるという。

「ピッグス湾事件」の失策の前、国務次官のチェスター・ボールズは、ある覚書きを記していた。彼は、フィデル・カストロを失脚させるため、亡命した在米キューバ人の部隊を現地に送る計画に反対を示していたが、あまりに悲観的な意見だとして考慮されなかった。

実際ジョン・F・ケネディ大統領の相談役の何人かは、この進攻について躊躇《ちゅうちょ》していたが、ほかのメンバーに黙らせられたり、自分の意見をあえていわなかったりした。最終決議を下す会議では、一匹狼的な存在の人が反対票を入れたのみだった。大統領がストロー投票（訳注：ある議題に対し、グループの政治思想の傾向を明確にするため実施される非公式な投票）のため召集をかけ、過半数が計画に賛成するや、以降の会議は、作戦決行のための具体的な戦略会議となってしまった。

ジャニスによると、ケネディ政権のメンバーは、「〝一体感〟のある〝心地よい雰囲気〟」を壊してしまうことを懸念していたそうだ。会議に同席していた内部関係者も、このような団結により集団思考が生まれたのだという。ケネディ大統領とリンドン・ジョンソン副大統領とのあいだの連絡を担当していたビル・モイヤーズはこう回想している。

> 国家安全保障の担当者同士が互いに親しくなりすぎていたし、個人的に好意を感じすぎていた。国家の業務をまるで社交クラブさながらに行なう傾向があったのだ。親しくなりすぎると……議論においても相手を追い詰めるような対応はせず、往々にして相手に甘くなる。意見を交わすことはあっても、相手の意見に異論は唱えないのだ。

これほどまでに結束した集団は、強い文化を生み出す。同じ価値観や基準を共有すると、それらをいっそう強く信じるのだ。そのため、**「強い文化をもつこと」**と**「カルト集団のように**

なってしまう」ことは紙一重なのである。

半世紀近くものあいだ、リーダーや政治家、ジャーナリストたちが、強すぎる集団文化は破滅を招く、というジャニスの集団思考論を受け入れてきた。

グループが問題を解決し、かしこい判断を下すには、独自のアイデアや相反する視点が必要なため、メンバー同士があまり仲よくなりすぎないよう気を配らねばならない。

ケネディ大統領の相談役同士の結びつきがそれほど強くなく、少数派の意見も歓迎し、集団思考を防げていたとしたら、ピッグス湾事件は避けられたかもしれない。

ただ、この団結理論には、じつは大きな穴がある。

一九七三年にジャニスが分析を終えたとき、ピッグス湾事件に関する機密文書や回顧録はまだ利用できる段階ではなかった。のちに開示された重要書類が示すところによると、重大な意思決定は小規模の団結したグループによって下されたものではないということだ。

政治科学者で大統領の相談役でもあったリチャード・ニュースタッドは、ケネディ大統領は「参加メンバーの組み合わせを変えた、トップレベルの相談役たちとのいくつもの特別会議」を開いていたと説明する。

また、その後の研究では、団結ができ上がるまでには時間がかかることが明らかになっている。固定メンバーをもたないグループには、仲間意識や親近感が生まれる機会がないのだ。

ピッグス湾事件の一年後に、そのときとほぼ同じ相談役らで構成されたグループがケネディ大統領主導で結成され、キューバ危機の有効な解決方法を見いだしたことも、トロント大学の研究者グレン・ホワイトによって指摘されている。

キューバを侵攻するという総意は「グループの団結力、または団結心を維持しようとした結果得られたものではなかった」と、スタンフォード大学の心理学者ロデリック・クレイマーはいう。団結により集団思考が発生したという、そのほかの事例もない。

さらに、ジャニスの分析にはもう一つ大きな欠陥がある。彼は間違った判断を下したグループばかりを研究対象としていたのだ。

正確な結論を導くには、誤った判断と正しい判断とを比較したうえで、団結力のあるグループは集団思考の犠牲に陥る傾向にあるのかどうかを判断すべきだったのだ。

経済誌『フォーチュン』が選ぶ「フォーチュン五〇〇企業」のうち、七つの一流企業の経営陣が下した、戦略的判断の成功例と失敗例を研究者らが調査した。

その結果、団結力があるグループには、まわりに同調を求めたり異なる意見に耳を貸さなかったりといった傾向はないことがわかった。むしろ、団結力のあるグループは、ビジネス上でよりよい決断をするという傾向が見られた。

政界でも同様だ。調査報告のなかで、研究者のサリー・リグス・フラーとレイ・アルダグはこうまとめている。

「一般に、団結力が引き金となって集団思考が発生するものと思われているが、団結力がつねに原因というわけではない……団結力が原因となっていることを実証する調査結果はない」

研究チームは、「グループ団結のメリット」には「コミュニケーションの向上」が含まれ、団結力のあるグループは「互いに議論をぶつけ合えるような立場が、それぞれ十分確保されている」という。

また、ホワイトはデータを精査した結果、「団結力は集団思考モデルから除外されるべきである」という結論を出している。

本パートでは、実際に何が集団思考を生むのか、またどのように集団思考を防げばよいのかを説明していきたい。オリジナリティを育む集団があるとすれば、いったいどのようなものなのだろうか?

ポラロイドとコダックの違い

一九九〇年の半ば、ある専門家のグループは、企業の創業者たちがどうやってそれぞれの会社を成長させてきたかに興味を抱いた。

社会学者のジェームス・バロンが中心となり、シリコンバレーのおよそ二〇〇ものベンチャー企業の創業者にインタビューした。

ハードウェアやソフトウェア、テレコミュニケーション、ネットワーク事業、医療機器、生物工学やリサーチ、製造、半導体まで、対象の企業は多岐にわたった。バロンのチームは創業者たちに「会社を起《た》ち上げたとき、どんな組織を頭に描いていたのか」と聞いてみた。

業種に関係なく、主に三つの組織モデルがあがった。
①「専門型」、②「スター型」、③「献身型」だ。
①の専門型モデルでは、特定のスキルをもつ従業員の雇用を重要視した。創業者たちは、ジャバスクリプトやC言語でプログラムできるエンジニアや、たんぱく質の合成に関する深い知識をもった科学者を重用《ちょうよう》した。
②のスター型モデルでは、有能な人材を迎えたり秀《ひい》でた人材を引き抜いたりすることを重視し、現在のスキルでなく将来の可能性に焦点があてられていた。スター人材は、現在は特定分野に関する専門知識がなく荒削りであっても、知識を吸収できるだけの地頭《じあたま》のよさがあることが求められる。
③の献身型の雇用方法は異なっていた。スキルも将来性も大事ではあるが、企業文化に溶け込むことを絶対条件としていたのだ。企業の価値観や基準と足並みをそろえることが最優先だった。
③の経営者は、モチベーションに対しても一風変わったアプローチをとっていた。
「専門型」と「スター型」をめざす創業者は、従業員にむずかしい業務を与えたり、自主性を重視したりするのに対し、献身型モデルの創業者は、従業員間もしくは従業員と組織間を強い絆《きずな》でつなぐことに注力していたのだ。

「家族」や「愛」という言葉で組織の人間関係を表現し、従業員は、組織の使命に熱い情熱を注ぐ傾向があった。

バロンのチームは、どのモデルがもっとも成功したのかを知りたいと思った。一九九〇年代のインターネットブームから二〇〇〇年のバブル崩壊までのあいだの状況を追跡した結果、一つのモデルが、ほかの二つよりもはるかに優れていたことがわかった。

それは「献身型」モデルである。

献身型モデルの企業の失敗率はゼロだった——倒産した会社は一つもなかったのである。ほかのモデルを使った企業の未来は、そう明るくなかった。

スター型モデルの失敗率は高く、専門型モデルにおいては、三倍以上の失敗率だった。

一方で、献身型モデルの企業は、株式上場する確率も高く、株式公開時の株価は、スター型の三倍以上、そして専門型の四倍以上の値段がついた[29]。

多くのベンチャー企業では、創業者に代わり新たなCEOを迎えたため、バロンのチームは、新CEOにも組織モデルに関するインタビューを行なった。

創業者のモデルは、次の世代のCEOが独自のモデルを導入したあとも、脈々と引き継がれていた——現行のCEOのモデルより重要か、少なくとも同等に重要なものであると認識されていた。

このように、創業者の影響力は偉大だ。技能やスター性をもつものはいずれ去っていくが、会社に対する「思い入れ」は息が長いのである。

初期のポラロイドの企業文化には、献身型モデルのよさが感じられる。同社の企業文化は、情熱、オリジナリティ、そして品質を軸とした価値観から発展したものだった。インスタントカメラを開発していたころのランドは、寝る間も惜しんで、一八日間ぶっ続けで働いたこともあった。

「コダック」社が専門分野において高学歴な人材を雇うかたわらで、ランドは、芸術的な経歴をもつ女性や海軍をやめたばかりの男性を雇用するなどして多彩な人材を集めた。

このやり方は、献身型モデルを採用するシリコンバレーの創業者たちと同じである。ランドは、特別なスキルやスター性をもっているかどうかは重要視しなかった。重点を置いたのは、新しいアイデアを生み出せるかどうか、そして企業のミッションに専心できるかどうかだった。

同じ情熱と目標をもつ仲間に囲まれた従業員たちは、組織への強い一体感と団結力を感じた。同僚や組織と強くつながっていれば、ほかで働こうとは思いもしないだろう。

インスタントカメラのあとにも、ポラロイドの初期の成功に貢献し、フィルム技術を大きく進歩させた発明が二つあった。

一つ目は、セピアフィルムの発明である。インスタントカメラの白黒フィルムは、画像が薄れやすかったのだが、この問題解決のカギとなった人物は、メロエ・モースという名の女性で、研究所のリーダーであった。モースは大学で美術史を専攻しており、物理や化学の授業は受けたことすらなかったが、のちに色覚における草分け的な存在となった。

モースは非常に熱心な社員で、技術者を三交代制で置いて研究所を二四時間稼働させていた。

二つ目は、ハワード・ロジャーによるインスタントカラー写真の発明だ。ロジャーは自動車の機械工で、該当分野での教育を受けたことはなかったが、苦節一五年の末にカラーコードを解明したのだった。

道を誤るCEOの特徴

このように創業初期の段階では、献身型の企業文化は実りが多いのだが、年月を経るにつれ、しだいにおとろえていく。

シリコンバレーでの調査では、献身型モデルをもつベンチャー企業には高い生存率や上場のチャンスをもたらしたが、上場後には株式市場価値が伸び悩んでいた。

献身型モデルの企業はスター型モデルの企業と比べ、株式市場価値の成長に一四〇パーセントの遅れが、専門型モデルの企業と比べると二五パーセントの遅れが見られた。

さらには、官僚型モデル（訳注：行政機関に見られるような、規則や手順のはっきりした形式的なモデル）の企業のほうが市場価格の伸び率がよかったのである。

企業経営者のコーチングで知られるマーシャル・ゴールドスミスがいうように、「これまで会社を成長させてくれたものは、その先にある成功には導いてくれない」ということなのかもしれない。

組織が成熟すると、献身型の企業文化にはどんな問題が生じるのだろうか？

「献身型の企業では、多彩な人材を引きつけて維持すること、あるいはそういった多彩な人材を融合させることがよりむずかしくなる」と、先述の社会学者バロンはいう。

それを裏づけるデータもある。組織は時間の経過とともに均質になる傾向があることを、心理学者のベンジャミン・シュナイダーが発見している。似たような人々を引きつけ、選び、互いを知る場を設け、同じ人材を維持し続けるなかで、多様な考えや価値観が薄れていくのだ。

このような現象が顕著に見られるのは、すでに事業が軌道に乗っていて、献身的な企業文化が強い企業である。雇用時には似たような人材を集め、企業文化に慣れるか、さもなくばやめるか、という強いプレッシャーを従業員が味わうような企業だ。

安定した業界においてこのような強い文化をもつ大企業は、他企業に比べて確実な財務業績を上げていることを、スタンフォード大学の社会学者ジェスパー・ソレンセンが見いだしている。

従業員が共通の目標や価値観でつながっていれば、予測可能な環境では効率的に仕事ができる。だがコンピュータ、宇宙産業、航空業界といった変化の激しい環境下では、強い企業文化のメリットは消えてしまう。

市場が動的になると、強い企業文化をもつ大企業は孤立してしまうのだ。

変革が必要であることをなかなか認識できず、異なる考え方をもつ企業のアイデアに抵抗を示す傾向にある。結果的に、学びもしなければ適応もしないので、競合他社に比べて業績は悪く、安定は望めない。

こういった研究成果は、ポラロイドの盛衰の歩みをそのまま表わしているかのようだ。

ランドが一九四八年にインスタントカメラを発明してから会社は発展し、一九五〇年に七〇〇万ドル以下だった企業利益は、一九六〇年には一億ドル近くまで跳躍し、一九七六年には九・五億ドル（約三〇〇〇億円）にもなった。この期間中、写真業界は安定を保った。

顧客は、撮った写真がその場で印刷されて出てくる、質の高いカメラを重宝した。だがデジタル革命がはじまると市場は不安定になり、ポラロイドがかつて独占していた文化は時代遅れとなってしまった。

一九八〇年、ランドは「ソニー」の創業者である盛田《もりた》昭夫からある提案を受けた。盛田は、化学薬品を用いた現像法に未来はないかもしれない、といい、デジタルカメラの共同開発に興味をもっていることを示した。

しかしランドは、二進法の0や1といった数字の羅列ではなく、化学と物理の観点から世界を見ていた。顧客はつねに印刷された写真を欲しがっており、デジタル写真の質は化学薬品で処理された写真の質に絶対に勝ることはないとして、そのアイデアを却下したのだ。

会社崩壊という窮地《きゅうち》に陥ると、ランドはますます外部からの提案を受け入れられなくなっていった。長いあいだランドと一緒に働いていたある人物は、「ランドは、忠実に命令を実行してくれる太鼓もちでまわりを固めていた」という。

彼はインスタント・ムービー・カメラの「ポラビジョン」の開発に乗り気だったが、社長のウィリアム・マッキューンがコンセプトに疑問をもつと、取締役会に苦情をもち込んだ。そして「ポラビジョン」開発プロジェクトに関するすべてを自分の管理下に置くと、異論を唱える人たちが入室できないよう別フロアで作業を行なった。

「反対意見やまっとうな助言に対して、ランドはきちんと説明すべきでした」とマッキューンは述べている。「しかし、リスクの高い、狂気じみたプロジェクトの最中、ランドは、批判的な人物すべてをシャットアウトしてしまったのです」。

じつはこのランドの反応は、あまりにも典型的なものだ。

企業戦略の研究者であるマイケル・マクドナルドとジェームズ・ウェストファルの研究では、**会社の業績が低迷すればするほど、CEOたちは「同じような視点」をもつ友人や同僚からのアドバイスを求める傾向があった。**

本来ならば逆のことをしなくてはならないのだが、異論を突きつけられることの心地悪さよりも、認められ、傷をなめあう心地よさを好んでしまう。

会社の業績が向上したのは、CEOたちが親しい友人以外の意見を積極的に集めたときや、間違いを正し、変化のあと押しをするような、今までとはまったく視点が異なる意見を考慮したときにかぎられていた[30]。

集団意思決定の世界的権威であるカリフォルニア大学バークレー校の心理学者、シャーラン・ネメスはこう述べている。

「少数派の視点は大切だ。意識の幅が広がったり、違った考えが生まれたりするからだ。たとえ少数派意見が間違っていたとしても、よりよい解決法を見つけるときや、決断をする際の役に立ち、結果的によいものが生まれる」

異なる意見は、たとえ間違っていても、役に立つのだ。

ネメスは、一九八〇年代にはじめてこれを証明したが、彼女の研究結果は、その後いくつもの研究で再現されている。ある実験のなかで被験者は、仕事を任せる人材を三人の候補者のなかから選ぶよう求められた。

Jさんという候補者は、明らかにほかの候補者より優れているが、被験者たちはそうとは気づいていなかった。被験者全員がその仕事にふさわしくない候補者であるRさんがよいと考えていた。

しかしある被験者が、もう一人の候補者であるGさん――彼もまた、ふさわしくない凡庸な候補者なのだが――がよいのではと発言すると、優秀な人材であるJさんに目を向けて雇用する確率が四倍になった。

Gさんが選択肢に加わったことで総意が崩れ、被験者たちは違った考え方をするようになったのだ。雇用の条件やそれぞれの候補者の資質などをふたたび検討した結果、被験者たちはJさんに目を向けることができた。

異論に見向きもしなかったため、ランドのインスタント・ムービー・カメラは完全なる失敗作になってしまった。技術的にはたいへん優れた製品だったが、ほんの数分の映像しか撮ることができなかった。

一方、市場に出回っていた他社のビデオカメラは、数時間もの映像を録画することができた。製品開発に六億ドル（約一七〇〇億円）もの資金を費やす結果となり、取締役会はランドを退任させた。

彼は「人と違う考え方をする方法」を知っていたが、「違う考え方ができない会社」をつくり上げてしまったのである。

ここで明らかになったのは、強い絆により集団思考が生まれるのではないということ。むしろ、過剰な自信と、周囲の評判への懸念が原因となっているのである。

ランドの描いたビジョンを維持しようとしていた経営陣は、顧客は現像写真をつねに欲しがるものだと信じ込んでおり、フィルムの利益を上げるために安いカメラを生産し続けた。これは、替え刃で利益を上げるために安いカミソリを売るようなものだ。

デジタルカメラへの移行を迫られると、経営陣は「フィルムはどこにあるんだ？　フィルムはないのか？」と、何度も尋ねたそうだ。

デジタルカメラは三八パーセントの利益率が見込めるとの報告を受けたときも、フィルムの利益率は七〇パーセントだといってせせら笑った。

デジタル画像チームの一人は、当時を振り返って「戦いの連続」であったという。「私たちチームは、ポラロイドの中核を占めるビジネスは時代遅れであり成長を阻《はば》んでいると、既存のビジネスモデルに対してつねに異論を唱えていました」

反対派は急速に孤立していった。経営陣の目には、異論を唱える人たちは、瞬間を切りとって永久に保存できるという素晴らしい価値がわかっていないと映ったのだ。

カール・ヤンコースキーというエンジニアは、ポラロイドの商用写真担当の副社長についた際、高度なデジタル撮影技術をもつベンチャー企業を買収することを提案した。

しかしCEOのマック・ブースはそのアイデアを却下し、「ポラロイドは自社で発明していないものは売らない」といってキッパリ切り捨てた。

このコメントからは、ポラロイドが未来を予測する能力と、製品をつくり出す能力にいかに自信過剰だったかがわかる。

「インスタントフィルムは、デジタル技術における目玉になる。そしてわれわれは世界の誰よりも、その技術を理解しているのだ」と、ブースは一九八七年にいっている。

「インスタント写真が廃《すた》れてきたという人はみな、現実から目を背《そむ》けているだけだ」

「会社が新しい時代に対応できるよう、デジタル技術の専門家を外部から探しましょう」と提案したときのことを、ヤンコースキーは覚えている――ブースは「君の鼻をへし折ってやるか、クビにするか決めかねるよ！」と切り返したそうだ。

最終的にヤンコースキーはあきらめ、ポラロイドを去ってソニーへ移り、そこでプレイステーションを立ち上げ、四年のあいだにソニーの利益を二倍近くにした。

ヤンコースキーはその後、「リーボック」社の立て直しを行ない、「パーム」社のCEOに就任した。

イノベーションの波に乗り、傾いた企業を救ってきた彼でも、「ポラロイドに根づいていた企業文化を打ち破ることはできなかった」と悔しそうにいい、経営のカギを握る人たちの「閉鎖的な考え」や「近親思考」を非難する。

二七年にわたりポラロイドで働いていたミルトン・デンチはいう。

「ポラロイドの経営に何世代にもわたって根づいてきた文化は、紙に印刷されたものこそが、ポラロイドの原点である、という考えだった……失敗した本当の原因は、まさにその独特な文化だったのだ(31)」

ポラロイドは、デジタル写真の先がけになりえたかもしれないし、余裕をもってタイミングよく市場に参入することもできただろう。

だが経営者たちは、会社が崩壊の一途をたどっているにもかかわらず、何もせずにモタモタしていた。もし彼らがランドの信念にあれほどまでに固執せず、オリジナルなアイデアをとり入れていたら、会社は生き残っていたかもしれない。

「社長、今日のあなたは最悪でした」

会社役員と学生を対象に、これまで出会ったもっともインパクトのある組織文化について調査をしたところ、群を抜いて一位だったのは、世界最大規模のヘッジファンド「ブリッジウォーター・アソシエイツ」社だった。

コネチカット州のとある町に本社を構えるブリッジウォーターは、一七〇〇億ドル（約一七兆円）を超える政府、年金基金、大学、そして慈善団体の投資を手がけている。

ブリッジウォーターの哲学は、創業者がみずから書いた「プリンシプル」と呼ばれる二〇〇項目以上のルールから成る心得書にまとめられている。だが、資金を管理する事業であるにもかかわらず、このルールには投資に関する言葉はいっさい含まれていない。

職場や人生のなかで遭遇するさまざまな場面で、どう考え、行動すれば意味のある仕事をすることができるか、豊かな人間関係を築くことができるかが記された、格言集のようなものだ。

このルール集は二〇〇万回以上もダウンロードされており、中身は哲学的なもの（「真実を恐れる必要など何もない」）から、実用的なもの（「やり方を変える前に、通常一八カ月間の継続的努力が必要だと心得よ」）までいろいろだ。

新規採用は、このルール集にどれだけ適応できそうかにもとづいて行なわれる。

入社後の従業員は、軍隊のやり方を応用した集中ブートキャンプ形式の研修を受ける。従業員はキャンプで、会社の心得をよく考え、話し合うよう指示され、感情が乱れるような状況でルールを実践し、どの程度行動できたかが評価される。

賛否両論があるにせよ、同社には団結力があり、従業員がしばしば「家族」と呼ぶほど、固い絆で結ばれたコミュニティである。従業員は何十年にもわたり勤務するのがふつうだ。

ブリッジウォーターは、変化の激しい金融業界にあって強い献身型文化をもつ会社だが、業績は時を経ても衰えてはいない。

同社には二つの主要ファンドがあるが、二〇年間どちらも安定した素晴らしい収益を上げ続けている。ほかのファンドと比べ、金融業界の歴史上、最高の利益を顧客にもたらしている。二〇一〇年の同社の収益は、グーグル、イーベイ、ヤフー！、アマゾンの利益の総額を超えた。

ブリッジウォーターは、独創的なアイデアを歓迎する社風だ。また、一般的な投資ファンドに比べ、投資先をより多様化することでリスクを減らすというのも特徴的な戦略の一つだ。

さらに二〇〇七年の春には顧客に対し、金融リスクを警告しはじめた。投資情報誌『バロンズ』によると、「ブリッジウォーターほど株式市場大暴落に備えていた企業はなかった」。

投資の世界では、みなと違う考え方をしてこそ利益を上げることができる。

従業員が多数意見にしたがうのではなく、それぞれの視点を示すことで、他社が考えもしなかった投資判断を下すことができ、他社が見つけることのできないトレンドを見いだせる可能性がグッと高くなる。ほかの企業が間違っているときにも、〝正解〟が出せるのだ。

本書の目的は、ブリッジウォーターの金融面での決断を分析することではない。その決断の根底にある文化を深く掘り下げてみることだ。

まず、同社の創業者であり億万長者のレイ・ダリオについて見てみよう。ダリオは「投資の世界のスティーブ・ジョブズ」と呼ばれる男だが、ダリオとやりとりするときでも、部下たちは彼を特別あつかいしない。

次の文章は、投資アドバイザーである一般社員が、新規受注の可能性のある大切なクライアントとの会議を終えてから、ダリオに送ったメールだ。

ダリオ様。今日の会議でのあなたのパフォーマンスは、正直に申し上げて、Dマイナス、最悪でした……五〇分間しゃべりっ放し……まったく準備なさっていなかったことが、私たちにははっきりわかりました。準備をされていたのであれば、最初からあれほど脱線するはずがありません。

今回のクライアントは、「絶対に勝ちとる必要のある」方だと伝えていたはずです……本当にひどい会議でした……以後このようなことがあっては困ります。

一般的な企業では、上司を酷評するメールを送信することは、言語道断。キャリアをみずから棒に振るも同然である。

しかしダリオは怒るどころか、その会議に出席した参加者すべてに正直な感想と「A～F」での評価を求めた。そして、ダリオの欠点を隠したり、メールを書いた従業員を責めたりする代わりに、同社の共同CEOは、メールのやりとりをコピーし、みんながこのやりとりから学べるよう会社全体に送信したのだ。

否定的な感想をいうとき、多くの組織ではひっそりと行なわれる。

ブリッジウォーターでは、問題や意見があれば当人と直接話し合う。

「忠誠心より、真実を語ることや柔軟であることを優先せよ」「批判的な意見を口に出していえないのなら、批判的意見をもつ権利はない」と、ダリオはルール集に記している。

典型的な組織では、異論を唱える者は罰を受けるが、ブリッジウォーターでは、意見が出せるかどうかで決まる——現状に迎合する従業員は、解雇されることすらあるのだ。

共通の価値観や基準に対する従業員の思い入れが強い場合にのみ、強い文化は存在する。

そして強い文化による影響力は、その組織がどういう価値観や基準をもっているかに左右される。**強い文化をつくり上げるためには、コアになる価値観の一つとして「多様性」を掲げなくてはならない。**

「意見の相違を歓迎すること」——これが、ブリッジウォーターの強い文化と、単なるカルト集団とを分けるものだ。

同社では採用の際、ある人材が会社の文化に適応できるかどうかを、会社の文化にどれだけ近いかではなく、文化にどれだけ貢献できそうかで判断する(32)。

ダリオが求めるのは、自主的な考え方ができ、企業文化を豊かにする人材だ。異論を唱えることに対する責任を従業員にとらせることで、全従業員の意思決定の方法を根本的に変えた。

カルト集団では、中枢を占める価値観は「教理」である。

ブリッジウォーターでは、従業員は社のルールにどんどん意見するよう求められる。

研修中の従業員は、ことあるごとに「あなたはこのルールに賛成しますか?」と聞かれる。

「私たちのルール集は幾度となく負荷テストを重ねてきました。既存のルールを受け入れて働くか、それをよしとせずに、よりよいもののために戦うかどちらかです」とダリオとともにルール集をつくったザック・ウィーダーはいう。

ポラロイドの例のように、勤続年数の長い人や地位の高い人にしたがうのではなく、ブリッジウォーターでは、「アイデアのクオリティ」が決断のもとだ。

つまり、アイデア実力主義、もっとも優れたアイデアが採用される組織なのだ。

「悪魔の代弁者」を探せ

前述の心理学者ジャニスは、集団思考という名の病を分析した際、有効な治療方法の一つに「悪魔の代弁者」、つまり「わざと反論する人物」を立てることをあげた。

「悪魔の代弁者」の歴史は一五八七年にまでさかのぼる。ローマ教皇シクストゥス五世が、カトリック教会の聖人を選出するための新しいしくみを定めたときだ。

教皇は「信仰を広める者」を任命した。候補者の人柄を批評し、その人が行なったとされる奇跡について疑問を投げかけ、列聖（訳注：死後、信徒が教皇により聖人として認められること）に反対するのが「信仰を広める者」の役割であった。

「信仰を広める者」は、「神の代弁者」に対しても反論し、いつしか「悪魔の代弁者」として知られるようになったのである。

すでに五〇〇年が経とうという現在でも、リーダーたちはさまざまな意見を引き出すために、このやり方を採用している。多数派に反対する者を連れてくるのだ。

しかし、心理学者のシャーラン・ネメスによると、この方法は間違っているという。ネメスの研究に影響を受けたある実験がある。

ドイツの企業や政府組織の幹部である二〇〇人以上が、外国への生産拠点の移転を考える会社の代表として任命され、赴任する国として二つの選択肢を与えられた──たとえば、ペルーとケニアだ。

そして、はじめに与えられた情報を読んだあと、どちらかの国を選ぶよう指示された。ペルーを選んだ人たちは、同じ選択をした別の二人で構成されているグループへ入った。そして最終的に決断をする前に、約一二個の記事を閲覧することが許された。記事の半分はペルーについて好意的に書かれた記事で、残り半分はケニアの記事であったが、すべての記事を読む時間はない。

そういった状況のなか、被験者たちは、ペルーのことが好意的に書かれている記事を二六パーセントも多い確率で選んだ。

これは心理学者が**「確証バイアス」**と呼ぶ現象である。**人はどちらかを好んでいると、好んだものを支持する情報を探し、それに相反する情報を見ようとしない。**

ではグループ内の一人を無作為に「悪魔の代弁者」として指名したら、確証バイアスはどう変化するだろうか？

悪魔の代弁者の役割は、ペルーを好む多数意見に異議を唱え、欠点をバラし、グループの予想に疑問を投げかけることだ。

悪魔の代弁者がいることで、被験者たちのバランスは向上した。ケニアのことが好意的に書かれた記事と比べ、ペルーのことを好意的に書いた記事を選択した確率は二パーセント多いだけだった。

だが結果的に悪魔の代弁者の意見は、被験者の考えを変えるまでにはいたらなかった。

被験者たちは、ケニアの記事も多く読むことで、表向きは悪魔の代弁者になびいたように見えたが、結局、自分が選択したものに対する自信は揺るがず、たった四パーセントしか選択率は下がらなかった。

確証バイアスによって被験者は、自分たちの選択を支持する意見には納得したが、そうでないものは聞き入れなかったからだ。

多数派の意見を翻意させるには、「好意的な記事」より「それに反する記事」をもっと読ませなくてはならないのである。

悪魔の代弁者を立ててもダメだとすれば、いったいどうすればよいのだろうか?

研究者は、ペルーを選んだ被験者二人を入れた別のグループをつくった。三人目のメンバーには、ケニアをすすめる悪魔の代弁者ではなく、実際にケニアのほうが好きな人を加えた。これらのグループは、ペルーを好意的に紹介した記事と比べ、反ペルー的な記事を一四パーセントも多く選んだ。また、一五パーセントも高い確率で最初の選択を変えたのだ。

悪魔の代弁者を「誰かにやってもらう」のはたしかに魅力的ではあるが、本物の悪魔の代弁者を「発掘する」ほうがさらに効果的なのだ。

単に、悪魔の代弁者としての役割を果たしているだけだと、二つの問題が発生する。選ばれた代弁者は意見を力説することもないし、一貫性も出にくいので、相手はなかなか真に受けてくれない。

「異論を出すために異論を唱えるという方法は有効ではない。また、ロールプレーふうに『異論を唱えるふりをする』のも有効ではない」とネメスは説明する。

成功の秘密は、誠実さだ。

「演じることができるなら、そうなったも同然だ」という古い言い回しもある。

誠実さを装うことはたやすいことではない。説得力を最大限まで高めるには、代弁しているものごとを心から信じていることが必須だ。

ネメスが指揮したある実験では、「任命されただけの、表面的な悪魔の代弁者」がいるグループに比べ、「心から信じている、真の悪魔の代弁者」がいるグループは四八パーセントも多くの解決策を見いだした。

さらに、「真の悪魔の代弁者」がいるグループが出した解決策のほうが質も高かった。

悪魔の代弁者が多数派の意見に同意していると知っていた場合でも、悪魔の代弁者の本心が不明な場合でも結果は同じだった。

そして、悪魔の代弁者が少数意見を信じていたとしても、相手に「この人は悪魔の代弁者に任命されています」と伝えるだけで、説得力は低下してしまった(33)。

任命されただけの人はその人自身の信念が疑われるだけだが、誠心誠意反論をする人は、相手の心のなかにある疑念に訴えかけることができる。

ブリッジウォーターでは、レイ・ダリオが、周囲の他者がきちんと発言をしているかどうかを問うアンケートを社内全員に送った。

日々一緒に仕事をする人たちのなかに、困難な状況であっても自分のために発言してくれる人や、正義のために戦ってくれる人はどのくらいいますか。

あなたはそういう人ですか

では、あなたの誠実さが試される質問をします。日々一緒に仕事をする人たちのなかで、正義のために戦っていない人は誰ですか(必ず三人あげてください)。

その人たちに、そのことを伝えたことがありますか。もし伝えたことがないのであれば、その理由は何ですか。

ダリオは、文字数制限のない自由な記入欄を設けた。回答はどっと押し寄せたが、ルール集をもとに一致団結している会社だとは思えないほど、意見がバラバラだった。

従業員のうち何人かは、名前をあげることに反発した。

またほかの従業員は、アンケートの形式に苦言を呈した。

ある従業員は、「このアンケートはアイデア実力主義どころか、まるでナチスドイツだ」と書いた。

また、ほかの従業員はこう記していた。

「今日のアンケートは、度を越している……意見一つのために三人も名前をあげるなんてバカバカしい。しかもごく限定的で、慎重を要するテーマだ。アンケートが人の感情を無視した形式であるため、よけい底意地が悪い」

だが、まったく逆の反応をした従業員もいた。

彼らは、会社の規範に沿ったアンケートだと感じた。本心を口にしない人たちは、企業文化にそぐわないのだ、と。

ある従業員は、アンケートは「じっくり考えるきっかけになった」といい、「アンケートによって会話が生まれました――ある人が、正義のために戦っていない人として私の名前を書いたとメールをくれました――私もそう思いました」。

また別の従業員は、「このアンケートはここ二年間でやった課題のなかで、もっとも価値のある、もっともむずかしいものでした」と書いた。

ダリオは不協和音が大好きだ。

不協和音により両サイドが学び合える機会ができるからだ。

「建設的に異論を交わせない人々が、人間にとって最大の悲劇を生み出す」のだという。

ダリオは、社員が議論を戦わせることで、意見の食い違いに折り合いをつけることを望んでいる。納得するまで徹底的に話し合うことで足並みをそろえさせたいのだ。

アンケートに対する社員の相反する視点をまとめるため、ダリオは議論の場を設けた。バランスのとれたやりとりをうながそうと、強い否定的な意見をもつ従業員三人と、非常に意欲的な従業員三人を選んだ。

ダリオは、批判的な意見をもつ一人に意見を聞いた。

その従業員は、「マッカーシズムのような、つるし上げ文化がつくられること」への懸念を示した。別の従業員も同意して、「名前をあげさせるなんて、愚かなことです」といった。

すると別の一人がその意見を押し返した。

「そういった情報を共有しないことが、愚かなのではないでしょうか」

アンケート結果から、ほかの従業員に批判的な意見をもっていても四〇パーセントの人は口にしないことが明らかになっていた——しかし全員が、ほかの従業員の批判的な意見を知りたいとも回答していた。

数十名の従業員が集まった部屋で、一時間以上にもわたり白熱した議論がくり広げられた。

本来、会社の業務は投資管理なのに、なぜダリオは名前をあげるべきか否かという議論にこれほど時間を費やすのだろうか？

自分の意見をはっきりと述べる文化をつくることができれば、従業員たちは集団の心配などさほどしなくてよくなるからだ。そして、ダリオが意見を述べるたびに、うなずいたり愛想笑いをしたりするプレッシャーを部下が感じなくてすむ。

ダリオが下した市場予測に疑問を投げかけるとき、従業員たちはすべてをオープンにして意見をいえるし、従業員間でも徹底的に透明性を保つようになる(34)。

決断は、役職などの階級制度や多数決による民主主義にもとづいてではなく、アイデア実力主義にもとづいて下されるようになるのだ。

一時間以上も議論を交わしたことで、従業員は互いに切磋琢磨し、独創的なアイデアを共有する必要がある、ということで一致した。

このような透明性が集団思考を防ぎ、間違った決断を長きにわたり回避できる。

互いに反論できる文化を築き上げることで、ダリオは組織の「なれ合い文化」にノーを突きつける。だが、このような文化は、ほとんどのリーダーが望んでいることとは違うようだ。

部下に解決策を求めるな

もし、あなたが部下にいうとしたら、次の文をどんな言葉で埋めるだろうか?


私に（　　　　）をもってくるな。

（　　　　）をもってこい。

組織心理学者デビッド・ホフマンが、この質問を教えてくれた。

それからというもの私は、何千人もの企業の管理職にこの質問をしてきた。そして文章を完成させて大声で読み上げるようにいう。

すると十中八九、みんなが口をそろえていう。

「問題をもってくるな。解決策をもってこい」と。

これは一見、リーダーのための含蓄のある哲学のように思える。

部下には不平を漏らすだけに留まらず、自分の頭で考える責任感をもってほしいと上司たちは考える。

詳しい調査によると、従業員が問題よりも解決策を提案してくるほうが、管理職たちはより好意的な反応を示すそうである。

しかし、集団思考という観点から見ると、解決策を考えることにはネガティブな側面がある。

ホフマンは、間違いを発見し、正し、防ぐ組織文化を築くことに関する世界的な研究者の一人である。

二〇〇三年に大気圏再突入を試みたスペースシャトル、コロンビア号が爆発したあと、NASAの安全の査定と改良点の文書化にホフマンの研究が役立った。

ホフマンが作成を手伝った組織文化についてのアンケートには、NASAの全職員が回答した。さらにこれまで、一〇〇〇以上の企業で働く二〇万人以上の従業員が回答している。

ホフマンは、**「解決策に焦点をあてすぎる文化は、〝弁護の文化〟に偏《かたよ》ってしまい、探究心を**

削いでしまう」ということを見いだした。

いつも答えを用意してくるよう求められていると、人に話をする前に結論を出しているため、広い視点から学ぶ機会を失ってしまうのだ。

コロンビア号が飛び立った翌日、「不可解な物体」が軌道上に浮遊していた。ここで疑問が出されていたら、その不可解な物体のせいでシャトル左翼に穴が開いてしまったことを発見できていたかもしれない。そして、その穴からシャトル内へ高温ガスが入り込む前に修理できていたかもしれない。

グループ内のそれぞれのメンバーが、異なる情報をもっているとき、弁護する前に調査を行なわなければならない――つまりは解決策を模索する前に、問題をクリアにするのだ。

問題を確実に提起するため、自分とは意見が異なる人間を探し出す力が、リーダーには求められる。

二〇〇七年、グーグルの人事部トップのラズロ・ボックは、例年の人事評価を一二月から三月へ変更し、年末の繁忙期を避けることにした。ボックのチームは、数十名のメンバーとアイデアの交換をしたのちに合意し、金曜日にこの変更を全社に知らせることにした。

木曜日の夕方、ボックが管理職たちに変更を前もって告げるメールを送信すると、強い拒否反応を示すメールがドッと押し寄せてきた。夕方六時から夜中の一二時まで、数百のメールを処理し、四〇本も電話をかけ、人事評価のスケジュールを一〇月に移動するよう説得されてしまった。

このような提案が出される前は、同様の考え方をする人たちからの賛成意見のみしかなかったため、ボックのチームは反対意見には考えもおよばなかった。

「この経験で、従業員の声を聞くことの大切さがわかっただけでなく、決断のかなり前から、意見交換ができる確実な情報網をもつことが重要だとわかった」とボックは、『ワーク・ルールズ！』（東洋経済新報社）のなかで書いている。

反対意見をもつ者が早い段階で意見を述べられるように、ボックのチームは「カナリア」というグループをつくった。多様な視点をもつ、信頼のおける社内エンジニアたちの集まりだ。彼らは不利な状況に敏感であるとともに、堂々と意見がいえるという評判をもつ人たちでもある。

グループの名称は、一九世紀において、炭鉱内の有毒ガスを感知する方法としてカナリアを用いていたことに由来するものだ。

今や人事チームは大きな方針変更を発表する前に、たいていカナリアに重要なフィードバックを求めている。カナリアは、諮問《しもん》委員会でもあり、意見交換グループでもある。さらにはグーグルで働く従業員の声が上層部にまで届くようにするしくみでもある。

前もって彼らの意見を聞くことで、「これまでいちばん不平不満をいっていた人たちが、いちばん強力な代弁者となった」とボックのチームの一人はいう。

ポラロイドは、「カナリア」のようなしくみを使おうとしなかった。対照的に、ブリッジウォーターは、会社全体がカナリアであふれかえっている。

レイ・ダリオは、従業員に解決策をもってきてほしいのではない。問題をもってきてほしいのだ。

ダリオが初期に発案したものの一つが「問題ログ」だ。

「問題ログ」は社内の誰もがアクセスできるデータベースで、問題を提起することができ、その問題の深刻度もつけられるようになっている。

問題を認識することは、集団思考との戦いのほんの半分。残りの半分は、問題を解決するために正しい意見を聞くこと。ブリッジウォーターには、その方策がある――信頼のおける人々を集めて問題と向き合い、それぞれの推論を共有し、解決策を模索することだ。

すべての人の意見が歓迎されているが、すべてに平等の価値があるわけではない。ブリッジウォーターは民主主義ではない。少数意見を選んだほうがよいときでも、投票すれば多数意見に特権がわたってしまうからだ。

「民主主義的な決定法――一人一票――というのは愚かだよ」とダリオはいう。「信用度はみな同じというわけではないから[35]」

ブリッジウォーターでは、全従業員のさまざまな分野におけるそれぞれの信用度がスコア化されている。

たとえば野球選手の場合、契約する前に、打率、本塁打数、盗塁数を調べ、長所や弱点を踏まえた結果をもとに交渉を進めていくだろう。ダリオは、ブリッジウォーターでも同じことをしたいと考えた。

そして、全従業員の業績が記された「野球カード」をつくり、全社員が閲覧できるようにした。価値観、スキル、俯瞰《ふかん》的思考能力、実践的思考能力、高いレベルで仕事を維持する力、意志力、寛容さ、自己主張能力、信頼性など七七もの異なる視点が含まれる。

通常、査定は従業員同士で行なわれる。評価項目は、誠実さ、勇気、正直さ、問題にとり組む姿勢、問題を抑圧しないこと、たとえ人の気に触ることでも積極的に行なう姿勢、協調性、他者に責任をもたせる姿勢、などがある。

それに、従業員は思い立ったとき気兼ねなく、社内の誰に対しても意見を出せるようになっている。同僚、上司、部下を基準にもとづいて査定し、自分の考察を短く説明したものと一緒に提出するしくみだ。

この「野球カード」は、ほかのさまざまな査定とともに組み合わせてでき上がる。カードに描かれるものは時とともに変化し、各ポジションにもっとも適しているのは誰か、そして「信頼できる分野」には青信号、「要注意分野」には赤信号がつけられる。

自分の意見を述べるときには、発言する分野での信用度がどの程度あるかがポイントになる。信用度は、現時点でどれくらい発言内容に信頼性がおけるかの可能性を示したものであり、過去にどういう判断を下し、どう説明し、どう行動したかにもとづいている。

自身の視点を提示する際には、どの程度自信があるのかを相手に伝えることで、信用度を斟《しん》酌《しゃく》して考えるよう求められる。自信がなく、発言する分野での信用度も低いようならば、そもそも意見するべきではない。その分野についてもっと質問して学ぶべきなのだ。

逆に、自分の意見に強い確信をもっているのであれば、率直にそれを伝えるべきだ――ただしそれに対する説明が、妥当なものであるかどうかの判断は同僚たちに委《ゆだ》ねられている。

そういったときでも、意見を主張しつつ、ほかの意見に寛容であることが求められている。

「自分が正しいつもりで議論し、自分が間違っているつもりで話を聞け」と経営管理学の研究者カール・ウェイックは助言する。

改善へのアイデアは、新入社員に聞く

では、信用度の高い人たちの意見がぶつかったときは、どうするのか？

二〇一四年の夏、ブリッジウォーターは表に出ていない異論を見つけだすため、匿名のアンケート調査を実施した。

共同CEOのグレッグ・ジェンセンは、結果を受けて、全員参加の会議を開いた。

すると、従業員の一人アシュリーが、何人かが会社のルールの解釈を誤解していると指摘した。グレッグは「そんなときには指摘して、訂正していますか？」とアシュリーに尋ねると、アシュリーは「つい最近もそのような人を呼び出して話をしました」と答えた。

意見をいうことで、アシュリーは会社のルールの一つを体現したことになる。

だがグレッグは、アシュリーの発言内容に関して返答をする代わりに、彼女が会社のルール

の一つに反しているのではないかと指摘した。

そのルールとは、つまり「森と木の違いを理解し、ふさわしいタイミングで適切な視点をとる」というルールだ。

グレッグが知りたかったのは、アシュリーが「ふだんそのような状況にどう対応しているか」を総合的に見たもので、「ある特定のケースに関しての報告」ではなかったからだ。

シニアマネージャーのトリナ・ソスキは、グレッグが指摘したことはリーダーとして好ましくないと感じた。ブリッジウォーターのルールに沿うようグレッグは努力していたが、この経験によりアシュリーやほかの従業員が、今後発言することをためらうかもしれないと、トリナは考えた。

グレッグはトリナよりも高い地位にいる。ほとんどの組織では、トリナのような中間管理職についている人は、モヤモヤしながらも黙っているだろう。

しかしトリナは、正直な感想を社内全員に公開した。彼女は、アシュリーの勇気や誠実さを褒め、グレッグに対し、「あのご発言は、CEOとしてとるべき態度とは正反対でした」と批判した。

一般的な組織であれば、トリナの意見よりも職位の高いグレッグの意見が通るところだ。そしてトリナは、グレッグを批判したことでキャリアを失いかねない。しかしブリッジウォーターでは違った。ここでは権力、勤続年数、多数決、もしくは、誰がいちばん騒ぎ立てたか、威圧的に振る舞ったかによってものごとが決まらない。すべてはメールを介しての議論からはじまる。

グレッグは、自分はオープンで率直な対応をしたと主張した。そもそもルールの三番目は、発言しないものは批判的な意見をもつ権利はない、というものなのだから、と。

しかしトリナは、社内のある二人が、何気ない会話のなかでグレッグの態度を批判していたといった。「あなたがご存じないところで、悪い影響が出かねません」とトリナは書いた。

グレッグの態度が集団思考を広げ、従業員たちは上司に反対意見を述べるよりも、沈黙を保つようになるのではないかと心配したのだ。

グレッグも譲らなかった。トリナは従業員の陰口を放置し、面と向かって意見を述べるという方法を従業員にすすめなかったのではないか。従業員が「陰湿でずるがしこく」振る舞って、ブリッジウォーターのルールの一つを破ることを傍観していたのではないか、と。

組織で高い地位にいる人間が、批判に対して寛容に対応することは非常にまれである。しかしさらに珍しかったのは、次にグレッグのとった行動だ。

「私たちだけでは解決できそうにもないね」

グレッグはトリナにメールを送り、リーダーとしての経営陣の信用度を査定する管理委員会の全メンバーにもコピーを送信した。管理委員会に検討してもらうことで、グレッグは、アイデア実力主義にのっとり、誰が正しいのか公正な判断をしてもらおうとした。

しかし創業者のダリオは、管理委員会に解決を委ねることはせず、グレッグとトリナに、二人の意見を全従業員と共有するようにといった。

そうすれば、議論に透明性をもたせられるし、自身の視点を弁護するだけでなく、互いの視点を見つめ直さざるをえないからだ。

最初に問題が起こってから数カ月経っても、議論は続いていた。

そして分析チームは、従業員の反応をまとめた共有データをつくっていた。

「また同じような問題が起きたときのために、問題解決のプロセスを明らかにすることに比べれば、問題を解決することじたいはそれほど重要ではありません」と、社のルール集を編集したザック・ウィーダーは説明する。「真実の決裁権は誰にも（CEOにも）ないのです」

たとえ、管理職が批判的なフィードバックを受け入れない組織に属していたとしても、本当に組織の文化を変えたいのなら、管理職への批判的な意見を募る機会を設けるのは効果的かもしれない。

ソフトウェア会社の「インデックス・グループ」のCEOトム・ゲリティーは、自分の犯したすべての過ちを一〇〇人ほどの全従業員の前で相談役に発表させた。

みずから意見を受け入れる姿勢を見せることで、従業員たちは、ゲリティーに対して、そして互いに対して、真剣に向き合う姿勢をもつようになった。

私も講義で似たようなことをするようになった。講義開始から一カ月後に、私は無記名のアンケートを集める。そこにはおもに建設的な批判や改善したほうがいいことを記入してもらう。

そして、クラス全員の意見を一字一句そのままクラス全員にメールで送信する。次の講義では、私が重要だと感じた提案を要約し、それに対する評価を求め、何を変えていくかを提案する。

多くの生徒たちが、この話し合いのおかげで、気兼ねなく積極的にクラスの改善に貢献できると報告してくれている。

従業員が上司に臆することなく意見をぶつけることができるのは、ダリオの寛容さだけによるものではない。

研修の初期段階で、会社のルールに疑問をもつよう求められているという事実があるからだ。ブリッジウォーターでは、従業員が経験を積むのを待つのではなく、入社一日目からオリジナリティを育む方法を教えてくれる。

多くの組織では、コツを覚えたり、組織になじんだりすることに忙しく、どうしても発想が受け身になる。仕事に慣れるころには、すでに仕事に追われるようになっていて、世界を〝会社の視点〟から見るようになっている。初期段階こそ、企業文化を改善するための提案ができる絶好の機会なのだが――。

私は数年前、「ゴールドマン・サックス」社でコンサルタントを務めた。才能のある金融アナリストたちを引き寄せ、長く会社に留まってもらえるよう環境を改善するためだ。実施したことの一つが、「入社時の面談」だった。

従業員がやめるときになってからアイデアを聞くのでは遅い。管理職たちは、新しい従業員のアイデアからこそ学ぶ必要があるのだ。

採用すべきものはどれか

ブリッジウォーターでの調査をはじめた私は、まもなくすると、ダリオの家のキッチンで話をする仲になっていた。

「もし私がブリッジウォーターを経営していたら」と、私はダリオにいった。私なら、ブリッジウォーターのルールを、もっとも重要なものからもっとも重要度が低いものの順に並べる。

グレッグとトリナの件は、二つの異なるルール、つまり「批判的な意見に寛容であれ」と「周囲に働きかけて批判的な意見をみんなと共有せよ」とがぶつかって起こったが、そもそもこの二つのルールは、どちらのほうが大切なのかがあいまいだ。

心理学者シャローム・シュワルツは、四〇年以上にわたり価値観を研究した結果、「複数の価値観における相対的な重要度によって、私たちの行動は決まるのだ」と述べている。

私は、会社の規範に優先順位をつけずにいると効力が落ちる、とダリオに指摘した。

研究者のザニー・ボス、ダン・ケーブル、グレン・ボスは、一〇〇以上のプロの劇団を対象にした研究で、リーダーたちに五つの価値観の重要性を評価させた。

芸術的表現（演技の素晴らしさ）、エンターテインメント（観客満足度）、コミュニティへの寄与（アクセスのしやすさ、奉仕活動、教育などに積極的にかかわっているか）、周囲からの評価（質の高さを認知されること）、そして財務業績（財政的に安定していること）だ。

これらの価値観の優先順位について、リーダーたちの考えが一致しなかった劇団は、チケットの売上げも純利益も低い傾向にあった。価値観の優先順位について意見が一致していれば、その価値観がどういうものであるかにかかわらず、高いパフォーマンスを維持していた。

ルールの項目が多い場合にはとくに、どれが重要で、どれがそれほどでもないのかをはっきりさせることが大切ですよ、と私はつけ加えた。

ウォートン校の教授であるドリュー・カートンが一五〇以上の病院を対象に行なった研究によると、説得力のあるビジョンは必要ではあるが、それだけでは医療のクオリティを高めたり、財務業績を上げたりするのには十分でないそうだ。

数が多ければ多いほど、ビジョンは役に立たなくなっていった。大きな価値観が四つ以上ある病院では、たとえ明確なミッションが掲げられていても、心臓発作による再来診の確率は減らず、資産利益は増えなかった。ルールが多くあればあるほど、それぞれ違ったルールに従業員が目を向けてしまうし、一つの価値観に対して違った解釈をしてしまう可能性が出てくる。

ルールが五～一〇項目あるケースでこうしたことが証明されているのだから、ルールが二〇〇以上もある場合では、問題はさらに大きくなるのではないか？

「君のいうとおりだね」とダリオは答えた。

「ルールに優先順位が存在するということを、私ははっきり説明していなかったかもしれない。二〇〇の項目はどれも同じではないよ。それぞれのルールは、何度もくり返し起こる出来事と、それに対する対処法を示しているようなものだ。われわれの人生は、何十億ものこのような出来事から成り立っている。たとえば、それを二五〇にまとめると、関連づけができるようになる。『ああ、これはあれの一種かな？』というようにね」

なるほど、私はこのとき、多くのルールをもつ意味が理解できたのだが、それでもいったい、このうちどれがもっとも重要なのだろうか。

この数年前ダリオは、「従業員がルールにもとづいて人生を送ってくれることが、あなたの個人的な夢なのですか」と、ある人に尋ねられたそうだ。「いや、そうじゃない、絶対にそうじゃない」と、ダリオは断固として答えたそうだ。「それは私の夢ではないよ……本来、いちばん大切なことは、『自分自身で考えよ』なんだ」

「自分の頭で考える」が、ルールの最上段に存在するということはわかった。だが私は、ダリオはそのほかの項目についても順位をつけるべきではないかと思った。

従業員が以後発言を躊躇してしまう危険性があっても、リーダーは自身の批評的な意見を述べるべきなのか、それとも自制するべきなのか？

「その件に関しては、もっとはっきりさせないといけないね」とダリオは認めた。

さらに、私が伝えたかったもう一つの意見は、いいにくいものだった。なぜならそれは、アイデア実力主義の中枢、つまり、人は正義のために戦い、真実を探求せねばならないという根幹にかかわることだったからだ。しかし、ブリッジウォーターのアイデアの優劣を見極めるやり方は、私自身の厳格な基準から見ると、ややあいまいだ。

グレッグとトリナのような問題を解決するためにダリオがとる定番のアプローチは、各サイドから三人ずつ、強い意見をもった信用度の高い人物を見つけ出し、全員が納得するまで議論や協議をさせるというものだ。しかしこの方法は、主観に判断を任せることになり、証拠と呼ぶには欠陥だらけだ。

信用度には、テストの結果、人事評価、そしてほかのさまざまな査定が加味されているが、他者による評価がもっとも重要な要素になっている。ブリッジウォーターの従業員の一人が私に説明してくれたように、「信用度の高い人に、『あなたは信用できる』といわれてはじめて、信用度を手にすることができる」のだ。

今や人類は、意見の相違を解決する方法として、話し合いよりもさらに強力なやり方を編み出した。それは「科学」だ。

私はダリオにいった。医学の分野では、「証拠の確実性」は六段階に分類できるという考えで多くの専門家が一致している。

うち、確実性がもっとも高いものは、連続して無作為に行なわれる対照実験により導かれた客観的な結果だ。

逆に、もっともおぼつかない証拠は、「権威もしくは専門家団体の意見」である。

このような確実性の判定法は、経営管理や人材分析の分野でも用いられている。これらの分野では、自分だけの論理や経験、直感、会話などに頼るのではなく、実験やデータ収集を行なうことがリーダーたちに求められている。

もし私がブリッジウォーターを経営していたら、私はグレッグとトリナの論争を小規模な実験をすることで解決しただろう。

さまざまな会議で、従業員を無作為に選び、発言させる。あるときは、グレッグがアシュリーにしたように、上司は発言者の発言方法を批判する。またあるときは、トリナがグレッグに望んだように、上司は発言者の勇気を褒める。

またそれ以外のときには、このような両方の行動をとるか、もしくはどちらの行動もとらない。こうして、以後の会議で発言者がどれくらい頻繁に、また積極的に発言したかを記録していくのだ。

このような実験を行なうのはむずかしいかもしれないが、少なくとも、グレッグがアシュリーを批判するのを目《ま》の当たりにした人たち、またはグレッグの行動に対して否定的な反応をした人たちの発言が減ったかどうかをリサーチすることができる。

これにはダリオは同意せず、「私は間違っているかもしれないが」と断ってから、信用度の高い人たちのあいだでの議論のほうがよいといった。それが正しい答えに到達するいちばん早い方法で、それぞれの意見から互いに学び合うことができるからだ、と。

ダリオは長年にわたりブリッジウォーターでさまざまな方法を試しており、試行錯誤を行なってきたため、何が有効な方法かを自分は判断できると思う、という。

対立する意見をじっくり戦わせると、効率的なアイデアがたくさん生まれ、時間とともにそこから非常によいアイデアが浮かび上がってくるのだそうだ。

ここで、私とダリオは、意見の相違があるということで互いに一致した。

ダリオは私よりも、専門家の三角測量的な意見を信頼している。

一方の私は、討論を重ねたうえで判断するグループと、実験を行なって判断するグループに分け、どちらがよりよい決断を下したかを見るという方法がベストだと考えている。そして、それぞれのグループが互いのやり方を試し、結果を再度分析するのだ。

社会科学者として私は、一般的には、実験にもとづいて決断を下すグループのほうが、専門家間の話し合いで決断を下すグループに比べてよりよい判断ができると考える。

だが、本当の答えを知るには実際のデータを見るしかないだろう。

新しい価値観を生み出す人の「3つの特徴」

ダリオの素晴らしいところは、自分でも実践を続けていることだ。

世界を形づくる人たちに共通する性質を見いだすために、現代の多くの「影響力のある人々」にインタビューを行なってきた。

また、アメリカ建国の父と呼ばれるベンジャミン・フランクリンやアルベルト・アインシュタイン、スティーブ・ジョブズにいたるまでの歴史的人物についても、勉強を続けている。

このような人たちはみな、強い情熱や想像力をもっているが、私は、ダリオがあげたそのほか三つの性質に興味をそそられた。

世界を「創造する者」は、自主的に考える人であり、**「好奇心が強い」「まわりに同調しない」「反抗的」**という三つの特質があるという。

こういった人たちは地位や階層などを気にせず、残酷なまでに率直だ。そしてリスクを顧みず行動を起こす。彼らにとっては、失敗することの恐れより、成功しないことへの恐れのほうが強いからだ。

ダリオ自身もこの描写に当てはまる人物だが、現在彼が直面している障害は、彼の跡継ぎを見つけることだ。もしそれができなければ、ブリッジウォーターは、ポラロイドのように消えてしまうかもしれない。

しかしダリオは、集団思考を防ぐには、一人のリーダーがビジョンを語るだけでは十分ではない、ということを理解している。世界にオリジナリティを紹介するだけではなく、みんなのオリジナリティを引き出す——そんな文化をつくろうとしている。

独創《オリジナル》へのステップ

PART 8

どんな「荒波」も、しなやかに乗りこなせ

あらゆるものをエネルギーにする方法

「勇気とは、恐れがないことではなく、恐れに打ち克《か》つことなのだと
私は学んだ……
勇敢な者とは恐れを知らない者ではなく、その恐れを克服する者だ」

ネルソン・マンデラ
（反アパルトヘイト運動指導者、南アフリカ共和国元大統領）

いざ、氷の海に飛び込む瞬間

二〇〇七年、ルイス・ピューという一人の弁護士が、競泳用水着と水泳帽にゴーグルだけという格好で北極海に飛び込んだ。

海面は、ぎりぎり凍らない程度の冷たさである。

ピューの目標は、史上初の北極海での遠泳をやってのけることだ。イギリスから南アフリカにやってきたピューは、かつて英国特殊空挺部隊に所属していたことがあり、以前は海事弁護士をしていた。その二年前には、最北の寒冷地における遠泳の世界記録をぬり替えていた。

その同年、南極の氷山から飛び込んで一キロを泳ぎ切り、最南での世界記録も達成していた。「白熊人間」の異名をとったピューの体は、泳ぐ前に体温が三七度から三八・三度に上昇する。

ピュー専属のスポーツ科学者は、この現象を表わす「予期発熱」という言葉をつくった。これは何十年にもわたって「パブロフの条件反射」をくり返したことによるもののようだ。凍《い》てつくような水中に飛び込むときがくると、体が自動的にそれに備えるのだ。ピューはこれを「自己発熱のスキル」と呼んでいる。

ピューがやっているのは、海洋保護の一環として、気候変動への関心を高めるためのパフォーマンスなのだ。

タイタニック号の乗客は、水温五度の海水のなかで息絶えた。ピューが南極を泳いだときの

PART 8
どんな「荒波」も、しなやかに乗りこなせ

水温は零度、淡水での氷点だ。北極では、さらに命とりになりかねない状況――水温はマイナス一・七度以下だ。

以前、あるイギリスの探険家が同じく北極の水中に飛び込み、ものの三分で凍傷になり、何本かの指を失った。ピューのチームは、今回の試みで水中に留まる時間は二〇分程度と試算していた。

この試みの二日前にピューが水中に入り五分間練習をしたところ、左手全体の感覚と、右手のすべての指の感覚が失われた――そして指の感覚はその後四カ月も戻らなかった。指の細胞は壊れ、過呼吸も起こした。

ピューの頭のなかを、失敗がよぎるようになった。深海に飛び込むことなどふだんは怖くも何ともなかったが、今回は違う――そう思った。失敗したら命はないだろう。体は四キロメートル以上も沈んでいき、北極の海底に落ちるのだ。恐怖におののいて体が固まる。

恐怖にとらわれているとき、いったいどのようにものごとと向き合えばよいのだろうか。

楽観的になるべきか悲観的になるべきか。

恐怖と戦うには、感情を抑えて冷静になるのがよいのか、どのような感情も認め、それを表わすほうがよいのか。

本パートでは、われわれが行動を起こすときに直面する感情について解説していく。

大勝負にはどんな思考が役に立つのか

オリジナルな人たちは、はた目には確信と自信に満ちているように見えるものだが、内心はさまざまな感情や自己不信が入り混じっている。

アメリカ政府の高官たちは、みずからの体験でもっとも困難な決断について説明する際、複雑な問題に苦労したのではなく、勇気が必要な決断を下すのに苦労したと述べた。

また、ライス大学のスコット・ソネンシャイン教授率いる研究では、もっとも熱心な環境保護活動家でさえも、使命を果たせるかどうか、つねに不安と戦っていることが示されている。

心理学者のジュリー・ノレムは、こういった困難に対応するための二つの戦略を研究している。

「戦略的楽観主義」と**「防衛的悲観主義」**だ。

「戦略的楽観主義」とは、最高の結果を予測し、冷静を保ち、目標を高く設定することだ。

「防衛的悲観主義」とは、最悪の結果を想定し、不安を感じながら、起こりうるあらゆる悪い事態を予測しておくことだ。

防衛的悲観主義者は、大きな演説を一週間後に控えたころ、失敗する運命しか考えられない。しかも、よくあるようなちょっとしたミスではない。演壇で足を滑らせ、演説の内容をすっかり忘れてしまうのだ。

ほとんどの人は防衛的悲観主義よりも、戦略的楽観主義のほうがよいと思うだろう。だがノレムは、防衛的悲観主義者は不安が強く、分析的な課題や言語的課題、創造的課題への自信が低いが、パフォーマンスといった面では戦略的楽観主義者と同じであるといっている。ノレムはこう書き記している。

「私は当初、悲観的であるのになぜ高いパフォーマンスを発揮できるのだろうかと疑問に思った。だがやがて、悲観的〝だからこそ〟できるのだということがわかってきた」

ノレムの研究チームはある実験で被験者にダーツ投げをしてもらった。ダーツを投げる前に、大成功する様子を思い描いてもらう被験者と、失敗する様子を思い描いてもらう被験者と、リラックスしてもらう被験者を無作為に割り当てた。

その結果、防衛的悲観主義者のグループは、悪い結果を思い描いたときのほうが、よい結果をイメージしたときやリラックスしたときよりもダーツの命中度が三〇パーセント高かった。

別の実験で、集中力と精度が要求されるトレース（製図）の作業を被験者にしてもらったところ、防衛的悲観主義者のグループは「きっとうまくできるよ」と励まされたときに比べ、励まされなかったときのほうが精度は二九パーセント高くなっていた（戦略的楽観主義者のグループに、同じ励ましの言葉をかけたところ、精度は一四パーセント上昇していた）。

また、足し算と引き算の暗算テスト（「23−68＋51」のような計算）を行なう実験では、防衛的悲観主義者に、テストで起こりうる最悪の事態と、そのときに自分がどう感じるかをテスト前に書き出してもらうと、テストのことを考えないようにした場合よりも、スコアが約二五パーセント高かった。

「防衛的悲観主義は、不安や恐怖、心配を克服するために特定の状況下で使われる戦略だ」と、ノレムは解説している。

自己不信に襲われると防衛的悲観主義者は、わざと大参事を想定して不安を増幅させ、その不安をモチベーションに変えるのだ。最悪のケースを考慮すると、それを何とか回避せねばという気持ちに突き動かされて、細部までありとあらゆることに気を回す。こうすることで、事態をコントロールできていると感じられるのだ。

防衛的悲観主義者の不安は本番の前に最高潮に達するため、いざというときには成功への準備が万全に整っている。彼らの自信は、最悪の思い込みや無知からくるものではなく、現実的な判断と徹底した計画から生じるのだ。不安を感じなければ無頓着になるし、むやみに励まされると計画する気がなくなる。もし、防衛的悲観主義的な人の邪魔をしたいのであれば、彼らをおだてるとよい。

ピューは、ふだんは楽観的だった。誰もがあきらめるような状況でも、前向きにやり遂げるような人物だ。しかし、寒冷水泳に挑む日の何週間か前は、防衛的悲観主義者のような態度をとることが多かった。チームからかけられる期待からではなく、疑問視する人たちの否定的な言葉から大きな刺激を受けていたのだ。

二年前、最北での世界記録をめざす水泳に備えていた際に、あるアウトドアのプロにいわれた言葉がある。「そんなの不可能だ、死んでしまうぞ」

別の大きな試みの前には、ピューの成功を疑問視する人たちを思い起こし、友人たちとともに「あいつは失敗するぞ」と陰口をたたいているところを想像した。

「誰も泳いだことのない場所にはじめて挑むのは、二番目に泳ぐよりもむずかしいかもしれない。何が起こるかわからない。恐怖で体が動かなくなるほどだ」と、ピューは書いている。

北極海を目の前に、震えながら立っていると、ピューの本能が警告を発しはじめた。ネガティブな思考が出てきて「起こりうる最悪の場面が脳裏に浮かび、ぼんやりしていられなくなった」のだそうだ。

ピューは綿密かつ徹底的に準備を整え、ありとあらゆるリスクを低減しようとした[36]。

防衛的悲観主義は、課題に対する確固たる信念があるときに貴重なカギとなる。しかし信念が揺らいでいると、不安や疑問が裏目に出る恐れがある。

「落ち着け」というアドバイスは間違い

一般に人が恐れる対象として、「死」よりも多くあげられるものが一つある——大勢の前で話すことだ。

ハーバード・ビジネススクールの准教授アリソン・ウッド・ブルックスはある実験で大学生に、「なぜ職場で自分はいい仕事ができるのか」という主旨で、スピーチをしてもらった。

評価者として研究チームの一人を聴衆に交じって座らせ、すべてのスピーチを録画した。のちに、聴衆の大学生たちに協力を求め、それぞれのスピーカーにおける説得力と自信のほどを評価してもらった。スピーチ準備に与えられた時間はわずか二分で、多くの学生は明らかに緊張していた。

あなただったらこういった状況で、どのように対処するだろうか?

ブルックスが、働く三〇〇〇人のアメリカ人にアドバイスを聞いてみると、いちばん多かった回答は「リラックスし、落ち着くこと」だった。これは九〇パーセント以上の社会人があげた、もっとも当たり前のアドバイスだ。だが、この方法はベストではない。

ブルックスは、スピーチの前に無作為に大学生を振り分け、「私は落ち着いています」、または「私は興奮しています」のうち、いずれかを声に出していってもらった。

「落ち着いている」か「興奮している」かという、それだけの違いで、学生のスピーチの質は大きく変わった。

自分の感情を「興奮している」とした学生のスピーチは、「落ち着いている」とした学生のものよりも説得力が一七パーセント高く、自信は一五パーセント高いと評価された。

恐怖を「興奮」に置き換えることによって、スピーカーのやる気が高まり、スピーチ時間は平均二九パーセントも長くなった。つまり、二七秒も長くステージに留まる勇気がわいたということだ。

別の実験では、学生がむずかしい数学のテストを前に緊張しているとき、「落ち着いてごらん」といわれるよりも「張り切ってやってごらん」といわれたときのほうが得点は二二パーセント高かった。

はたして、恐怖を興奮に置き換えるのは、緊張の対処法として有効なのだろうか、それとも単に不安を認めるほうがよいのだろうか。

それを確かめるためブルックスは、学生たちにもう一つ、恐ろしい課題を与えた——みんなの前で、八〇年代のロックを歌わせたのだ。

学生たちは、大勢の前でマイクを手にし、ジャーニーの『ドント・ストップ・ビリーヴィン』を大声で歌った。任天堂「Wii」の音声認識プログラムが音量、ピッチ、音の長さの精度を自動測定し、〇〜一〇〇点の得点をつけるしくみだ。高い得点にはボーナスがある。

ブルックスは無作為で、歌う前の学生に「私は不安です」、あるいは「私は興奮していま す」といってもらった。

歌う前にどちらもいわなかった被験者のグループでは、平均六九点だった。

感情を「不安」であると表現させたグループではさらに低く、五三点だった。「不安」と表現しても恐怖心をやわらげる助けにはならず、逆に自分が恐れているという認識が強化されてしまったのだ。

そして、感情を「興奮」と表現したグループでは、八〇点にまで上昇した。

恐怖心を克服するには、なぜ、気持ちを落ち着かせるよりも、興奮するほうがうまくいくのだろうか。

恐怖心は強烈な感情だ。心臓が早鐘のように打ち、血が駆け巡るのが感じられる。

この状態でリラックスしようとするのは、車が時速一三〇キロで走っているときに急ブレーキをかけるようなものだ。車は惰性で走り続ける。**強烈な感情を抑圧しようとするよりも、違う感情にすり替えるほうが簡単だ**——同じく強烈ながら、アクセルを踏み込むような感情に。

私たちの体には、「ストップ（STOP）」システムと「ゴー（GO）」システムが生理的に備わっている。「ストップ」システムが働くと、速度を落とし、注意深く慎重になるのだと、作家のスーザン・ケインは『内向型人間の時代　社会を変える静かな人の力』（講談社）で解説している。

そして「ゴー」システムが働くと、エンジンがかかり、馬力が出る。恐怖に直面しても、「ゴー」スイッチを押し、自分を突き動かすことができるというわけだ。

恐怖の裏側には将来の「不確かさ」がある。何か悪いことが起こるのではないか、と不安になるが、その「何か悪いこと」はまだ起こっていないのだ。よい結果の可能性だってある。

前へ進むべき理由に目を向け、アクセルを踏み込む——自分を解放させて歌うためには、ちょっとした興奮を感じるといい。

逆に、**ある行動を起こそうという十分な意志がないときは、ネガティブに考えるのは危険**だ。まだ心積もりができていないため、不安を増幅し、「ストップ」システムが動きだし、ますますブレーキをかけてしまう。

ポジティブな面を見ることで熱意がわき、「ゴー」システムが始動する。

しかし、**いったん行動を起こす心積もりができたら、不安が忍び寄ってきたときには防衛的悲観主義をとり、不安に向き合うほうがよい**。この場合、心配や疑問をポジティブな感情に変えるのではなく、恐怖を受け入れることで「ゴー」システムをハイギアに入れ替えるのだ。

神経科学の研究によると、**不安を感じているとき、「不確実であること」はネガティブなことよりも恐ろしく感じられる**ようだ。心理学者のノレムの解説によると、いったん最悪の事態を思い浮かべると「コントロール感が得られる。ある意味、本番がくる前に不安が最高潮に達している。だからいざ本番になると、ほぼすべての対処がすんでいるのだ」。

先述のピューにとって、防衛的悲観主義は効果的だった。以前のいずれの寒冷水泳からも、成功に確信をもっていたからだ。

北極でも当初は、この方法がうまく働いていたが、試しに泳いで悲惨な結果になると、ピューは「五分入っただけでこんなに苦痛で、これほどのダメージを受けるのなら、二〇分なんてとてもじゃないが無理だ」と思った。

意志が揺らぐなか、防衛的悲観主義を捨て去り、泳ぐべき理由に目を向けて「ゴー」システムを始動させるときだった。するとある友人が、やる気を出すための三つのアイデアを提案してくれた。

一つ目は、コースの途中の目印となる場所に協力国の国旗を設置し、一〇カ国二九人の協力を得てこの試みが実現している、ということを思い出せるようにすること。ピューは以前の水泳では「疑問視していた人たちからやる気を得ていた」が、今回は「信じてくれる人、刺激を与えてくれる人」に目を向けることにした。

二つ目は、環境保護への関心を育ててくれた両親について考えること。

そして三つ目は、将来、気候変動との戦いにおいてどのような業績を残せるかを考えるということ。

ピューは、「友人と話したら、水泳をやめるという考えは消えてなくなりました」と思い起こす。そして凍えるような冷たい水中に飛び込み、潮流に逆らって泳ぎ出した。そして一八分五〇秒後、見事に完泳した——肉体的なダメージもなかった。

またその三年後には、エベレストのもっとも高い位置にある氷河湖を泳いで渡った。

ピューにとっての最大のハードルは、自身の恐怖をコントロールすることだったが、他者の感情を動かさなくてはならないこともあるだろう。

他者の背中を押し、「ゴー」システムを始動させるにはどうしたらよいのだろうか?

二〇〇九年の夏、一五人の若者がセルビアの首都ベオグラードへの長旅に出た。

三十代半ばのひょろりとしたセルビア人のツアーガイドは、彼らを街の広場へ案内したのちに、ジャガイモの価格高騰のことや、無料のロックコンサートのこと、近隣諸国との紛争など、セルビアの現状をとうとうと語った。

イギリスのコメディ集団のモンティ・パイソンのギャグや、作家トールキンの幻想の世界になぞらえて、ガイドがセルビアを語るのを聞くうちに、若者たちはじれったくなってきた。彼らはふつうの旅行者ではない。自国の独裁者を打倒する術《すべ》を学ぶために、ベオグラードにやってきたのだ。

暴君への対抗法を探し求めてやってきたこの若者たちは、セルビアの国民がどのように独裁者スロボダン・ミロシェビッチを退陣させたのかとガイドに尋ねた。大きなリスクを冒す必要はない、というのがガイドの答えだった。小さなことで抵抗を示せばいい――のろのろ運転をしたり、たくさんのピンポン玉を道路にばらまいたり、噴水に着色料を入れて色を変えたりといったことで――。

外国から来た一行は、このアドバイスを鼻で笑った。そんなちっぽけなやり方では、鉄壁にくぼみすらできない、と。自分たちの国ではとうてい無理だと一人の男性が主張した。ある女性は、独裁者に逆らったら消されるだけだと反論した。三人以上の集会が違法とされているのに、どうして革命の計画などできるのか？

しかし、このガイドはそんな反論は聞き慣れていた。二〇〇三年にはジョージアの活動家から、二〇〇四年にはウクライナの活動家から、二〇〇五年にはレバノンの、そして二〇〇八年にはモルディブの活動家から、同じような反論があった。

どの場合でも、彼らは恐怖心と無関心を乗り越えて、それぞれの独裁者を退陣させたのだ。このツアーガイド、スルジャ・ポポビッチが、こういった活動家をすべて教育したのだった。

ポポビッチは、ミロシェビッチを退陣に追いやった草の根的青年運動「オトポール！」画策者の一人だった。

その一〇年前、ポポビッチは、民族浄化や戒厳令が敷かれた生活にさいなまれた経験があった。母親の住む建物が爆撃されるのを見て恐怖で動けなくなった。彼自身、逮捕され、刑務所に入れられ、虐待を受けた。警察官にピストルを口に押し込まれたときには、今までの人生が走馬灯のように駆け巡った。

心理学者のダン・マックアダムスのチームは、成人の被験者にみずからの人生を語ってもらい、その時々でどのように感じていたのかを調べたところ、望ましいパターンが二つあることがわかった。

一貫して幸せだった人たちが何人かいた――人生の重大な時期においても、いつも満足していられた人たちだ。

また、世界に大きな貢献をしたと評価された人の話には、はじめの状況は悪かったが、みるみるよくなったというものが多かった。このような人たちは、悪いできごとに多く出会ったにもかかわらず、人生への満足感は大きく、強い使命感を覚えていた。単に恵まれた生活を楽しむのではなく、悪いことをよいことに変える戦いを耐え抜いた――そして、その過程こそが素晴らしい人生だったととらえていた。

ポポビッチはこう述べている。「地殻を変動させるような大爆発を起こすのが、真の革命なのではありません。じわじわと燃やし続けることこそが革命なのです」

ポポビッチは、友人らとともに反ミロシェビッチ政権運動を主導し、セルビアに民主主義をもたらしたのち、ほかの活動家が非暴力革命を起こす手助けをすることに人生を捧げるようになった。ポポビッチが二〇〇九年に指導した一五人は、その翌年、エジプトの独裁者を倒すことに成功した。

ポポビッチの提唱する最初のステップは、あるテクノロジー企業のCEOが実践した方法と相通ずるものがある。

一瞬で「自分のなかのスイッチ」を入れる方法

ジョシュ・シルバーマンが二〇〇八年に「スカイプ」社のCEOに就任したとき、同社は重大な岐路に直面していた。コンピュータ間の無料通話と、電話とコンピュータ間の低価格な通話のパイオニアとなり、爆発的な成長を遂げたスカイプだが、その勢いを維持できなくなっていた。

シルバーマンは、まったく新しい機能を装備して大きな賭けに出ることにした――フルスクリーンのビデオ通話だ。その四月、シルバーマンは、年末までにビデオ機能のあるスカイプ4・0をリリースするという壮大な目標を発表した。

「従業員の多くは、非常にネガティブでした。あまりにも大きな変更だ、会社が死んでしまう、と多くの人が思ったようです」と、シルバーマンは思い起こす。従業員たちは、期限が短すぎる、画質が粗悪になる、ユーザーはフルスクリーン形式を嫌うはずだ、などと苦言を呈した。シルバーマンは、従業員をなだめるのではなく、やる気を高めるようなスカイプ製品のビジョンをつくり、彼らを鼓舞した。

全員参加の会議を重ね、製品が人々の生活に与える効果を強調し、ビジョンを明確に示した。「めざすのは低価格通話ではない。同じ部屋にいなくても一緒にいられるということです」

多くの場合は、ビジョンを考え出した本人が他者に説明しようとする。しかし、ビジョンの発案者だからといって、人のやる気のスイッチを入れるのに適任だというわけではない。あるビジョンを伝えるには、実際にそのビジョンの影響を受けている人に任せるのがもっとも効果的だということを、デビッド・ホフマンと私は発見した。

大学の寄付金集めを考えてみてほしい。担当者は卒業生に電話をして寄付のお願いをしなければならないが、夕飯の邪魔になるかもしれないことや、金銭的な援助を頼むことにとても気が乗らない。寄付金集めを管理する二人の上司が、集まった資金がどう役に立つのかを熱く語ってみても、現場のやる気は高まらなかった。

ところが、担当者にやる気を出させる役割を一人の奨学生に任せたところ、担当者が集めた資金の平均額は三倍以上になったのだ。奨学生は、担当者たちの努力のおかげで大学の学費をまかなうことができ、中国への留学が実現したと語ったのだ。

奨学生の話を聞く前の二週間に担当者が集めた資金は平均二五〇〇ドル（約二五万円）以下だったが、話を聞いたあとの二週間では九七〇〇ドル（約九七万円）にまで増加した。[37]

担当者たちにとってみれば、上司からいくら励まされても「もっと働かせようとしているのでは?」という裏の意図を勘ぐってしまう。

しかし、同じメッセージが奨学生から伝えられたときには、それを真摯《しんし》で誠実だと受けとった。奨学生に共感を覚え、金銭を集めることへの後ろめたさが消え、より多くの奨学生を支援するために寄付を募ろうという意欲がわいた。


とはいえ、上司たちがまったく関与すべきではないということではない。私はその後の研究で、上司たちが部下にビジョンを説明したのちに、ユーザーを呼んで実体験を話してもらうと、非常に高いレベルの業績をめざす意欲につながることを見いだした。

上司が全体的なビジョンを伝えることで、車が発進する。そして、ユーザーの話によって感情が揺さぶられ、アクセルが踏み込まれる。

シルバーマンはまず、スカイプのおかげで、自分の子どもたちが遠く離れて住んでいる祖父母と、より親しい関係を保てるようになったと話した。その後、全員参加の会議には必ずスカイプのユーザーを呼び、体験を語ってもらった。

ある夫婦は、婚約中の一年間の遠距離交際を乗り越えられたのは、「スカイプで毎日話せたからこそ」だといった。

ある軍人は、イラクでの任務中、スカイプのおかげで子どもと話すことができ、クリスマスプレゼントも一緒に開けることができたという。

「実際の顧客を会議室に呼ぶことで、従業員たちはミッションを理解し、共感することができました」とシルバーマンはいう。「自分たちの仕事が、いかに世界に変化を起こしているかを知ることができたのです」

やがてチームのやる気が高まり、ついにはスカイプ4・0をスケジュールどおりに実現させることができたのだった。

その後、スカイプは、一日当たり三八万人のユーザーを増やしていった。その年の第四半期までには、スカイプ上で行なわれた三六一億分のコンピュータ間の通話のうち、三分の一以上がビデオ通話になっていた。

シルバーマンがユーザーを招いてチームに元気を吹き込んでから三年も経たないうちに、マイクロソフトがスカイプを八五億ドル（約八五〇〇億円）で買収した。三〇〇パーセントの価値の上昇率だ。

セルビアでは、ポポビッチと仲間たちが、モチベーションの火つけ役を外部に任せることによって、「オトポール！」の革命を開始していた。

カリスマ的なリーダーの言葉だけでは、暴君による恐怖に打ち克《か》つには十分ではないとわかっていた。リーダーにふさわしい候補者はたくさんいたものの、命を危険にさらしてまで引き受ける人はおらず、リーダーを擁立できたとしても、ミロシェビッチはその勇敢な人物を消し去って抵抗を制圧してしまうだろう。

「オトポール!」の活動を支えたシンボルマーク

そのため、ポポビッチはリーダーを指名するのではなく、あるシンボルマークにビジョンを託した——黒い握りこぶしの絵（341ページ）だ。

このとり組みは、ポポビッチと仲間が大学生だった一九九八年の秋にはじまった。街の広場に、スプレーで三〇〇の握りこぶしを描き、シンボルマークのシールをつくってベオグラード中の建物という建物に張って回った。この握りこぶしがなければ、革命はけっして起こることはなかっただろう、とポポビッチはいう。

エジプトの活動家たちを指導した翌年にあたる二〇一〇年の春、ポポビッチは新聞の売店の前で思わず立ち止まった。「オトポール！」の握りこぶしが第一面に掲載されていたのだ。「握りこぶし　カイロを揺さぶる！」という見出しの下に、一人の女性がポスターをもっている写真があり、そのポスターのなかに握りこぶしが描かれていた。

エジプトの活動家たちもポポビッチたちと同じく、このシンボルマークをきっかけに「ゴー」システムのスイッチを入れたのだ。

誰もが、つい多数派にしたがってしまう

心理学者のソロモン・アッシュはある実験で、被験者に何本かの線の長さを判断させた。被験者は、自分以外の七人とともに一室へ連れていかれ、345ページ(上)のような絵を見せられる。

被験者の課題は、いちばん左側にある線を見て、A、B、Cの線のうちのどれと同じ長さか

を判断することだ。正しい答えは明らかにBで、その部屋の全員が正解となる。次の質問でも、全員が正解となる。そして、三つ目の質問だ。

この質問の正解は明らかにCだ。しかし妙なことに、グループ内ではいちばん目の人が「Bだ」と主張する。そして二番目の人が同じくBを選択すると、被験者は困惑する。三番目、四番目の人もBだという。ここで被験者はどうするだろうか？

ほかの七人は、研究チームと共謀しているサクラだ。質問は計一八あり、七人は一二の質問でわざと間違った回答をするよう指示されている。

こうして、被験者が自分自身の正しい判断に反し、大多数にしたがうかどうかを見るのだ。

結果、被験者は三分の一以上のケースで多数派に合わせていた。**「ほかの人たちも選んだから」という理由だけで、違う長さだとわかっている線を正解として選んでいた**のだ。四分の三の被験者が、少なくとも一度は間違った答えに合わせていた。

被験者一人のみでテストをすると、不正解は事実上皆無だった。ほかの人たちの答えに合わせたときは、自分の答えが間違っていると知りながらも、他人の視線を恐れたのだ。

恐怖心で誰かを黙らせるというのは、暴君ではなくてもできるものだ。

自分一人の意見が違うというだけで、確固たる信念をもつ人でさえも怖くなって、多数派に合わせてしまう。

むやみな迎合を予防するためのもっとも簡単な方法は、反対派を一人加えることだ。

起業家のデレク・シバーズは、「一人目の支持者が、孤立した異端者をリーダーに変える」

と述べている。被験者がほかの七人と一緒に座っているとき、六人が誤った答えを選んでも、残りの一人が正しい答えを選ぶと、被験者が同調する確率は劇的に低下した。

不正解は三七パーセントからわずか五・五パーセントにまで減少した。「支持する仲間が一人いることで、多数派によるプレッシャーのほとんどが消えたのだ」とアッシュは述べている。自分一人だけが反対派ではないと知るだけで、ほかの人々をはねつけることがずっと簡単になるのだ。

文化人類学者のマーガレット・ミードの言葉を借りると、「思慮深い少人数の市民が世界を変えることはできないなどと、けっして思ってはいけない。むしろ、**世界を変えてきたのは少人数グループだけ**」なのだ。

自分が一人ではないと感じるには、支持する人が大勢でなくてもよい。

シガル・バーセイドとハカン・オチェリクの研究では、ビジネスの組織や政府組織において、仲間が一人いるだけでも孤立感が激減することが示されている。

誰かに危ない橋を渡ってもらいたいときには、味方がちゃんと支えているということを示さなければならない。それが、「オトポール！」と、その他多くの革命運動が成功した第一のカギだった。

ポポビッチと仲間が、握りこぶしのシンボルをベオグラード中にばらまいたとき、「抵抗します、セルビアを愛しているから」「体制に対抗しよう」「勝利するまで抵抗あるのみ！」というたスローガンを添えていた。

つい「多数派」にしたがってしまう心理

左端の線と同じ長さなのは、 A～Cのうち、どれ?

正解は「B」だ。しかし、その後の質問で……。

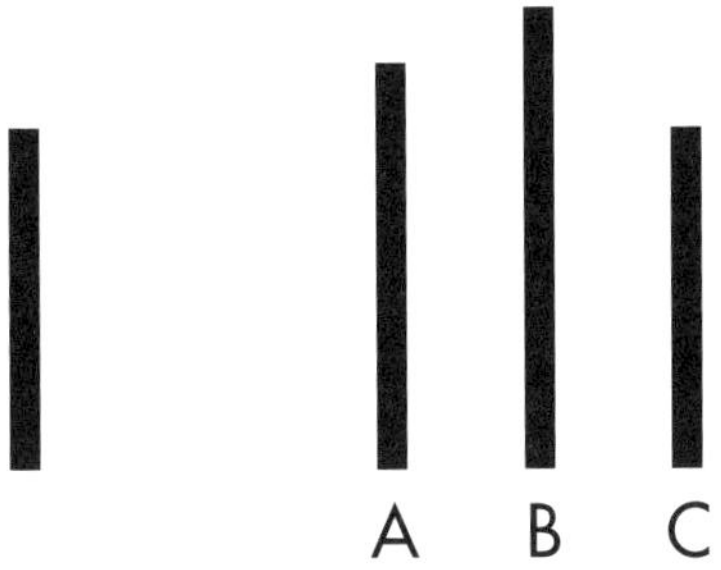

左端の線と同じ長さなのは、 A～Cのうち、どれ?

正解は、明らかに「C」だ。しかし、ほかのどの被験者も「Bだ」という。
あなたは、どう答えるか……?

それ以前には、ミロシェビッチの独裁に密かに反対していたセルビア人たちは、非難をあからさまに表現することを恐れていた。しかし、「オトポール！」の握りこぶしを見た彼らは、ほかの人たちも行動を起こす気があるということを理解したのだ。

のちに運動のメンバーたちが逮捕されると、警察官は「首謀者は誰だ」と問い詰めた。ポポビッチと仲間は、「私は『オトポール！』の二万人のリーダーの一人だ」と名乗るように運動のメンバーたちを教育していた。

これまで世界中の抵抗運動で、大勢の味方の存在を示す小さな行動によって「ゴー」システムのスイッチが入り、人々の恐怖が消えていった。

ポポビッチはエジプトの活動家を教育した際、一九八三年にチリの鉱夫たちが組織した、独裁者ピノチェトへの抗議運動がどのように行なわれたかを話した。ストライキというリスクを冒すことはせずに、灯りをつけたり消したりして抵抗を示すよう全国民に呼びかけたのだ。

鉱夫たちはさらに、のろのろ運転をするよう呼びかけた。タクシーの運転手たちはスピードを落とした。バスの運転手も同様だ。やがて、歩行者たちも通りをゆっくり歩くようになり、一般の車やトラックものろのろ運転をするようになった。

ポポビッチは著書『革命のためのブループリント』で、このような抵抗活動が行なわれる以前の状況を次のように説明している。

ピノチェトを軽蔑しているとあからさまに話題にすることを誰もが恐れていたため、

ピノチェトを嫌っているのは自分だけだと思っていたかもしれない。チリの人たちは、こういった戦術のおかげで「われわれが多数で、彼らが少数なのだ」と気づくことができたといっていた。そして、何が素晴らしいかといえば、リスクがないことだ。北朝鮮でさえ、車をゆっくりと走らせることは違法ではない。

ポーランドでは、ニュースで流れる政府の嘘に活動家たちが反感を抱いていた。そこで彼らは、手押し車にテレビを載せ、通りを押して回った。やがてポーランド中の町で同じことが行なわれるようになっていた——そして反対勢力が最終的に権力を勝ちとった。

シリアの活動家たちは、ダマスカスの広場のあちこちの噴水に赤い着色料を入れ、国民は独裁者アサドによる流血の支配を受け入れないという意志を示した。一人きりの抵抗者として目立つことなく、みな、自分もグループの一員なのだとわかった。

自分ひとりでないことがわかると、行動を起こしやすくなる。みんなも活動しているのだから、自分も参加してみよう、と感じるのだ。

セルビアのポポビッチと仲間は、「恐怖」を「明るさ」に変える方法を見つけ出した。ユーモアを使って協力者を引き寄せ、敵を倒すのだ。

たとえば、ミロシェビッチの誕生日にはプレゼントを贈った。戦犯として裁判を受けるためのハーグへの片道切符、手錠、囚人服だ。

月食の日には、街の買い物客に望遠鏡をのぞかせた。するとなかには、ミロシェビッチの顔が影になっているのが見えるのだ。

また別のケースでは、群衆が集まるなか、「オトポール!」の活動家たちはマイクを握ってこういった。


ニシュ警察署前から報告です。セルビアとモンテネグロの国境にいるテロリストは、こんな人です。身長は一八三センチくらい、テロリスト組織「オトポール!」のTシャツを着ています。メガネをかけているので、読書家です。この国で本をたくさん読むことは危険ですから、気をつけてください。


ポポビッチは、恐怖心に対抗する武器としてユーモアを使うようにと、ワークショップで革命家を指導している。エジプトの活動家を指導してまもないころ、エジプト国内である画像(左ページの図)が共有され、広まりはじめた――マイクロソフトのウィンドウズのインストールをもじったものだ。

この画像にはエラーメッセージもついていた。

この画像の人気が広まると、恐怖心がだんだん薄れていった。

ポポビッチは、ユーモアを効果的に用いることを「ジレンマ・アクション」と呼ぶ。迫害者をどうやっても勝てない状況に陥れる方法だ。

シリアの活動家たちは、「自由」「もうたくさんだ」などのスローガンを、何千ものピンポン

エジプトのムバラク政権崩壊前に流行った、ある画像

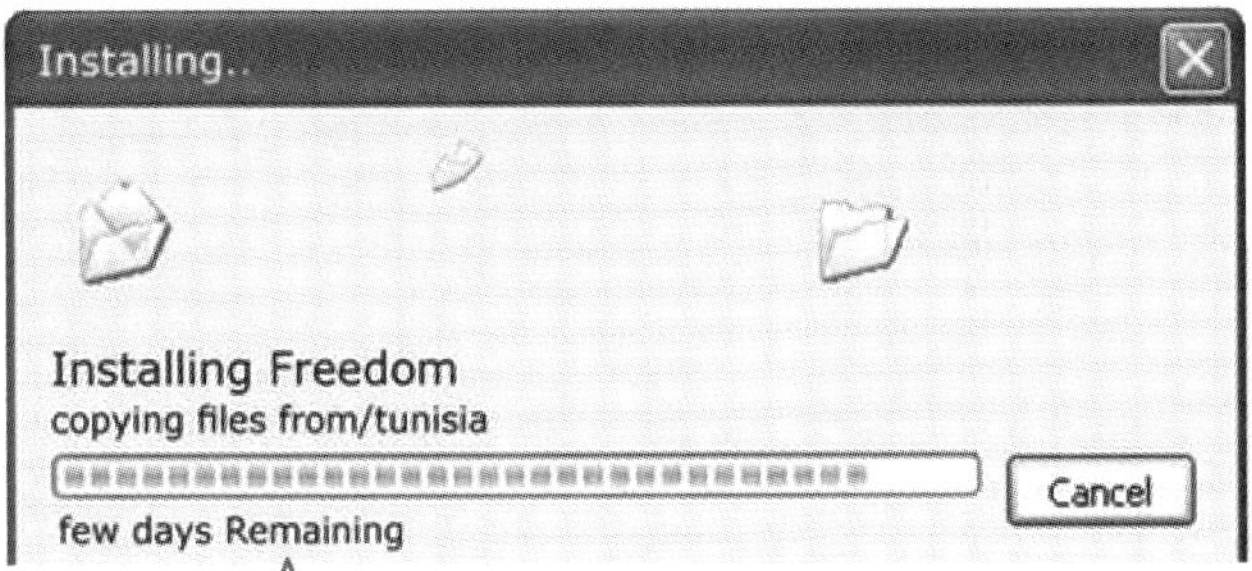
Installing..
Installing Freedom
copying files from/tunisia
Cancel
few days Remaining

インストール中…
自由をインストールしています

チュニジアからファイルをコピー中

キャンセル

残り時間　数日

ERROR Installing Freedom
Cannot installing Freedom: Please remove "Mubarak" and try again
OK

自由のインストール　エラー

自由をインストールできません：
「ムバラク」を排除し再試行してください

OK

玉に書き、ダマスカスの通りに放り投げた。シリアの人たちは玉のはねる音を聞いて、「非暴力の抵抗派がアサド政権に嫌がらせをしている」と悟ったのだと、ポポビッチは述べている。じきに警察がやってきた。「警察のヤツらは、怒り心頭ながら、ピンポン玉を一つひとつ拾って首都ダマスカスの掃除をはじめた。警察は知る由もないが、これはドタバタ喜劇で、ピンポン玉は単なる小道具なのだ。アサド政権の犬たちに、道化師として主役を演じてもらっているのだ」とポポビッチは解説する。

この種のユーモアが、ジョークを好まない独裁者には効果てきめんであることがわかるだろう。しかし、通常の環境でも効果的に働くことがある。

スタンフォード大学の教授ロバート・サットンは、いつも暴言を吐いては若手を困らせている指導医たちについて書いている。

そのあまりにもひどいあつかいに、若手医師たちは「今週のくそったれ指導医」を選ぶようになった。毎週金曜日の勤務終了後の時間に候補者をノミネートし、投票で勝者を決めるのだ。

彼らはこの極悪人たちの名前を革張りの手帳に記録し、「くそったれ」の称号を勝ちとることになった行動を簡潔にまとめた。ユーモアをもって対処したために、指導医たちに振り回されることなく、若手たちの恐怖心がやわらいできた。そして彼らはその手帳を毎年、新参の研修医主任に渡すことにしたのだ。

二〇年後、その手帳はなおも病院の研修医たちに脈々と引き継がれている。今やこれをはじめた若手医師たち自身が、国内の病院の権力ある地位についているが、自分たちが受けていたひどいあつかいを、みずからが後進に押しつけないこと、また他者にもさせないことを誓っている。

ポポビッチは、恐怖がはびこる場所では必ずユーモアが役立つと考えている。「ストップ」システムでブレーキをかけるのではなく、笑いを使って「ゴー」システムを思いっきり発進させるのだ。権力をもたない人が、強いネガティブな感情をポジティブなものに変えるには、非常に有効な方法である。

ポポビッチのあるワークショップに参加した学生たちは、大学の法外な授業料に激しい怒りを感じていた。ポポビッチの話を聞いたあと、学生たちは、大学の学長のところへいってインスタントラーメンだけの食生活の写真を見せ、週一回、学長の家の夕飯に押しかけたらどうだろうか、という提案をしたという。

ポポビッチはにっこりと笑ってうなずいた。学長が夕食に招いてくれなかったら、せめて食べ残しをくれというべきだ、とポポビッチは提案した。(38)

もちろん、自由への戦いは、お花畑のように美しい夢物語ではない、ということをポポビッチはわかっている。

彼は表向き、絵に描いたような楽観主義者だ。他者が無関心だったときも、セルビアのよりよい未来のビジョンを描いてきた。

しかし私が、「自信が揺らいだこともあるのですか?」と尋ねると、ポポビッチは即座に

「イエス」と答えた。「自分を疑ったことがあるかと？　一〇年間、つねにです」

　革命を成功に導き、独裁者を退陣させるべく多数の活動家を教育してきたにもかかわらず、ポポビッチは今でも、運動で失われた多くの命を想い、十分に教育できなかったと責任を感じている。

明日の夢に向かう準備

二〇〇〇年の大晦日、ポポビッチと仲間は、ベオグラードの大広場での祝賀会を企画した。人気沸騰中のセルビアのロックバンドをいくつか手配しており、真夜中には、世界的人気を誇るロックバンド「レッド・ホット・チリ・ペッパーズ」が特別出演すると宣伝した。

　何千人もの群衆がこのベオグラードの広場に詰めかけ、前座のバンドのライブに盛り上がり、熱気は最高潮に達していた。真夜中になる一分前、広場が真っ暗になってカウントダウンがはじまった。時計の針が一二時を指した。だがついに、かの人気ロックバンドが現われることはなかった。

　聞こえてくるのは重苦しい音楽だけだった。群衆が唖然《あぜん》としていると、ボリス・タディッチという心理学者が舞台の裏からきっぱりとこういった。「祝うことなど何もない」

　そして家に帰るよう群衆をうながし、どんな行動をとるか考えてほしいといった。「今年は戦いと抑圧の一年だった。だが、そうでなくていいはずだ。きたる一年を、価値あるものにしようではないか。二〇〇〇年こそがその年だ」

マネジメントを専門とするリン・アンダーソン教授とトーマス・ベイトマン教授は、このようなできごとがもつ影響を指摘している。

会社での環境改善にたずさわる、何百人もの管理職と従業員を対象にした研究がある。改善の試みが成功したケースと失敗したケースを比較したとき、そこに表わされた感情の度合いや、比喩の方法、論理的な議論の展開、関係者への働きかけ、改善をチャンスとするか脅威とするかといった要素において、違いはなかった。

成功したケースと失敗したケースで異なっていたのは、「切迫感」だった。

管理職たちに問題解決の支援をしてもらい、対策チームをつくり、時間と資金を投入してもらうよう説得するには、いい出しっぺたちは、この試みはなぜ「今」やらなくてはならないのかを、明確に示さねばならなかったのだ。

ハーバード大学教授のジョン・コッターは、大規模な変革を考えている一〇〇以上の企業を調べた。それによると、まず企業が冒す失敗は、切迫感を植えつけられないことだという。

調査対象となった五〇パーセント以上の管理職が、会社は変わらねばならないのであり、それも「今すぐに」ということを、従業員に十分に説得できていなかった。

「重役たちは、従業員を安全圏から抜け出させることがどれほどむずかしいかを十分に理解していない」とコッターは記している。「切迫感がなければ、従業員は……必要な犠牲を払おうとしない。それどころか、現状にしがみついて抵抗するだけだ」

青年運動の「オトポール!」は、「今だ」「ヤツは終わりだ」などのスローガンを使って切迫感を伝えた。「二〇〇〇年こそがその年だ」と宣言されたとき、今すぐ行動を起こす必要に迫られているのだということが、セルビア人たちには明確に伝わった。

インパクトのある行動がいかに有効か、ある研究を例にさらに検証しよう。これは、最終的にノーベル賞を受賞した有名な研究だ。

自分がある自動車メーカーの重役であると想像してみてほしい。経済的な問題から三つの工場を閉鎖し、六〇〇〇人の従業員を解雇せねばならない状況に陥っている。計画には二つの選択肢がある。

▼プランA——三つのうち一つの工場と、二〇〇〇人の職を救うことができる。

▼プランB——三つすべての工場と六〇〇〇人の職を救える可能性が三分の一である。だが、工場も職もまったく救えない可能性が三分の二である。

大部分の人はプランAを選ぶ。最初の調査では、八〇パーセントがリスクを冒すのではなく、安全な計画を選んでいた。では、次のような選択肢ではどうだろうか。

▼プランA——三つのうち二つの工場と、四〇〇〇人の職が失われる。

▽プランB――三つすべての工場と六〇〇〇人の職が失われる可能性が三分の二ある。だが、すべての工場と職を救える可能性が三分の一ある。

理論上は、この二つの選択肢は最初の二つの選択肢と同じである。しかし心理的には、違って見える。二つ目のセットでは、八二パーセントの人がプランBを選んだ。好みが逆転したのである。

一つ目のケースでは、「得るものは何か」の視点で選択肢が構成されている。プランAが好まれるのは、**利益を視点にすると、リスクを回避したいという思いが出てくるもの**だからだ。得るものが何かしらある場合、私たちはそれにしがみつき、守りたいと思う。すべての職を失うリスクを冒すのではなく、確実に二〇〇〇人の職を維持できるよう、安全に行動する。

結局のところ、「明日の一〇〇より今日の五〇」なのだ。

しかし二つ目のケースでは、「確実に失うものは何か」が提示されている。すると、この損失を回避するためには何でもしようという気になる。たとえ、より大きなリスクを冒すことになっても、である。いずれにせよ何千もの職が失われることになるのだから、思い切った行動で賭けに出て、何も失わないことを願うのだ。

この一連の研究は、心理学者のエイモス・トベルスキーとダニエル・カーネマンが行なったもので、行動経済学という学問分野の先がけとして、カーネマンはノーベル賞を受賞した。

この研究からは、利益ではなく損失が強調されるように少し言い回しを変えただけで、リスクの見方を劇的に変えることができるということがわかる。つまり、どう他者に働きかければ一か八かの行動に出てくれるのかを理解するうえで大きな意味をもつ。

他者に行動を改めてもらいたいとき、「変えることの利点を強調する」ほうがよいのか、「変えないことの代償を強調する」ほうがよいのか。

「こころの知能」の概念を提唱した一人で、現在イェール大学長であるピーター・サロベイの見解では、**「新しい行動を相手が安全なものと認識するか、リスクが伴うものと認識するかによる」**ということだ。行動が安全だと相手が思うのなら、行動によって生じうるすべてのよいことを強調するべきだ——そういった利益を得るために、相手はすぐさま行動を起こそうとする。

だが、行動にはリスクが伴うと考えている場合には、この方法は役に立たない。相手はすでに現状に満足しているため、変えることの利益を示されても魅力を感じない。

そのため、現状を揺るがし、行動を変えないことで起きる悪いことを強調する必要がある。**行動しなければ確実に損失がある場合は、リスクを冒すことに魅力を感じるようになる。**

大手製薬会社「メルク」社のＣＥＯケネス・フレージャーは、イノベーションと変革を進めるために、重役たちにある提案をした——メルクを倒産させるようなアイデアを出してほしい、と。

それから二時間というもの、重役たちはアイデアを出し合った。メルクの競合他社になったつもりで、メルクの薬や未参入の市場を脅かすような薬のアイデアを考え、大いに盛り上がった。次に視点を自社に戻し、こういった競合他社に対して自社を守る方法を考えることが課題になった[39]。

この「会社をつぶす」エクササイズは効果抜群だ。まず利益に焦点をあてて考えたのちに、損失の観点で問題を再構成することができるからだ。

単に画期的な新薬をつくろうと話し合っているとき、管理職たちはとくにリスクを冒そうとはしなかった。

しかし視点を変え、競合他社がこちらをつぶしかねないと考えたときには、イノベーションを進めないことがリスクだと気づいたのだ。イノベーションの切迫性は明らかだった。

変化を計画する人はたいていの場合、みんなの無関心にテコ入れするために、刺激的なビジョンを示そうとする。**ビジョンを伝えることも重要だが、最初に伝えてもあまり意味がない。**

他者に働きかけ、思い切った行動に出てもらうには、現状の何に問題があるのかをまず示す必要がある。安全圏から出てもらうためには、現況に対する不満やいら立ち、怒りを認識させ、確実な損失を示さなくてはならない。

コミュニケーションの専門家で、優れたプレゼンテーションを研究してきたナンシー・デュアルテによると、もっとも素晴らしいプレゼンターはまず「今はこのような状況です」という現状を示す。そのうえで、「どうなりうるかを示して現状と比較」し、「その違いをできるかぎり大きく見せる」ということだ。

このプレゼンの方法は、アメリカ史上もっとも有名な演説の二つにも見られる。

フランクリン・ルーズベルト大統領は就任演説で、まずこういった。

「率直かつ大胆に、すべての真実を話す」ことを約束し、大恐慌の悲惨な状況を説明したうえで、どう変えることができるかという話題に移り、雇用創出の希望を明らかにし、将来の展望を述べている。

「この素晴らしい国家は……復興し、繁栄するであろう……われわれが唯一、恐れなくてはならないものは、恐れそのものだ」と。

キング牧師の壮大な演説では、明るく輝く未来のイメージが強調されている。だがこの一六分の演説のなかで、キング牧師が夢について語り出したのはようやく一一分目に入ってからだ。まず希望を語る前に、先に悲惨な現状を強調した。冒頭では、奴隷解放宣言で約束されたにもかかわらず、「一〇〇年たった今、黒人の生活は、悲しいことにいまだに人種隔離の手かせと人種差別の足かせに縛られています」と述べている。

今ある苦痛をあぶり出し、切迫した状況を示したうえで、現状をどのように変えられるかという話題に移る。「しかし、われわれは〝正義の銀行〟が破たんしたとはけっして信じません」

演説の三分の二以上を、現状と未来の可能性を順にくり出す「ワンツーパンチ」にあて、現状への憤《いきどお》りと未来への希望を表現している。

社会学者のパトリシア・バシレフスキによると、「キング牧師は、不公平な現状に対する人々の怒りの感情を明確に示し」、人々の「状況を変えねばならないという意志」を強くした。キング牧師が、**今ここに存在する悪夢に触れたことではじめて、観衆は明日の夢に向かう準備ができた**のである。

心理学者のミンジョン・クーとアイレット・フィッシュバッハの研究によると、目標達成へのプロセスで疑問を感じたときに、後ろを振り返るべきか前を見るべきかは、「コミットメント（どれだけ真剣にかかわっているか）」の度合いによって決まる。

決心がぐらついているときは、すでに成し遂げたことを考えてみることだ。これまでにどれだけ力を注いで何を達成したかをもう一度確認すれば、あきらめるのはもったいない気がして、自信とやる気がわいてくる。

決意が固まったら、バックミラーをのぞくのではなく、しなければならない残された仕事を強調し、前を見るほうがよい。

目的を達成しようという確かな決意があるのなら、目的地と現在地のあいだにある距離を認識することで意欲が高まるだろう。

セルビアでは、もはや決意を固めた支持者が「オトポール！」の運動に参加するようになると、あとどのぐらいの距離を進めばよいかを、市民に示さなければならない時期に来ていた。

だからこそポポビッチと仲間は、大晦日のコンサートを中止し、ベオグラードの市民を家へ帰すという大胆な行動を起こした。

それから二年経たないうちに、「オトポール！」は七万人以上のメンバーを獲得した。しかし、実際にミロシェビッチを退陣させるには、さらに何百万もの得票が必要だ。

この国には許せない現状があるということを、市民に思い出させることによって、現状を揺るがし、みんなの行動をうながす時期が来ていた。

熱くなること、冷静になること

怒りがあると、無関心ではいられなくなる。不当にあつかわれていたと感じれば、戦わずにはいられない。しかし、行きすぎてしまう場合もある。「怒り」は人の発言と行動をうながすエネルギーになるが、怒りゆえに発言と行動が効果を失ってしまう場合もある。

活動家の研究を行なったデボラ・マイヤーソンとモーリン・スカリーは、「熱くなりつつ、冷たくなること」だと提案する。

「熱くなることとは、行動と変化の燃料になる。そして冷静になると、行動と変化が論理的かつ実現可能なものに変わっていく」ということだ。

カリフォルニア大学バークレー校の社会学者、アーリー・ホックシールドによると、不安や怒りなどの強烈な感情に対処する方法は二つある。「表層演技」と「深層演技」だ。

表層演技は〝仮面〟を着けるようなものだ——話し方やジェスチャー、表現を変えて、平然としているように見せる。あなたが飛行機の客室乗務員で、乗客が腹を立てて怒鳴ってきたら、笑顔を見せてていねいに接するだろう。外見を整えてはいるが、心の内ではカチンときており、おそらく乗客もそれを察している。

ロシアの舞台演出家コンスタンチン・スタニスラフスキーは、表層演技をしている俳優はけっして役に完全に入り込んではいない、と述べている。つねに観客を意識しており、演技が真に迫ることはない。スタニスラフスキーは、表層演技は「観ている人の心が温まることも、心に深く入り込んでくることもない……繊細で深い人間の感情は、このようなテクニックにはひっかからない」と書き記している。

演劇界で「メソッド演技法」と呼ばれている深層演技では、演じる人物になりきる。うわべの表現を変えるだけではなく、内面の感情を実際に変えるのだ。

先の客室乗務員の例でいうと、乗客がストレスを感じていること、飛行機の旅を不安に思っていること、あるいは泥沼の離婚協議中だということを想像してみる。そう思うと乗客に同情がわいてくる。笑顔が自然に漏れ出て、心から温かい表現ができる。深層演技では、本当の自分と演じている役の区別がなくなる。もはや演技をしているのではない。その役の本当の感情を実体験しているからだ。

ルイス・ピューは、凍るように冷たい水中を泳ぐ前に深層演技を行なっている。ヒップホップを聴きながら、英国特殊空挺部隊にいた時代に、飛行機から飛び降りた記憶を鮮明に呼び起こす。そして、強烈な興奮状態を再現し、勇気を奮い立たせるのだ。

オスカー俳優のダニエル・デイ＝ルイスはさらにその一歩先を行っている。アーサー・ミラー作の『るつぼ』の役づくりのために一七世紀の工具を使って家を建て、水も電気も引かずにその家で生活した。

脳性麻痺の作家の役を演じた際には、映画の制作中はずっと車いすに乗ったまま過ごし、たどたどしい言葉で話し、食事は制作スタッフにスプーンで口へ運んでもらった。

感情を長いあいだうまくコントロールするには、表層演技よりも深層演技のほうがよいということがわかっている。研究によると、表層演技をしている人はいつか燃え尽きてしまう。実際にない感情をあるように見せかけるのは、ストレスになるし、疲弊もする。感情を表現したいのならば、その感情を実際に「体験する」必要があるのだ。

「爆発的なエネルギー」に火をつけろ！

一九五五年のあの日、バスの後部座席に座ることを拒否したローザ・パークスが逮捕されて一年も経たないころ、連邦最高裁判所は人種差別を非合法とした。

以後、人種で座席を分けなくなったバスのなかで想定される事態に、キング牧師は対策を練っていた。非暴力派のリーダーの協力を得ながら、アラバマ州の黒人向けに何千ものワークショップを企画し、実践した。

イスを並べてバスの車内を模し、一二人ほどの参加者に運転手と乗客を演じてもらった。白人乗客役が黒人乗客をののしる。そしてツバを吐きかけたり、ガムを投げつけたり、タバコの灰を頭の上に落としたり、牛乳を頭にかけたり、ケチャップやマスタードを顔に噴きかけたりする。

キング牧師はこの深層演技の訓練で、抗議で立ち上がることはあっても、暴力には訴えることなく、怒りを黒人市民たちに感じてもらいたかった。

こういった怒りに対処するには、どうするのがいちばんよいのだろうか。

もっとも頻繁《ひんぱん》に用いられる方法は、感情を表出することだ。心理カウンセラーが、枕をたたいたり叫んだりして怒りを発散させろとアドバイスする方法だ。フロイトは、積もり積もった怒りを表出すると、抑圧が解放されカタルシスが起きるとしている。

怒りを発散させることが怒りのコントロールに役立つのかどうかを検証するために、心理学者のブラッド・ブッシュマンは、被験者をわざと怒らせる実験をした。被験者は、人工妊娠中絶に賛成、もしくは反対する文章を書くよう指示される。そのあとで、見解の異なる人からこっぴどい評価をもらうのだ。

そこには、「まとまりがない、凡庸、下手な文章、意味不明、説得力がない、知性に欠ける」などと並べ立てられたあげく、「こんなにひどい文章は読んだことがない」と書かれている。

怒った被験者は、感情を表出するか、気をまぎらわせるか、コントロールするかの、いずれかの反応をとるグループに無作為に割りあてられた。

感情を表出するグループの被験者たちは、自分の文章を酷評した嫌な相手を思い浮かべたり、写真を見たりしながら、サンドバッグを思いっきり気のすむまで殴っていいことになっている。気をまぎらわせるグループの被験者たちは、サンドバッグを殴るが、体を鍛えているイメージを思い浮かべるように指示され、エクササイズをしている人の写真を見せられる。

感情をコントロールするグループの被験者たちはサンドバッグを使わず、二分間、静かに座ったままでいる。

自分をおとしめた相手に対してもっとも攻撃的になるのは、どのグループだろうか？

ブッシュマンはこれを突き止めるために、各グループに、自分の文章を批評した人を、音を立てて激しく攻撃するよう指示した。どれくらいの音を立てるか、その攻撃をどれくらい長く続けるかは本人の自由だ。

感情を表出したグループがいちばん攻撃的だった。より大きな音で相手を非難したうえに、ほかの二つのグループと比べて時間も長かった。ある被験者は、屈辱的な評価を思い出して腹わたが煮えくり返り、サンドバッグを殴るだけでは気がすまず、実験室の壁に穴を空けたのだ。

怒りを発散しても、怒りの炎は消えることはない。さらに燃え上がってしまう。

怒りを発散させると、「ゴー」システムのアクセルを思いっきり踏み込んでしまい、怒りはさらに加速する。

ただし、相手のことを考えずに気をまぎらわせるようにサンドバッグをたたくと、「ゴー」

システムはオンのままではあるものの、ほかの対処方法を考えられるようになる。
そして、感情をコントロールして静かに座っていると、「ストップ」システムが始動する。[40]
怒りを発散させるのは、効果があるように思えるが——そしてたとえ気分がすっきりするとしても、効果がないということをブッシュマンの別の研究が示している。
発散させたあとすっきりすればするほど、攻撃的になるのだ。批判した相手にだけではなく、その場にいる何の罪もない人に対しても八つ当たりしがちだ。

怒りの表出を避けることは、活動家を教育するにあたって大きな課題だった。非暴力の抵抗は怒りをコントロールすることにかかっているため、キング牧師と仲間たちは協力し合い、抵抗の過程で怒りを表出しないことを目標にワークショップにとり組んだ。

「白人役の人の演技に熱が入りすぎてしまい、たしなめて役から下ろさなくてはならないこともあった」と、キング牧師は回想している。

ある黒人役の人は「自分の非暴力の役割を忘れて激しく反撃した」そうだ。「こういう展開になったときには、言動を非暴力の方向へ向けるように誘導した」という。さらに、演技の終了後は、その日の演技の評価と、より建設的に対応するための提案を行なったのだった。

感情をあらわにすることの根本的な問題は、不当な行為をした人に対して、意識が集中しすぎてしまうということにある。自分を不当にあつかった人のことを考えれば考えるほど、報復のためになおさら激しく食ってかかりたくなる。

「怒りは、人を動かす手段として、とても強力です」と、ポポビッチは説明する。「しかし、人を怒らせれば、ものを壊しはじめるかもしれない」

二〇〇〇年の大晦日の真夜中、「オトポール！」がコンサートを終了させ、灯りを消し、重苦しい音楽を流したとき、そこにあったのは巨大なスクリーンに映し出されたスライドショーだった。そこには、憎きミロシェビッチの姿は一つもなかった。使われた写真は、ミロシェビッチ政権下で殺害されたセルビアの軍人や警察官のものだった。

怒りを建設的な力に変えるには、加害者側が加えた危害に対する怒りを発散させるのではなく、苦難を強《し》いられた被害者のことを考える必要がある。

不当なあつかいをされた被害者に目を向けることで、権力にいうべきことをいおうという気持ちがわいてくることを、経営学研究者であるアンドリュー・ブロッキー、ジョシュア・マーゴリス、ジョエル・ブロックナーは見いだしている。

ある実験では、ＣＥＯが多額の給与を受けとり、優秀な従業員に十分な報酬を与えていないという状況を被験者に見せた。被験者は、不公平なあつかいをされた従業員に目を向けるよう指示されると、ＣＥＯの給与の判断に異議を唱える確率が、四六パーセントも高くなっていた。

公民権運動において、キング牧師は、暴力と不公平を受けた被害者に目を向けるようにと訴えかけていた。

「白人を打倒するべきでも、おとしめるべきでもない。永遠に続くかのような精神的な死を味わう人生から、われわれの子どもたちを解放することだ」と、演説で述べている。

被害者に目を向けると、心理学者の呼ぶところの「共感的怒り」が呼び起こされる——他者への不当なあつかいを正したいという欲求だ。この怒りで「ゴー」システムのスイッチが入るが、被害者の尊厳を守るにはどうすべきか、という気づかいも生まれる。

研究によると、**「他者に対して」怒りを感じていると復讐心が生じるが、「他者のために」怒りを感じていると、正義やよりよいシステムをつくる動機になる。**人を罰したいのではなく、助けたいのだ。

「オトポール！」が、犠牲になった軍人の写真を見せると、セルビアの市民は興奮状態になり、「きたる一年、価値あるものに」というスローガンを唱え出した。市民は怒りを、ミロシェビッチを退陣させようという強い意志に変えたのである。

その秋、「オトポール！」は、セルビア史上最高規模の投票率を記録し、ミロシェビッチを退陣させて新しい民主主義の時代を導いた。「祝うことなど何もない」といって市民を帰宅させた心理学者ボリス・タディッチは、四年後、セルビアの大統領に選出された。

＊＊＊

「朝起きると、世界をよりよくしたいという欲求と、そのままの世界を楽しみたいという欲求の板挟みになる」と、作家のE・B・ホワイトは書いている。

「こうなると、一日の計画を立てるのがむずかしい」

アメリカ独立宣言は、「生命と自由、幸福の追求」という、奪うことのできない権利を市民に約束している。そして、私たちの多くは、幸福のために「今、ここにある世界」を享受することを選んでいる。

しかしオリジナルな人たちは、あえて苦しい戦いを選び、理想の世界を実現しようととり組んでいる。人生を向上させ、より多くの自由を得るために行動することによって、一時的に快楽を捨て、みずからの幸福をあと回しにしているかもしれない。

しかし長い目で見ると、彼らは世界をもっと素晴らしい場所にするチャンスを手にするだろう。心理学者ブライアン・リトルの言葉を借りると――「別種の満足感」をもたらすのだ。「オリジナルでいる」ことは、幸せにいたる道としては、けっして簡単なものではない。しかし、それを追い求めることの幸せは何にも代えがたいのである。

監訳者のことば

「いわれてみれば当たり前」の妙味

楠木　建

前作『GIVE&TAKE「与える人」こそ成功する時代』に続いて著者の本の監訳をする機会に恵まれた。本作『ORIGINALS　誰もが「人と違うこと」ができる時代』でも、著者の芸風とその美点はそのまま受け継がれている。

タイトルにあるとおり、また、「まえがき」でシェリル・サンドバーグが指摘しているように、アダム・グラントはオリジナルな人である。この本で展開されている思考と議論もオリジナリティに満ちている。彼のどこがオリジナルなのか。それは徹頭徹尾「当たり前のこと」しかいわないということにある。

次から次へと世に送り出されるビジネス書には、手っとり早く読者の注意を引こうとするような刺激的で突飛な言説にあふれている。しかし、アダム・グラントの議論にはその手の「インスタントな刺激」がまるでない。いわれてみれば当たり前のことばかり。ここにこそアダム・グラントの美点があり、オリジナリティがある。

一見すると「当たり前」と「オリジナリティ」はつながらない。つながらないどころか、大きな隔たりがある。隔たりがあるどころか、正反対を向いているように聞こえる。しかし、考えてみてほしい。著者が議論の対象にしているのは、人間の営みである。人と人の世の営為にかぎっていえば、「日の下《もと》に新しきものなし」。人間の本性と人間社会の本質は、今も昔もこれからも変わらない。変わらない本性や本質と正面から向き合うからこそ、人間についての深い洞察が導かれる。

前作と同様に、本書の議論のスタイルはいたって科学的である。心理学者である著者は科学的な発見事実にもとづいてじっくりと話を進めていく。しかし、科学的ではあるが、人間についての行動科学である。自然科学とは異なる。自然科学であれば、相対性理論や量子力学、近いところではｉＰＳ細胞のように、それまでの知識を全面的に塗り替えるような大発見が（ごくまれにだが）生まれる。しかし、人と人の世については「世紀の大発見」はありえない。どんなに価値ある知見でも「いわれてみれば当たり前」となる。むしろ、大切なことほど「いわれてみれば当たり前」という面がある。

ただし、である。この「いわれてみれば……」というところに大きな価値がある。「いわれてみれば当たり前」ということは「いわれるまでわからない」ということにほかならない。「当たり前」の向こう側にある真実を頑健で鋭い論理を重ねて突き詰め、無意識のうちに見過ごされている人間と社会の本質を浮き彫りにする。そこに著者の仕事の本領がある。

◇コンフォーミティを乗り越える

本書のテーマである「オリジナル」とは、ものごとがこれまでとは違った形で生まれたり進歩する端緒《たんしょ》（およびそれを担う人）を意味している。「オリジナリティ」とは、日本語であっさりといえば「独自性」である。とりたてて新奇な論点ではない。

しかし、著者はオリジナリティという概念がもつ二つの重要な特徴に光を当てている。一つは、オリジナリティを「コンフォーミティ（同調性）」の対概念としてとらえていること。コンフォーミティとは、その時点で多くの人々に共有されている「正しいこと」についての価値観を踏襲し、その延長上に成果を達成しようという思考と行動を意味する。オリジナリティはその逆向きの動きだ。これまでの価値観に逆らって新しいアイデアを推進し、最終的によりよい状況や進歩を生み出す。ここにオリジナリティの本質がある。

もう一つはオリジナリティを「クリエイティビティ（創造性）」と区別していること。いうまでもなく、オリジナリティはクリエイティビティに端を発する。これまでとは違った新しいアイデアはオリジナリティの必要条件である。しかし十分条件ではない。「オリジナルな人」とは、単にアイデアを思いつくだけで終わらず、それをみずから率先して実行し、社会や市場や顧客が受け入れる形で実現する人のことを意味している。

この二つの視点が本書のオリジナリティの考察に独特の深みと奥行きを与えている。以下、この二点について順に、僕が本書のとりわけおもしろいと思ったところと、著者から得た洞察を話してみたい。

まずは第一の論点から。オリジナリティとは「創造的破壊」である。創造と破壊という二つの逆向きのベクトルを同時にあつかわなければならない。ここに独創のむずかしさがある。

ポイントは、本書の議論の軸足が創造よりも破壊にあるということだ。オリジナリティは結果的に革新や進歩や改善を創造する。しかし、オリジナルな人の思考と行動の真価が問われるのは、創造よりもむしろ破壊にある。考えてみれば当たり前の話なのだが、時間的な順序として、破壊が創造に先行するからだ。破壊がなければ、その後に起きる創造もありえない。世の中に受け入れられ定着した、しかも多くの人が正しいと思っていることを否定し、却下するからこそオリジナルになれるのである。

コンフォーミティの逆を行く以上、オリジナリティには本来的に「流れに逆らう」という面がある。まっさらな白紙の上に絵を描くように、フラットでニュートラルな状態から新しいアイデアを出すのはそうむずかしいことではない。ところが、オリジナリティには最初から逆風が吹きつけている。流れに逆らって既存のものを破壊するのは大きなリスクがつきまとう。つまり、オリジナルな人は、定義からして、マイナスからのスタートを強いられる。

オリジナリティの敵はコンフォーミティにある。ここで厄介なのは、コンフォーミティは決して悪いことではないということだ。それどころか、そもそもコンフォーミティには成果を達成するうえで有効な論理が組み込まれている。

パート1にある「早熟な天才児」のエピソードがおもしろい。二歳で字が読め、四歳でバッハを弾き、六歳で微積分を解くような神童がいる。しかし、心理学の研究によると、こうした神童が大人になってオリジナリティを発揮することはまれだという。なぜか。神童は既存のゲームで体系化されたルールにしたがっているからだ。カーネギー・ホールで演奏したり、サイエンス・オリンピックで優勝したり、チェスのチャンピオンになったりするうちに、訓練を通じて技術は完璧になるが、新しいものを生み出すことができなくなる。つまり、神童は完全にコンフォーミティの世界に浸っている。そこでは両親からの承認や教師の称賛を得ることがモティベーションになっている。だから、オリジナリティの一丁目一番地である「既存のシステムの否定」ができない。

この例にあるように、優れた成果を達成しようという意欲が強い人ほど、かえってオリジナリティを優先させる傾向にある。ひたすら成功したいという野心が強いと、かえってコンフォーミティの足かせになる。いわれてみれば、思い当たる節がいろいろとある。たとえば、頭がよく、野心家で、最上等の教育を受けたのちにウォールストリートの金融機関に入り、バリバリ仕事をして出世する――、こうした人には本書がいう意味でのオリジナリティが、きれいさっぱり欠落していることが少なくない。

◈「ストーリーとしての競争戦略」との共通点

僕は著者と違って心理学者ではない。経営学のなかの競争戦略という分野で仕事をしている。筆者のような行動科学的なアプローチで研究しているわけでもない。研究の方法論も大きく異なる。それでも、オリジナリティをコンフォーミティと対置する著者の議論は、僕と僕の仕事にとってとりわけ示唆《しさ》に富む。

戦略の本質をひと言でいえば、「競合他社との違いをつくる」、これに尽きる。あっさりいってしまえば、競争戦略とは「他社と違ったよいことをする」ということだ。他社と同じでは完全競争に近づいてしまい、遅かれ早かれ儲からなくなる。だから違いをつくる。納得だ。と同時に、その「違ったこと」は成果（長期利益）を出すうえで「よいこと」でなくてはならない。これも当たり前のように納得がいく。

ところが二つ合わせるとどうも納得がいかない。「違ったこと」と「よいこと」はどうにも折り合いが悪いのである。「他社と違ったよいことをしろ」といった瞬間にジレンマに突きあたる。もしそんなに「よい」ことだったらとっくに誰か気づいてやっているはず。「よいこと」ほど「違い」になりにくい。世の中バカばかりではないのである。よしんば誰も思いついていないことであっても、その「よいこと」をして儲けている企業があれば、他社も同じことをやろうとするはずだ。すぐに違いが違いでなくなってしまう。考えれば考えるほど、僕は競争戦略の本質部分で強いフラストレーションを感じていた。

競争優位を構築することと、それを持続することは違う。戦略の目標は長期利益である。今のうちだけ儲けましょう、という話ではない。だから競争優位を構築しようとする以上、それは持続的でなくてはならない。構築よりも持続のほうが何倍もむずかしい。だから、戦略論の行き着くところはつねに「模倣障壁」の問題になる。他社が追いかけてきても真似できない障壁をいかにつくるか、という話だ。

規模の経済、特許、重要な資源の占有、ノウハウの密度……といくらでも模倣障壁をリストアップできるのだが、僕はこのロジックがどうも好きになれなかった。いくら模倣障壁をつくっても、競合他社も儲けようとしてそれなりに必死になって追いかけてくる。模倣されるのが遅いか早いかの違いはあっても、「模倣障壁の構築が重要」といった瞬間、持続的競争優位というのは論理的にはずいぶん窮屈《きゅうくつ》な話になる。

従来の「模倣障壁」系の話に代わる持続的な競争優位の論理はないものか、というのが長年の僕の思考のテーマであった。この方面に関心がある方は、拙著『ストーリーとしての競争戦略』（東洋経済新報社）をお読みいただきたいのだが、かいつまんでいうと、僕がたどり着いたのは「部分と全体の合理性のギャップをつく」という論理である。「非合理の理」といってもよい。

戦略を個別の打ち手ではなく、それが因果論理でつながったストーリーとして考える。戦略ストーリーが、その業界で競争しているプレイヤーにとって合理的な打ち手ばかりで構成されていたら、持続的な競争優位はおぼつかない。ある部分だけをとり出してみたら非合理に見えるけれども、ストーリーのなかでほかの要素とつなげてみると、一見非合理な部分が全体としては強力な合理性をもたらしている――これが僕の考える優れた戦略の条件だ。つまり、部分的な非合理を全体レベルでの合理性に転化する、ここに戦略の妙味があるというわけだ。これは本書の議論に即していえば、業界に強く働くコンフォーミティを逆手にとって、オリジナリティを獲得するという話である。

本書の冒頭に「あらゆる進歩は非理性的な人のおかげである」というジョージ・バーナード・ショーの言葉の引用があるが、この言葉は競争戦略の本質にもそのまま当てはまる。本書は主として個人の行動を議論の対象としているが、企業の複雑な戦略的行動を理解するうえでも実に有用なアイデアを多く含んでいる。これにしても、本書が分野や対象に限定されない、本質的で骨太な論理を眼目としているからである。

◇「ふつうの人々」のオリジナリティ

第二の論点に移ろう。オリジナリティを発想にとどまらず、実行と実現の問題として論じる。これが本書を貫くもう一つの重要な視点である。斬新なアイデアを思いつくだけではオリジナリティは完結しない。それが実行され、実現され、世の中に受け入れられなければ本当のオリジナリティとはいえない。

この点で本書が素晴らしいのは、ごく「ふつうの人々」を前提にしているということにある。オリジナリティの実現にはリスクをとらなければならない。しかし、信念とやる気に満ちた、徹底的にリスクを冒す奇才でなければならないというわけではない。むしろそうした人はオリジナリティを実現しにくい面があり、オリジナルな人たちは、われわれが漠然とイメージするよりもずっとふつうの人だ、と著者は強調する。

著者の立論は人間の本性にきわめて忠実である。既存のシステムやルールを受け入れることは、ふつうの人々にとって心地よい。これは変わらない人間の本性である。独創や独自性を論じる本には「あらゆる困難や挑戦をものともせず、信じる道を突き進め！」というような威勢のよいかけ声に終始するものが少なくないが、こうした話はまったく実用的ではない。ふつうの人間の本性に逆らってうまくいくことはない。

日本では人と違った意見や行動が社会的に抑圧されがちなのに対して、アメリカでは個人が独自の意見をためらわずに表明する。日本はアメリカを見習って、変わらなければならない——。こうした「日本＝出る杭《くい》は打たれる」式の主張が昔からくり返されている。しかし、いろいろな国や地域で学生を教えた僕の経験からして、僕はこの手のステレオタイプは相当に疑わしいと思っていた。

本書を読んで膝をたたいたのだが、著者が観察の対象としているアメリカでも事情はそれほど変わらないというのがおもしろい。著者はいう。確かにアメリカは個人主義的でユニークな自己表現が受け入れられる土地柄だ。しかし、蝶ネクタイをつけたり、真っ赤な靴をはくことはオリジナリティとは関係ない。うわべだけオリジナルに見せているだけで、実際はうまくやろうとしすぎるあまり、もしくは失敗を恐れるあまりに、まわりに合わせることを選ぶ人が圧倒的に多いという。

要するに、コンフォーミティの圧力が強く働くのは、国や地域を越えて人間社会の常なのだ。本性は時間を越えて変わらないだけでなく、空間的にも実際はそれほど変わらない。だからこその「本性」なのである。

本書は、本性としてはリスクを回避しようとするふつうの人々が（ふつうの人々だからこそ）、流れに逆らう不安や恐怖をはねのけて、オリジナルな何かを実現させるためのさまざまなヒントを数多く含んでいる。「ある領域でリスクをとろうとするときは、別の領域では慎重に行動するというポートフォリオのなかでリスクのバランスをとる」「大量生産が良質なアイデアへのもっとも着実な道」「情熱は、しばしばオリジナリティを阻害する」「自分の弱みをさらけ出す」「ネガティブな考えがもつポジティブな威力」……、どれも背後にある論理が明快で力強い。

このすべてに共通した基盤となる思考様式が、著者のいう「ブ・ジャ・デ」だ。はじめて見たものなのに既視感を覚える「デ・ジャ・ブ」の反対で、既知のものを新たな視点で見つめ、古くからある問題を再発見し、そこから新たな洞察を得る。これが「ブ・ジャ・デ」の思考である。既存のシステムやルールにはそれが存在する理由が必ずある。既存のものを却下するためには何よりもまず、なぜそれが存在するのかをじっくりと考えなくてはならない。これもまたいわれてみれば当たり前、要するに「温故知新」である。しかし、変革というとひたすら前のめりになってしまいがちだ。前しか見ていない「単純進歩主義者」は真にオリジナルな人にはなれない。

◈先延ばしの効用

僕がとくに深い共感を覚えたのは、「賢者は時を待ち、愚者は先を急ぐ」と名づけられたパート4にある「戦略的先延ばし」というアイデアである。著者は冒頭に「明後日にできることを、明日に回してはいけない」というマーク・トウェインの言葉を引用している。じつにうまいことをいう。僕も昔からこの言葉が大好きで、それを地で行く生活をしてきた。

僕の基本的な構えは次の二つのフレーズに集約されている。一つが『川の流れのように』(美空ひばり)。もう一つが『時の流れに身をまかせ』(テレサ・テン)。脳内でつねにひばりとテレサの豪華デュオがハモっている状態。ひっくるめていうと「川の流れに身をまかせ」。それが僕の基本姿勢だ。

計画をしたところで、本当にその気にならないとなかなか体は動かない。とくにタイミングの問題は大きい。僕にとって何よりも大切なのは「機が熟した感」だ。なかなか思いどおりにならない世の中で、たまに何かうまくいくことがあるとすれば、それは機が熟したタイミングで、無理なく自然と行動したからだと思っている。

だから「夢に日付を入れろ」という人はあまり信用できない。無理を通せば道理が引っ込む。自然な川の流れに逆らおうとすると、心身の調子が悪くなったり、挙げ句の果てに周囲の人に迷惑をかけたりすることになりかねない。

ただし、ちょっとした引っかかりを毎日の中で意識することは大切にしている。ちょっと気にかかること、「自分はこういうことがやりたいのかなあ」という気がすること。それを意識しておく。すぐに忘れてもいい。引っかかりをその都度意識していると、いつかそのうち、「そうか、俺はこういうことがやりたかったんだ……！」というときが来る。でも、それがいつになるかは誰にもわからない。それでも、いつかはそれが降ってくる。それが「機が熟した感」である。

……と、こういう調子でやってきたのだが、本書は僕が直感的に採用してきた「川の流れに身をまかせ」戦略に明確な根拠を与えてくれた。ジヘ・シンという研究者の発見がおもしろい。先延ばしにするという行為がオリジナリティを触発するというのだ。先延ばしは生産性の敵ではあるが、独創の友でもある。現代の効率性への崇拝が支配的になる以前は、先延ばしのメリットは広く知られていた。古代エジプトでは、「先延ばし」を意味する二つの動詞があったという。一つは「怠惰」、もう一つは「好機を待つこと」を意味していた。

筆者はレオナルド・ダ・ヴィンチの例を紹介している。ダ・ヴィンチは何年かのあいだ描いては中断して放置するということをくり返し、一五年以上の時間をかけて『モナ・リザ』を完成させた。光に関する実験やその他さまざまな「余計なこと」をしていたので、絵をなかなか完成できなかったというのが従来の理解だった。しかし、ある歴史研究者は、そうした「余計なこと」こそがオリジナリティにとって不可欠だったと結論している。たとえば、球面を照らす光の研究が『モナ・リザ』や『洗礼者聖ヨハネ』の一連のモデリングを可能にしたのである。

　クリエイティブなタスクにはアイデアを熟成させるための時間が必要であり、先延ばしは「さっさと片づけてしまおう」という衝動を抑えるための有効な方法となる。さらにいうと、厳密に計画して実行を急いでしまうと、用意しておいた構成に凝《こ》り固まってしまい、視界にふっと現われるかもしれない創造の可能性を排除してしまう。要するに、「急がば回れ」である。またしてもいわれてみれば当たり前だが、いわれるまでは目が向かない盲点である。

　前作『ＧＩＶＥ＆ＴＡＫＥ「与える人」こそ成功する時代』でも強く感じたことだが、著者であるアダム・グラントの最大の美徳は「健康な人間観」にある。グラントは人間のポジティブな面に目を向ける人であり、人間の善性を信じているように思う。彼が人間と社会について考えるとき、その底流には一貫して温かいまなざしがあふれている。あっさりいえば、「ナイスガイ」なのである。だから議論の内容が健やかでさわやか、そこから出てくるメッセージもまた人を動かす力をもつという成り行きである。

　「『オリジナルでいる』ことは、幸せにいたる道としては、けっして簡単なものではない。しかし、それを追い求めることの幸せは何にも代えがたい」——本書の結びの言葉である。成果や結果も大切だが、オリジナルな人はプロセスで報われる。だから、定義からして「負け」がない。仕事に対する最上の構えがここにある。
「オリジナル」であることについての、オリジナルな考察を詰め込んだ『ORIGINALS 誰もが「人と違うこと」ができる時代』。本書を書く過程で、著者はさぞかし幸せだったと推察する。

本文中の（1）（2）（3）などの「脚注」
「影響力を高めるための提言」「参考文献」は、
三笠書房ホームページ内で閲覧・ダウンロードしていただけます。
http://www.mikasashobo.co.jp

ORIGINALS《オリジナルズ》
誰《だれ》もが「人《ひと》と違《ちが》うこと」ができる時代《じだい》

著　者――アダム・グラント
解説者――シェリル・サンドバーグ
監訳者――楠木　建（くすのき・けん）
発行者――押鐘太陽
発行所――株式会社三笠書房
〒102-0072 東京都千代田区飯田橋3-3-1
電話：(03)5226-5734（営業部）
：(03)5226-5731（編集部）
http://www.mikasashobo.co.jp
印　刷――誠宏印刷
製　本――若林製本工場

編集責任者　長澤義文
ISBN978-4-8379-5768-3 C0030